本书获得教育部人文社会科学研究规划基金项目（18YJA790049）资助

金融知识、金融行为
促进收入增长的效果与提升途径研究

RESEARCH ON THE
EFFECT AND WAYS OF
FINANCIAL LITERACY
AND FINANCIAL
BEHAVIOR ON
INCOME GROWTH

李云峰 徐书林 ◎ 著

经济管理出版社
ECONOMY & MANAGEMENT PUBLISHING HOUSE

图书在版编目（CIP）数据

金融知识、金融行为促进收入增长的效果与提升途径研究/李云峰，徐书林著．—北京：经济管理出版社，2020.9
ISBN 978 – 7 – 5096 – 7478 – 9

Ⅰ.①金… Ⅱ.①李… ②徐… Ⅲ.①金融—基本知识—影响—居民—收入增长—研究—中国 ②金融行为—影响—居民—收入增长—研究—中国 Ⅳ.①F126.2

中国版本图书馆 CIP 数据核字（2020）第 159842 号

组稿编辑：杜 菲
责任编辑：杜 菲
责任印制：黄章平
责任校对：陈 颖

出版发行：经济管理出版社
（北京市海淀区北蜂窝 8 号中雅大厦 A 座 11 层　100038）
网　　址：www.E-mp.com.cn
电　　话：（010）51915602
印　　刷：唐山昊达印刷有限公司
经　　销：新华书店
开　　本：720mm×1000mm/16
印　　张：17.5
字　　数：308 千字
版　　次：2020 年 10 月第 1 版　2020 年 10 月第 1 次印刷
书　　号：ISBN 978 – 7 – 5096 – 7478 – 9
定　　价：88.00 元

·版权所有　翻印必究·

凡购本社图书，如有印装错误，由本社读者服务部负责调换。
联系地址：北京阜外月坛北小街 2 号
电话：（010）68022974　邮编：100836

前　言

改革开放40多年来，中国经济得到迅猛增长，居民收入水平得到显著提高，但相比于发达国家人均收入水平，我国居民特别是农村居民人均收入水平仍然较低。为努力实现全面建成小康社会目标任务，提升居民收入水平特别是农村地区居民收入增长迫在眉睫。已有学者研究发现，教育、家庭人口、非农就业收入等传统因素都会影响居民家庭收入。但随着金融市场的不断发展，学者逐渐关注金融知识在居民增收中的作用。金融知识促进居民增收的成效不仅依赖农民对金融产品与金融服务的可得性，还依赖农民根据自身情况选择合适金融产品、做出恰当金融行为的能力。农民合理选择金融产品与金融行为的必要前提是要具备基本金融知识，但人们普遍缺乏对基本金融知识的了解（尹志超等，2014）。基于此，《推进普惠金融发展规划（2016~2020年）》首次从国家层面提出要加强金融知识普及教育，中国人民银行、金融机构纷纷开展金融知识普及教育，凸显了对金融知识的重视。但是，如何通过金融知识帮助居民特别是农民收入增长还未受足够关注。为此，本书以金融知识为切入点，探讨金融知识、金融行为与收入增长之间的关系，进一步评估金融教育在农户收入增长中的有效性，并在此基础上，提出促进农民收入增长的政策建议。

本书的学术价值体现在：①以金融知识为切入点，探讨居民收入增长问题，在一定程度上拓展和丰富了居民增收的研究范畴。②把金融知识、金融行为选择与农民收入纳入统一框架体系内，阐明金融知识增收的微观机理。本书的应用价值体现在：①基于农民金融知识、金融行为特征的分析，有助于改善其金融行为，提升增收效果；②通过金融教育项目的效果评价，可以为政府、金融机构采取有效的金融知识普及途径和策略提供参考。

本书具体内容分为四个部分。第一部分包括第一章与第二章，主要介绍了研究背景与意义、研究思路与结构安排、研究方法、创新与不足之处，并对金融知识、金融行为与收入增长等相关文献进行了综述。该部分的写作主要便于读者对金融知识、金融行为促进收入增长中的研究进展有初步的认识。第二部分包括第三章至第五章，主要是从实证研究角度检验金融知识、金融行为促进收入增长的效果。第三章基于2015年和2017年中国家庭金融调查全样本数据（CHFS）实证检验金融知识对金融行为的影响以及金融知识对居民家庭收入及收入流动的影响。第四章基于2015年和2017年中国家庭金融调查数据（CHFS）和江西农村地区实地调研数据探讨金融知识对农民金融行为的影响、金融知识对农民家庭收入及收入流动性的影响。第五章评估了金融教育在改善居民金融行为、提高居民家庭收入的有效性。该部分主要通过微观计量模型检验金融知识、金融教育对金融行为、家庭收入及收入增长的效果，为农民增收提供经验证据。第三部分包括第六章，探讨了金融知识、金融行为促进收入增长途径的构建。第六章主要根据金融知识、金融行为促进收入增长的效果，结合前面的研究成果，构建了适合我国农村地区收入增长的有效途径，以此提升金融知识、金融教育等在增收中的有效性。第四部分为附录，该部分附上了在江西农村地区所开展的金融知识调查问卷。

本书是笔者多年来对家庭金融和收入问题的一些所思、所感、所悟。本书的完成得到了同行学者的鼎力支持、认同、鼓励和肯定，在此特别感谢江西师范大学财政金融学院李似鸿教授、付剑茹教授等对本书提出了诸多宝贵意见。此外，也要感谢江西师范大学管理科学与工程博士研究生祝伟萍对本书所做的贡献。

当然，本书的顺利完成更离不开教育部人文社会科学研究一般项目（18YJA790049）的资助。

目 录

第一章 绪 论 ·· 001

  一、研究背景与意义 ·· 001

  二、研究思路与结构安排 ·· 004

  三、研究方法 ·· 006

  四、创新与不足之处 ·· 007

第二章 文献综述 ··· 010

  一、引言 ··· 010

  二、金融知识研究现状 ··· 011

  三、收入增长研究现状 ··· 024

  四、结论性简评与展望 ··· 028

第三章 金融知识、金融行为与居民家庭收入 ····························· 031

  一、引言 ··· 031

  二、金融知识与居民金融行为 ·· 031

  三、金融知识与居民家庭收入 ·· 072

  四、金融知识与居民家庭收入流动性 ······································ 081

  五、本章小结 ·· 092

第四章　金融知识、金融行为与农民收入 …… 094

　　一、引言 …… 094
　　二、金融知识与农民金融行为 …… 095
　　三、金融知识与农民家庭收入 …… 145
　　四、金融知识与农民家庭收入流动性 …… 160
　　五、本章小结 …… 178

第五章　金融教育、金融行为与居民家庭收入 …… 179

　　一、引言 …… 179
　　二、金融教育与金融行为 …… 180
　　三、金融教育与居民家庭收入及收入流动性 …… 213
　　四、本章小结 …… 222

第六章　金融知识、金融行为促进收入增长的途径 …… 224

　　一、引言 …… 224
　　二、金融教育项目 …… 225
　　三、金融咨询与金融建议 …… 231
　　四、金融支持 …… 236
　　五、本章小结 …… 241

附录 …… 243

参考文献 …… 253

第一章 绪 论

一、研究背景与意义

（一）研究背景

金融知识作为探讨和解释家庭金融问题的重要视角和有力证据，已引起多领域学者的广泛关注和深入研究。特别是 2008 年国际金融危机过后，人们逐渐开始意识到由自身金融知识缺乏所带来的局限性以及对家庭投资理财、金融行为决策、金融市场和国家宏观经济稳定的严重后果，并认识到金融知识不足是金融危机爆发及危害持续蔓延的决定性因素之一。2017年 OECD 研究报告指出，金融知识缺乏现象在世界各国普遍存在。随着金融市场和信息技术的发展，人们对优化家庭资产配置、资产保值增值、处理金融事务能力、提高家庭金融福利水平的需求与日俱增，人们如何才能更好地参与金融市场，做出良好的金融决策，进而提升家庭金融福利水平，这都要求人们具备一定的金融知识甚至掌握一些高级的金融知识。有证据表明，高金融知识能够帮助投资者有效甄别金融市场信号、减少信息收集和处理成本、规避市场投资风险、提高投资效率和收益率、缓解借贷约束、增强家庭社会保障水平；而低金融知识可能导致一些错误的金融决策、损害家庭金融福利甚至对国家经济金融健康有序发展造成严重危害。近年来，就如何有效提高人们金融知识水平已成为各级政府、金融机构、学术界以及公民个人广泛关注和深入探讨的重大议题。与此同时，人们也逐渐意识到金融知识的重要性，并开始注重提升自身金融知识水平，如积极参加金融教育项目培训、主动关注和学习经济金融方面知识。各国政府和金融机构纷纷制订金融知识教育计划，积极开展金融教育项目，同时将金融教育纳入国家层面以改善国民整体金融知识水平，国内外学者也对金融知识这一课题展开了深入探讨和研究，在理论和经验研究上取得了丰硕成果。

改革开放 40 多年以来，中国经济得到迅猛增长，居民收入水平显著提高，但相比发达国家人均收入水平，我国居民特别是农村居民人均收入水平仍然较低。为努力实现全面建成小康社会目标任务，提升居民收入水平特别是农村地区居民收入迫在眉睫。已有学者研究发现，教育、家庭人口、非农就业收入等传统因素都会影响居民家庭收入。但随着金融市场的不断发展，学者逐渐开始关注金融知识在居民增收中的作用。金融知识促进居民增收的成效不仅依赖农民对金融产品与金融服务的可得性，还依赖农民根据自身情况选择合适金融产品、做出恰当金融行为的能力。农民合理选择金融产品与金融行为的必要前提是要具备基本金融知识，但人们普遍缺乏对基本金融知识的了解（尹志超等，2014）。基于此，《推进普惠金融发展规划（2016—2020 年）》首次从国家层面提出要加强金融知识普及教育，中国人民银行、金融机构纷纷开展金融知识普及教育，凸显了对金融知识的重视。但是，如何通过金融知识帮助居民特别是农民收入增长还未受足够关注。为此，本书以金融知识为切入点，探讨金融知识、金融行为与收入增长之间的关系，进一步评估金融教育在农户收入增长中的有效性，并在此基础上提出促进农民收入增长的政策建议。本书对于制定更有效的政策,以实现农村地区居民收入增长具有重要的现实和理论意义。

(二) 研究意义

本书试图解决以下几方面的问题:

金融知识对居民金融行为影响如何?金融知识对居民家庭收入及收入流动性影响如何?如果以上结果显著,那么金融知识对农村地区居民金融行为、收入水平及收入流动性的影响又会是如何?金融教育是否能够改善居民金融行为、提升居民家庭收入?我们又该采取何种金融教育方法提升居民金融知识水平、改善居民金融行为、推动农村地区家庭收入增长?以上问题的研究事关研究目标的实现,是本书的研究重点。本书在分析金融知识影响农民增收的效果与微观机理,为金融知识作为重要的致富措施提供可靠证据,进而采取有效措施提升农民金融知识,改进农民金融行为,提升居民收入,帮助农民实现全面小康。

本书通过分析金融知识、金融行为与农民收入增长之间的关系,评价金融教育项目对金融行为的改善效果以及对提升居民家庭收入的效果,证明金融知识在农民收入增长中的重要性,找到提升金融知识与金融行为在提升居民收入方面的有效途径。以上问题的研究意义在于:在学术价值方面,以金融知识为切入点,探讨农民收入增长问题,在一定程度上拓展和丰富了收入问题的研究范畴。在实证方面,从当期、长期和动态三个视角探讨金融知识、金融教育、金融行为与农民收入之间的关系,研究深度和广度在现有文献研究的基础上得到进一步扩展,也为政府部门和金融机构利用金融知识这一工具促进我国农村地区居民增收提供可靠的经验证据和政策建议。进一步,把金融知识、金融行为选择与农民收入纳入统一框架体系,阐明金融知识增收的微观机理,证明金融知识增收的关键在于改进金融行为,为"以改进金融行为为导向的金融教育"提供理论基础。在应用价值方面,通过微观调查有利于把握贫困农民金融知识与金融行为特征,根据农民金融知识及金融行为的层次性,因材施教,以改进他们的金融行为,达到收入增长效果。通过金融教育项目的效果评价、国外金融教育比较与借鉴为政府、金融机构采取有效的金融知识普及途径与策略提供参考,进而提升居民收入水平,加快农村地区全面建成小康社会进程。

二、研究思路与结构安排

本书以金融知识为切入点,结合国内外已有的研究成果,实证检验金融知识、金融行为在促进收入增长中的效果,利用江西农村地区实地问卷调查数据、中国家庭金融调查数据等微观数据探讨金融知识、金融行为、金融教育及收入之间的内在关系,在借鉴发达国家金融知识教育经验的基础上,结合我国当前金融知识水平、金融知识教育现状,提出适合我国居民增收的金融知识教育策略,为政策制定者制定相关金融支持政策和宏观经济政策提供重要的理论和经验参考。本书的逻辑框架如图1-1所示。

本书共安排六章,具体结构如下:

第一章,绪论。内容涉及研究背景及意义、研究结构与思路安排、技术路线、所使用的研究方法及创新与不足之处。

第二章,文献综述。首先对金融知识国内外研究文献进行综述,把现有研究金融知识的文献归结为金融知识的理论基础、金融知识的测度方法及金融知识主要影响因素,进一步,重点就金融知识与家庭财富积累、金融知识与金融行为决策及包括金融教育项目在内的经验研究进行归纳和梳理。其次,对收入增长有关研究文献从宏观视角和微观视角进行综述。最后,对国内外研究现状进行简要述评和研究展望。

第三章,金融知识、金融行为与居民家庭收入。首先,通过构建微观计量模型实证检验金融知识对居民金融行为的影响。考虑到金融行为包括居民家庭养老计划、家庭金融资产选择、家庭投资组合多样性、家庭信贷行为、家庭创业行为等。以此研究验证金融知识是否能够改善居民家庭金融行为。其次,实证检验了金融知识是否能够对当期和长期居民家庭收入产生影响,以此证明金融知识在提升居民家庭收入中的重要性。最后,进一步探讨金融知识对居民家庭收入流动性的影响。以期证实金融知识、金融行为在提升居民家庭收入中的价值。

第四章,金融知识、金融行为与农民收入。首先,基于2015年和2017年CHFS数据探讨金融知识对农户金融行为的影响。具体包括金融知识对农村地区居民家庭养老计划、家庭金融资产选择、家庭投资组合多样性、家庭信贷行为、家庭创业行为及新农保参与行为等金融行为的影响。其次,基于江西农村地区实地调研数据实证研究金融知识对农户家庭收入的影响。

第五章,金融教育、金融行为与居民家庭收入。首先,探讨金融教育对全样本和农村地区居民金融行为的影响。主要评估金融教育对居民家庭养老计划、家庭金融资产选择、家庭投资组合多样性、家庭信贷行为、家庭创业行为及农户新农保参与行为等金融行为。其次,评估金融教育对居民家庭收入及收入流动性的影响。

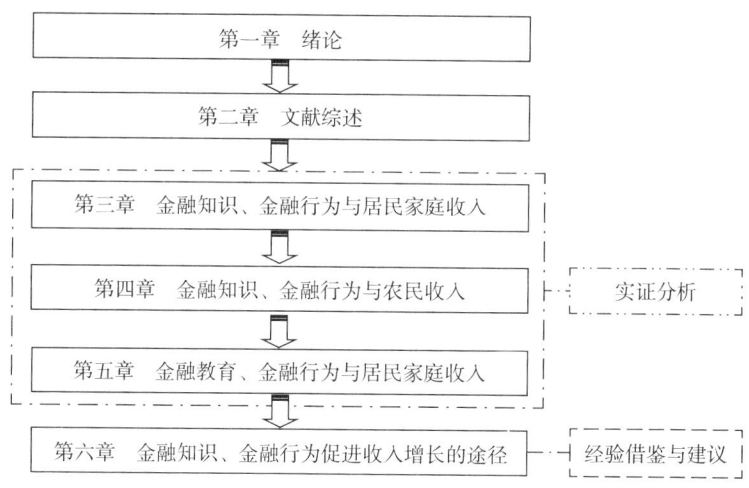

图1-1 本书逻辑框架

第六章，金融知识、金融行为促进收入增长的途径。为了提升金融知识、金融行为在农民增收中的作用，根据我国实际情况，从金融教育项目、金融咨询与金融建议以及金融支持等层面提出了促进农村地区收入增长的政策建议。

三、研究方法

（一）实证分析法

实证分析主要通过双变量 Probit 模型检验金融知识对农民收入的影响，采用 IV Probit 模型检验金融知识对金融行为的影响，利用倾向得分匹配法测算金融教育对农民收入的影响。利用 Rosenbaum 和 Rubin（1985）提出的回归调整方法计算金融知识、基础教育年限对金融行为选择净收入效应的贡献率。在评估金融教育项目效果时采用参与者平均处理效应方法。通过多元线性回归的方法分析金融知识的影响因素。

（二）问卷调查法

本书除使用中国家庭金融调查数据（CHFS）外，还通过问卷调查法随机获取农民的基本金融知识、收入与支出、金融行为倾向、金融知识需求等微观结构数据，通过实地调查与访谈了解江西农村地区金融知识、金融教育现状及措施。

（三）比较分析法

金融知识提升农民家庭收入、促进收入增长的重要途径是采取金融知识教育措施及策略，而重点就在于如何开展和实施金融知识教育，通过何种形式的金融知识教育达到增收效果,这就需要通过金融知识教育措施及策略的国际比较,找出适合我国国情的金融教育模式与策略。

(四)统计分析法

收集金融知识问题的答案,通过因子分析法和得分加总法构建金融知识指标,以此衡量受访者金融知识水平;通过微观数据的描述性统计了解低收入农民金融知识、金融行为、收入与支出、人口特征等基本特征。

四、创新与不足之处

(一)研究创新之处

第一,研究视角的创新性。基于金融知识这一微观视角系统性的研究了金融知识对金融行为、居民家庭收入及收入流动性的影响,并进一步评估了金融教育项目对金融行为、居民家庭收入与收入流动性的有效性,拓宽了金融知识及我国收入的研究范围。同时,为政府制定和调整相关政策方针提供参考。

第二,研究数据来源不仅有西南财经大学 2015 年和 2017 年在全国范围内开展的中国家庭金融调查数据,也有本书课题组成员对江西农村地区开展金融知识问卷调查活动所收集的数据,并使用该数据探讨了金融知识对农户家庭收入的影响效果。可以说,通过这两类数据对金融知识、金融行为促进收入增长的效果与提升途径进行研究具有一定的创新性,且本书所使用的数据范围广且具有较高的代表性和科学性,所得结论更具说服力。

第三,现有文献大多关注客观金融知识对金融行为、居民收入的影响，而本书研究从金融知识的两个维度，即客观金融知识和金融自信来探讨其对金融行为和收入的影响，并且提供了客观金融知识影响金融行为的经验证据。

第四，现有大部分文献主要探讨金融知识对当期金融行为和收入的影响，而本书则从当期、长期和动态行为变化三个视角探讨金融知识与金融行为、金融知识与居民收入、金融教育与金融行为、金融教育与收入的关系。弥补了现有文献只关注金融知识对当期金融行为影响的不足（尹志超等，2015；Lusardi et al.，2017），有助于扩展国内金融教育评估的相关研究范畴、普及金融教育，全面提升居民金融知识水平，以增加农村居民社会养老保障福利水平。

第五，行文逻辑"总分总"有序。首先，使用全样本数据考察金融知识对金融行为的影响、金融知识对居民收入及收入流动性的影响，金融教育、金融行为与收入之间的关系。在以上结论显著的情况下；其次，深入探讨农村地区样本下的金融知识对金融行为的影响，金融知识、金融行为对居民收入及收入流动性的影响，金融知识、金融行为对农户收入的影响，金融教育、金融行为与收入之间的关系；最后，在政策建议部分，根据我国农村地区实际情况提出了如何开展金融教育、提高居民金融知识水平、改善居民金融行为、推动农村地区实现农民增收的有益建议。

（二）不足之处

本书力图做到以上创新点的同时，由于受到诸多客观条件的限制，依然还存在以下几点不足：

第一，理论模型的拓展不足。本书重点基于经验数据的实证检验，还未在生命周期框架理论建立一个合理的理论模型来剖析金融知识、金融行为与收入之间的内在联系。

第二，受限国内现有的微观数据无法构建面板数据对问题进行研究，这就导致无法动态刻画金融知识、金融行为影响农户收入增长的全过程。待未来该方面数据完备后，可通过构建面板数据再次进行检验。同时，在处理金融知识内生性时采用了工具变量，但由于该工具变量可能无法做到严格外生，所选取的工具变量可能不是最佳的，还有待进一步挖掘。更进一步考虑，本书在选择控制变量时尽可能地将所有可能的因素考虑进来，但依然可能存在某些因素没有纳入模型中，即模型中的控制变量没有涵盖所有的因素，从而在一定程度上影响结论，这可能也是本书研究中的不足之处。

随着数据的积累，理论和研究方法的创新，这些不足将会是未来进一步深入研究的方向。

第二章
文献综述

一、引言

金融知识作为探讨和解释家庭金融问题的重要视角和有力证据，已引起多领域学者的广泛关注和深入研究。本章首先阐述金融知识研究现状，包括金融知识的理论基础、金融知识的测度方法和金融知识主要影响因素的最新文献研究成果。进一步，重点就金融知识与家庭财富积累、金融知识与金融行为决策及包括金融教育项目在内的经验研究进行归纳和梳理。其次，对有关收入增长国内外研究现状进行综述。现有研究主要集中的两个方面：一是基于经济增长、农村财政支出、国家政策等宏观视角。经济增长、财政支出、收入不均等与低收入的关系是贯穿该研究的主线。二是基于农民素质、农户特征与行为等微观视角。最后，对有关金融知识与收入增长国内外研究现状进行简要评论和展望。

二、金融知识研究现状

本节阐述金融知识的理论基础,并介绍了金融知识的测度方法和金融知识影响因素的文献研究成果。进一步,重点就金融知识与家庭财富积累、金融知识与金融行为决策及包括金融教育项目在内的经验研究进行归纳和梳理,发现现有研究存在的不足之处,指出未来进一步研究需要努力改进和重点关注的方向,以期为我国深入研究金融知识问题提供参考和借鉴。

(一) 金融知识理论基础

Street(1997)提出自发型素养理论模型,认为通过该模型描绘金融知识无须考虑社会环境的影响。进一步,Bay 等(2014)在自发型素养理论的基础上提出了情景化素养理论模型,对金融知识的内涵、研究思路及研究内容进行了深入探讨,认为金融知识研究应该在情境素养理论框架中进行拓展,同时应考虑不同环境、时间、地点等因素所产生的差异性影响。因此,素养理论成为金融知识研究的重要理论基础之一。Campbell 提出家庭金融理论,以研究家庭资产选择、资产投资、金融行为决策和借贷决策等问题。而金融知识被作为一项重要的人力资本内生化纳入跨期、多期或随机动态条件下的家庭金融理论模型中,并考虑了在不同因素冲击下研究金融知识对金融行为决策、财富差距、金融市场参与、家庭资产投资组合收益、储蓄等的最优化问题(Delavande et al., 2008; Van Rooij et al., 2011a, 2011b; Lusardi et al., 2017),以及从理论模型推导金融知识对金融行为决策的影响途径。在讨论金融知识与储蓄、财富不平等之间的内生问题时,基于该理论将金融知识禀赋作为当期金融知识的工具变量放入跨期家庭金融生命周期模型中进行研究，认为金融知识是解释家庭金融相关问题的重要视角之一。因此，家庭金融理论的完善和发展有助于将金融知识研究推向新的高度。进一步，金融社会化理论有助于厘清金融知识与金融行为决策之间内在的复杂关系，对于解释金融知识对金融行为影响机制提供了思路和理论基础。该理论关注个人金融知识受多方面环境因素影响，在生命周期中，金融社会化环境持续动态变化将导致金融知识变化，即金融知识是金融社会化的中间产出，金融行为是金融社会化的最终结果（Shim et al.，2010；Gudmunson & Danes，2011）。Shim 等（2010）认为家庭、学校、社区、单位等金融社会化环境会显著影响人们金融知识的形成和提高，而金融社会化对金融行为的影响主要通过提升年轻人金融知识水平和改善金融知识主观感知。Gudmunson 和 Danes（2011）考虑了金融知识的金融社会化模型发现，家庭关系融洽、社会互动频繁等间接教育环境或方式能够取得较好的金融社会化效果，增加金融知识水平，改善金融行为决策，提升家庭金融福利水平。

综上所述，金融知识与素养理论、家庭金融理论及社会金融化等重要理论密切联系，这为我们从经验上进一步研究金融知识的影响因素、金融知识与家庭财富、金融行为决策关系及金融教育项目有效性等奠定了丰厚的理论基础。

（二）金融知识测度方法

有效测度金融知识是研究其对家庭财富与金融行为决策影响的重要前提。Moore（2003）、Hung 等（2009a）、Lusardi 和 Mitchell（2007a，2007b）等结合金融学、心理学对金融知识进行了定义，虽没有形成统一的观点，但普遍认为金融知识是指："能够反映个体掌握相关的基本金融概念情况以及个体能够运用自身所掌握经济金融方面的知识和技能有效配置金融资源以期获得终生财务保障和家庭金融福利的意识、能力、态度、行为及技能的集合"。伴随金融知识研究的深入，其内涵不断拓展和丰富。

金融知识包括主观金融知识和客观金融知识，主观金融知识是指自我评价对股票、基金等金融相关产品的了解程度，客观金融知识主要通过问卷调查的形式收集被调查者回答金融问题的情况进而计算出实际的金融知识水平，客观金融知识又包括基础金融知识和高级金融知识。心理学测量主观金融知识是将主观置信度与客观行为进行比较（Bilias et al.，2010）。Agnew 和 Szykman（2005）通过将个体特征变量（如年龄、教育、性别等20 个特征）进行分组测算研究发现，个体自我评价的金融知识水平与其实际回答问题所测的金融知识水平正相关关系较弱，其相关系数在 0.1 ~ 0.78，两者不存在替代关系（Robb & Woodyard，2011），因此认为主观金融知识不具有代表个体真实的金融知识水平。而 Allgood 和 Walstabd（2016）研究发现，主观金融知识比客观金融知识更能准确地解释其对金融行为决策的影响，但这并不意味着研究中不需要考虑客观金融知识，而应该综合考虑受访者的主观和客观金融知识。

测度客观金融知识需要构建金融知识指标，Hung 等（2009a）基于测试方法获取金融知识，Lusardi 和 Mitchell（2005，2007b，2008）遵循简单、相关性、简洁、有区分度的原则设计通过利率计算、通货膨胀计算和风险投资三题量法作为衡量受访者金融知识的指标。三题量法已被广泛应用，并在此基础上不断拓展和丰富。Huston（2010）、尹志超等（2014）、吴卫星等（2018a）设计更多题量来衡量受访者的主观、基础和高级金融知识。测试法主要通过住户调查的形式测试受访者对金融产品（股票、债券、共同基金、抵押贷款）的了解，包括金融概念相关知识（通货膨胀、风险分散、货币的时间价值）及一般的数学计算技能，然后依据汇总问题回答情况，使用不同分析方法测算出调查受访者的金融知识水平。现有文献主要的分析方法有三种：第一种，统计受访者正确回答相关问题个数作为其金融知识水平（Lusardi et al.，2010；Jappelli & Padula，2013；Agarwal et al.，2008；尹志超等，2014，2015；秦芳等，2016；吴雨等，2016a，2016b，2017；宋全云等，2017；吴卫星等，2018b；李云峰等，2018）。Lusardi 和 Mitchell（2011c）利用美国数据研究发现，能正确回答利率计算、通货膨胀计算和风险投资三个问题的只有 30.2%；Alessie 等（2011）

研究发现在新西兰能正确回答三个问题的只有44.8%，在德国有53.2%（Bucher-Koenen & Lusardi，2011），在日本有27.0%。尹志超等（2014）利用中国家庭金融调查数据分析发现，中国家庭只有1.65%能正确回答三个问题，平均正确回答数仅有0.6个。由此可以看出，相比于国外家庭，我国家庭金融知识处于较低水平且严重匮乏。尹志超等（2014）认为该方法缺少层次性和对问题重要性的排序，不能充分利用各种信息综合衡量受访者实际金融知识水平。第二种，通过所构建的金融知识指标进行迭代主因子分析（Van Rooij et al.，2011a，2011b；Lusardi & Mitchell，2007b；尹志超等，2014，2015；秦芳等，2016；吴雨等，2017；王正位等，2016；宋全云等，2017；吴卫星等，2018a；李云峰等，2018）或主成分分析（Behrman et al.，2012；Klapper et al.，2013；Lusardi et al.，2014）或聚类分析（Lusardi & Tufano，2015）。第三种，通过项目反应理论构建金融知识单维与多维测度模型，利用该模型进行测度主观和客观金融知识水平（Meijer et al.，2008；Hung et al.，2009b；Bucher-Koenen et al.，2017）。采用因子分析法最主要的优势在于能够对许多相关变量进行归类，从而起到降维效果（Thurstone，1931）。已有研究证实，无论是使用因子分析，还是受访者正确回答个数作为受访者的金融知识水平，所得结论基本一致（Hung et al.，2009a；Van Rooij et al.，2011a，2011b）。

（三）金融知识的影响因素

国内外研究金融知识影响因素的文献颇丰，主要从微观人口统计学因素和宏观社会环境因素两方面考虑。微观人口统计学因素主要包括性别、年龄、受教育程度、收入和财富、地位、种族等，宏观社会环境因素主要包括金融社会化、父母受教育程度、童年经历、金融教育、社会媒体与网络、社会互动、通货膨胀、文化氛围等。

1. 微观人口统计学因素

金融知识在许多国家都存在性别差异（Lusardi & Mitchell，2009；Lusardi & Tufano，2009；Lusardi et al.，2010；Hung et al.，2009b；Bucher-

Koenen et al., 2017; Klapper et al., 2015), 普遍认为男性金融知识得分一般高于女性。已有文献认为可以从两个方面解释这一现象, 一方面, 在测试中女性正确回答问题数少于男性。Lusardi 和 Mitchell (2014) 证明, 在美国能够正确回答三个问题的男性比例为 38.3%, 而女性只有 22.5%。另一方面, 女性对自己的经济决策能力缺乏自信, 在问题回答时更倾向于选择"不知道"。进一步统计发现, 美国有 50.0% 的女性在回答三大问题时至少有一题选择"不知道", 而男性只有 34.3%。还有学者认为, 女性只有在老年阶段才具有金融知识投资动机 (Fonseca et al., 2012)、较高的自信心 (Bucher-Koenen et al., 2017) 以及较强的家庭财务管理兴趣 (Brown & Graf, 2013)。

年龄方面, Van Rooij 等 (2011a)、Lusardi & Mitchell (2011a, 2011b) 发现, 年龄与金融知识呈驼峰形态分布, 年轻人和老年人的金融知识水平最低, 在中年人群体中金融知识最高。特别是 15 岁以下的年轻人, 由于识字率低导致金融知识水平偏低, 将影响他们未来几十年的金融决策行为和金融福利水平。中年群体由于社会阅历的增加带来金融知识水平的提升 (Agarwal et al., 2008, 2009, 2010)。Gamble 等 (2014) 研究发现, 老年人金融知识水平偏低主要与衰老有关, 老年人的情景记忆能力、认知能力以及数学计算能力大幅度降低。Finke 等 (2013) 发现, 对于年龄超过 60 岁的人, 金融知识得分每年下降约 1%。Finke 等 (2016) 研究表明, 对理财能力的信心不会随着年龄的增长而下降, 这使老年人特别容易受到金融诈骗和欺诈的影响。

大部分文献研究表明正规教育与金融知识之间存在正相关关系 (Lusardi & Mitchell, 2011c; Lusardi et al., 2012)。Lusardi & Mitchell (2014) 利用荷兰数据研究发现, 69.8% 具有大学学位的人正确回答了所有三个问题, 而在受教育程度最低的人中仅为 28.0%。这是否可能是受认知能力驱动的呢? Lusardi 等 (2010) 在控制了认知能力后, 认为正规受教育程度依然与金融知识具有显著的正相关关系。Herd 等 (2012) 发现认知能力和金融知识水平之间存在显著相关关系, 具有较高认知能力的丈夫更愿意承担家庭金融决策，早期的认知能力和求学经历对后期金融知识产生较大的影响（Herd & Holden, 2010）。Bucher – Koenen 和 Lusardi（2011）证实，自雇人员比非自雇人员具有较高的金融知识。另外，学者发现个人收入、家庭财富水平与其金融知识水平之间存在正相关关系（Hung et al., 2009b; Lusardi & Tufano, 2015; Lusardi & Mitchell, 2011c; Klapper et al., 2015），少数民族金融知识相对较低（Grohmann et al., 2015）。而国内学者刘国强（2018）在构建金融知识指数的同时进一步研究了影响金融知识的因素，发现受教育程度、收入、职业、年龄和地域等对金融知识具有显著的影响，主要表现在不同地区、不同年龄与金融知识呈驼峰状分布；受教育程度与金融知识正相关；当收入达到一定高度时，金融知识不再增长，反而略有下降，低收入者金融知识普遍偏低；全职工作群体金融知识最高，务农和长期失业者金融知识较低；城镇户口居民金融知识普遍高于农村户口居民，这一结论基本符合当前主流观点。

2. 宏观社会环境因素

已有文献研究发现，金融社会化对金融知识水平提高存在显著影响。Grohmann 等（2015）发现金融社会化渠道有家庭、学校和工作单位，并进一步证实学校和家庭两个渠道确实能够对金融知识产生积极的影响。Lusardi 等（2010）在分析年轻人的金融知识水平时，将其与其他家庭成员所观察到的金融知识水平联系起来，发现年轻人的金融知识水平与金融知识得分和父母受教育程度之间的正相关关系。此外，受访者父母的金融行为及其教育背景也会对孩子的金融知识水平产生影响，短期金融知识培训的影响远弱于父母对孩子的直接教育（Danes & Haberman, 2007）。因此，父母应该积极参加金融知识培训项目，政府及金融机构应开展更多的金融知识项目计划并允许和鼓励父母参与，从而增强孩子的金融知识（Van Campenhout, 2015）。同时，社会保障体制机制的完善对储蓄减少和金融知识水平改善具有显著的影响，政府应努力提升社会保障水平，帮助公民在金融教育项目中提高金融知识水平（Lusardi et al., 2017; Delavande et al., 2008）。在一项关于金融社会化作用的研究中，Lusardi & Mitchell

(2014)、Lusardi（2015）、OECD（2013）、Monticone（2010）、Grohmann 等（2015）、Shim 等（2010）发现，家庭背景、家庭经济地位、童年经历、受访者邻居的受教育程度也会影响孩子和成年人金融知识水平的高低。

已有文献发现金融教育对金融知识的影响研究所得结论有所差异。Mandell（2008）研究发现高中时期的金融教育对个人金融行为没有长期影响，而 Bruhn 等（2013）发现，金融教育项目对巴西高中生金融知识具有显著的正向影响，同时，Lührmann 等（2015）通过德国数据发现，在义务教育阶段开展金融教育项目对金融知识有显著影响。Song（2015）在中国农村地区基于田野实验研究发现短期金融教育项目在短期内有助于提升实验者金融知识水平，改善金融无知者的金融行为，提升家庭总体福利水平，Sayinzoga 等（2016）利用现场随机试验也证实了这一结论。Fernandes 等（2014）发现金融知识教育项目对金融知识和行为的改善效果并不理想。社会媒体和社会互动作为获取金融信息的渠道，对金融知识的提升具有积极的作用。人们往往会利用各种社交媒体与网络，通过正式或非正式沟通渠道浏览相关网页，讨论并表达某种金融观点，分析或探讨某一金融事件或政策文件，查阅各类专业资料，咨询金融顾问或专家，从而提高了自身的金融知识（Van Rooij et al., 2011a; Karaa & Kugu, 2016）。此外，通货膨胀高发国、高金融素养社区、银行政策高透明度、增加与高金融知识群体接触频率对金融知识水平提升也具有一定的影响（Lusardi & Mitchell, 2011a; Bucher-Koenen & Lusardi, 2011）。

（四）金融知识与财富积累

Lusardi 和 Mitchell（2008，2014）通过各国调查数据建立实证检验模型，研究发现金融知识对家庭财富积累具有显著正相关关系。主要表现在，对于较高金融知识家庭，往往会利用金融知识分析金融信息，避免财富损失或者做出理性的金融行为决策增加家庭财富。但是考虑到金融知识与财富积累可能存在双向因果关系。Delavande 等（2008）将金融知识投资视作一项人力资本投资，将金融知识作为内生变量放入静态生命周期模型研究其与家庭财富积累的关系。Jappelli 和 Padula（2013）讨论了金融知识投资，但他们的模型无法解释复杂的财富不平等问题。基于此，Behrman 等（2012）、Van Rooij 等（2012）在使用工具变量解决内生性问题后，仍然发现金融知识与家庭财富显著正相关。另外，Behrman 等（2012）使用智利数据研究金融知识和金融教育与财富的关系时发现，金融知识和金融教育两者对财富水平都有积极的作用。Lusardi 和 Mitchell（2007a，2007b）通过 2004 年早期婴儿潮出生群体的净资产与 1992 年出生婴儿的净资产进行比较研究发现，在出生潮出生的群体拥有更高的净资产水平，主要表现在拥有更多的住房财富。黑人、西班牙人和受教育程度较低家庭的家庭财富积累较低，这一现象并未随时间的推移而得到改善，主要原因在于金融素养水平偏低。Van Rooij 等（2012）研究发现，金融知识与净资产存在相关关系，金融知识可以促进家庭财富积累。

Lusardi 等（2017）发现金融知识也是造成财富不平等的重要因素。Delavande 等（2008）通过建立静态生命周期模型研究发现，金融知识投资类似人力资本投资。Jappelli 和 Padula（2013）利用不确定性生命周期模型和借贷约束模型研究发现，金融知识投资能有效降低财富不平等，缩小财富差距。两者研究的局限性在于没有较好地解决金融知识与财富不平等之间的内生因果问题。在此基础上，Lusardi 等（2017）通过建立动态的随机生命周期模型将金融知识内生化后研究发现，金融知识渊博的群体更有可能参加股票市场，金融知识使个人能够在不确定和不完善的保险市场中更好地配置资源，增加储蓄和投资收益，加剧与低金融知识群体之间的财富差距。此外，Choi 等（2009）研究表明，高金融知识个体往往更倾向支付较低的共同基金费用，并能够获得更高的投资回报。Calvet 等（2009）在瑞典调查发现，受过良好教育的家庭拥有股票数量比其他家庭的股票数量更多。Gaudecker（2015）在使用荷兰数据研究投资组合与金融知识、金融咨询之间的关系时发现，低金融知识者更不可能有多样化投资组合，投资回报率低导致不同程度的财富差距，投资回报差异导致财富不平等的内在因素在于缺乏金融知识。

金融知识又是如何影响家庭财富的呢？高金融知识降低了信息收集和处理成本，减少了投资股票市场摩擦（Haliassos & Bertaut，1995），高金融知识者更善于利用股票投资获得股权溢价。金融知识与退休规划行为正相关（Ameriks et al.，2003；Lusardi & Mitchell，2007a，2009，2011a），高金融知识受访者更倾向于制订退休养老计划。因此，高金融知识通过获得更高股权溢价和积累养老退休资金两种渠道促进家庭财富（Lusardi & Mitchell，2011b）。

国内学者吴雨等（2016a）、曾志耕等（2015）研究发现金融知识通过优化家庭资产组合显著促进了家庭财富积累，主要表现为具有较高金融知识水平的家庭更可能将资产更多地配置到风险金融资产上。金融知识水平的提高可显著增强家庭创新创业动机，促进家庭创业活动，从而实现了家庭财富积累（尹志超等，2015）。张腾文等（2016）研究发现专业性金融知识的提高能够显著增强低收入投资者的投资收益，在一定程度上促进家庭财富积累。进一步，尹志超和张号栋（2017）研究发现，金融知识对家庭财富有显著正向影响且能够显著缩小家庭财富差距，特别是低财富组的家庭财富。另外，金融知识能够显著增加家庭收入。王正位等（2016）借助收入转移矩阵研究了金融知识对家庭收入流动的影响，发现金融知识的提高有助于低收入城市家庭跃迁至高收入阶层。金融普惠提升了家庭金融知识，金融知识较高的社区的正规金融账户的普及率越高，家庭能够使用正规账户进行交易，关注金融信息，从而降低家庭投资交易成本，缓解家庭与金融机构之间的信息不对称，促进贫困家庭致富，缩小家庭收入差距（尹志超和张号栋，2017）。

（五）金融知识与金融行为

金融知识与金融行为决策之间的关系是金融知识研究的重要内容。现有研究表明，金融知识与一系列金融行为有着复杂的关系。Lusardi 和 Mitchell（2007a，2007b）、Van Rooij 等（2011a）发现金融知识能有效改善金融行为；Tang 等（2015）发现金融知识对理性金融行为的改善效果不明显。另外，众多研究发现，金融知识与金融行为之间存在内生因果关系（Monticone，2010；Jappelli & Padula，2013），并尝试使用邻居受教育水平、在校期间数学成绩、除自身外社区平均金融知识水平等工具变量解决其内生性问题。现有文献探讨金融知识与金融行为决策之间的关系主要从金融知识与借贷行为和信用卡使用、金融知识与投资组合、金融知识与金融咨询行为及金融教育项目四方面展开。

1. 金融知识与借贷行为和信用卡使用

金融知识不仅与家庭财富相关，同时对借贷行为和信用卡使用也存在显著相关关系。Moore（2003）研究发现，低金融知识更有可能拥有较高利率的抵押贷款，又或是更可能选择次级抵押贷款。Campbell（2006）研究表明，低收入、低受教育水平的个体与金融知识密切关联，在利率下降期，他们不太可能进行融资抵押贷款。Lusardi 和 Tufano（2009，2015）研究发现，金融知识水平较低的个体往往倾向于选择高成本投资交易方式，如进行高成本借款。Mottola（2013）研究发现，低金融知识女性比男性更可能担负高信用贷款成本。Lusardi 和 Tufano（2015）将金融知识与负债、信用卡使用行为联系在一起。Danes 和 Haberman（2007）研究发现，收入不稳定或受教育程度低者较少被报道有信用问题、高负债率或到期不还款等事件。Robb 和 Sharpe（2013）高金融知识大学生更可能使用信用卡，但普遍不能及时还款。这些论据证明金融知识与借贷、信用行为显著相关。

2. 金融知识与投资组合

Haliassos 和 Bertaut（1995）运用消费者金融调查（SCF）数据分析发现，美国家庭持有股票的数量较少，并且一半以上家庭仅持有一只公开股票，Guiso 和 Jappelli（2008）通过意大利数据发现了家庭股票参与率较低且投资组合严重缺乏多样性。为什么会出现这样的现象呢？市场摩擦理论认为，这主要是由于交易费用和信息成本（Van Nieuwerburgh & Veldkamp，2009）的提高导致家庭投资组合缺乏多样性。错误投资理论认为，错误的投资行为源于投资者倾向于投资相关性强的股票或是对于自己比较擅长的领域进行集中投资（Huberman，2001）。投资偏好理论认为，投资者在进行投资时会根据自己的兴趣爱好、行业特点等各方面因素综合考虑，这就导致投资者有意识地缩小投资范围（Golec et al.，1998；Barberis et al.，2008）。

而家庭金融理论认为，金融知识越高，对金融市场潜在风险的认知更充分，金融投资决策更合理，倾向于利用多样化的投资组合规避金融市场风险，提高投资收益。Goetzmann 和 Kumar（2008）发现，在年轻、低收入、低受教育水平、缺乏投资经验等低金融知识群体中的投资组合更缺乏多样性。同时，低金融知识参与股票市场的可能性较低（Van Rooij et al.，2011a，2011b），因此他们容易失去实质性的股权收益（Cocco et al.，2005）。而较高金融知识能更好地识别投资机会、分散投资风险、减少储蓄和增加风险资产投资，从而提高投资收益率（Allgood & Walstad，2016；Clark et al.，2017a，2017b；Guiso & Jappelli，2008；Von Gaudecker，2015）。另外，具有较低金融知识的家庭往往倾向于做出次优决策，如选择高利率贷款或次级抵押贷款（Lusardi & Tufano，2009；Moore，2003），这容易导致遭受家庭过度负债（Lusardi & Tufano，2009）。Alessie 等（2004）发现，共同基金对于高金融知识投资者更具吸引力。在退休养老计划上，Van Rooij 等（2012）研究发现，金融知识水平提高 25%~75%，具有退休养老规划概率则会相应提高 17~30 个百分点。同时，高金融知识也能够更好地了解养老金制度、购买养老保险，并在退休账户中支付更低的投资费用以及分散投资养老资产（Lin et al.，2017）。

3. 金融知识与金融咨询行为

Willis（2011）指出，让每个人成为金融顾问或专家既不可能也不现实，但我们可以向金融顾问或专家进行咨询。Bucher - Koenen 和 Koenen（2017）研究发现，当个体需要做出退休储蓄或投资行为决策时，由于信息不对称和时间成本高，他们往往会选择咨询专业的金融顾问或专家。Mitchell 等（2013）研究发现，在美国，只有小部分高金融知识家庭会咨询金融顾问、银行家、注册会计师或其他此类行业的专业人士（Bucher-Koenen & Koenen, 2015），而大多数低金融知识群体仍然依赖非正式信息咨询渠道（Van Rooij et al., 2011a），即使有部分人可能愿意采纳专业投资建议，但有2/3的人表示他们可能只实施符合自己想法的建议。一些证据初步表明，金融咨询可以有效地降低家庭债务水平和违约率（Agarwal et al., 2008；Hirad & Zorn, 2001），在实践中，大多数人依然参考亲朋好友的建议做出金融行为决策。但也有证据表明，低金融知识会制约信息的获取和处理，且低金融知识群体与金融顾问之间存在较少的利益冲突，因此他们更愿意参考金融顾问的专业性建议（Hackethal et al., 2012；Calcagno & Monticone, 2015）。Finke（2013）认为，在现实生活中金融知识与金融咨询之间只是互补而不是替代关系。Gerrans 和 Hershey（2017）发现，高金融知识群体在金融咨询时与金融顾问进行博弈过程中能获取更优质服务信息。

4. 金融教育项目

越来越多学者意识到金融教育项目有效性对投资行为的影响（Hathaway & Khatiwada, 2013；Gale & Levine, 2010）。有研究发现，对不同类型群体进行定量化金融教育可以塑造年轻人消费者正确的债务观念，减少对债务的依赖，提高金融知识水平及其数学计算能力。有证据表明，金融教育不仅对国内投资多样性存在显著影响，也能优化国际投资组合。Giofré 和 Maela（2017）、Collins（2013）研究发现，金融教育通过降低对外国投资者的信息束缚能够显著促进国外投资组合多样化，而较少接受金融教育群体的金融知识水平较低，他们往往担心不确定性信息成本过高而放弃进行国际投资，增加金融教育可以促进投资组合多样化，减少信息交易成本，增加投资收益。Collins（2013）研究发现，金融教育效果随着时间的推移逐渐衰退，金融教育干预未必能增加金融知识、改善金融行为。Jing 和 Porto（2017）研究得出金融教育可能通过影响金融知识、金融行为和金融能力进而影响家庭财务满意度，主观金融知识、最优金融行为和金融能力指数是金融教育与财务满意度之间的强有力的中介。然而该研究使用的横截面数据只能记录金融教育与财务满意度之间的关联，未能使用相关的纵向数据来验证金融教育的多重效益。

Bernheim 等（1997）利用准自然实验对美国多个州立高中生不定期开展了金融教育项目，巴西和意大利也对高中生进行了金融教育（Bruhn et al.，2013），取得了一定成效。另外，在一些大型公司也启动了金融教育计划（Clark & D'Ambrosio，2008；Clark et al.，2012a，2012b），旨在提高员工金融知识水平，提高养老金计划储蓄和参与（Lusardi & Mitchell，2008；Clark et al.，2012a，2013，2014）。Scholz 等（2006）运用公司层面数据研究发现，对退休人员进行金融教育对 401K 计划参与具有显著正相关关系，当增加金融教育频率，其作用也会明显增强。Walstad 等（2010）使用实验法评估了一个设计精良的金融教育视频课程，测量学生对个人理财的初步了解程度，结果表明，通过视频课程教育，学生个人理财知识显著增加。Clark 和 D'Ambrosio（2008）、Lusardi 和 Mitchell（2008）对金融教育研讨会的内容信息进行了有效性测量，包括访谈分析和定性分析，前期和后期评估行为的改变。Lusardi 等（2017）研究发现，更有效的金融教育计划是需要持续提供后续服务，以维持员工通过该计划持续获得金融知识，在这种情况下，向 40 岁左右的员工提供金融教育可以将退休储蓄提高到接近 10%，然而，一次性金融教育计划确实会产生短期影响，但对长期影响较少。进一步，他们发现通过差异策略评估金融教育计划有效性存在误差，需要利用随机动态编程才可能影响有效评估金融教育计划的参与者。Berg 和 Zia（2017）利用主流媒体的情感联系和观众注意力来评估金融教育信息对家庭债务管理的经济效果，即通过观众对财务相关电视和肥皂剧的观看频率和时长评估金融教育对债务和借贷行为的影响。研究结果表明，观看财务剧有助于金融知识水平的提高，增加观众正规渠道借贷的可能性。

国内研究大多认为金融知识能够显著改善金融行为。首先，金融知识会影响家庭信贷行为。金融知识水平的提高会提升家庭正规信贷需求并促进家庭积极申请贷款，降低违约风险，从而有利于家庭信贷约束的缓解

(宋全云等,2017;张号栋、尹志超,2016;吴雨等,2016b),而金融知识缺乏会使其误认为自己肯定不能获得贷款而放弃申请贷款(王冀宁、赵顺龙,2007)。金融知识水平的提高也有利于家庭更好地运用金融工具改善当前创新、投资机会不足的现状,如家庭将更积极地参与金融市场投资、降低负债、拥有养老计划(秦芳等,2016;尹志超等,2014;吴雨等,2016a,2017;吴卫星等,2018b)、促进创业等(尹志超等,2015;张腾文等,2017),进而释放出潜在信贷需求。其次,金融知识促进家庭资产配置优化。金融知识能够促进家庭金融市场参与,将更多资产配置到风险资产中,实现资产增值,提升家庭金融福利水平(吴雨等,2016a;曾志耕等,2015;尹志超等,2014)。而在金融教育项目方面研究,国内学者已认识到金融知识与金融教育的重要性。胡振和臧日宏(2016a,2016b)研究发现金融知识教育能显著提高家庭金融市场参与,优化家庭资产配置,改善家庭福利。施喜容和孟德锋(2018)研究发现,金融知识能够显著提高居民风险承受能力并进一步推动家庭制订养老规划。杜征征等(2017)研究发现金融教育培训能够帮助投资者显著提高事前防范意识与金融产品选择能力。但是很少有学者进一步评价金融教育项目的有效性。

三、收入增长研究现状

(一) 宏观视角

Wolff 和 Zacharias(2007)、Ramos 和 Sagales(2008)研究表明,政府净支出对降低收入分配不均具有显著作用。林伯强(2005)实证研究结果表明,政府公共投资提高了农村生产率,缩小了地区收入分配差距。刘建民等（2015）通过分省份建立 SVAR 模型，使用中国 29 个省际面板数据研究发现，不同省份的财政收支政策对收入分配具有显著影响。

Barrel（1990）首次刻画了政府基础设施支出带来的经济内生增长。刘晓光等（2015）考察了基础设施的城乡收入分配效应，发现交通和通信基础设施对缩小城乡收入差距，提高农村居民收入和城镇居民收入具有显著作用。进一步研究发现，基础设施能够有效促进农业劳动力向非农部门转移，提高农业部门边际劳动生产率和农村居民收入，缩小城乡收入差距。

高虹（2014）使用 1953～1982 年中国城市人口增长数据研究发现，城市规模每上升 1%，劳动力名义年收入和名义小时收入将分别上升约 0.190% 和 0.189%。即使考虑到物价因素，城市规模对劳动力收入的影响仍显著为正，城市规模增长的收入促进效应并不是线性的。

范子英和刘甲炎（2015）利用 2011 年房产税试点政策作为自然实验，采用倍差法估计了房产税对不同类型住房价格的影响，发现房产税改革带来了收入分配效应。

徐建炜等（2013）利用微观住户调查数据考察个人所得税的收入分配效应时发现，在税制保持不变而居民收入增长时期，个税的收入分配效应在增强。在税制改革时期，三次免征额提高和 2011 年的税率层级调整恶化了个税的收入分配效应。刘元生等（2013）通过建立包含人力资本投资和政府税收的两阶段世代交替模型研究了个人所得税免征额和税率对收入的影响，研究发现体能和学习能力的差异会影响个人的收入和教育选择，进而影响收入分配和人力资本积累，通过数值模拟得出，个人所得税免征额与收入的基尼系数呈 U 型曲线关系。

孙玉奎等（2014）基于 1996～2010 年 20 个省份的面板数据建立面板 VAR 模型，研究发现我国农村金融发展对农民收入的影响非常有限，但存在显著的地区差异。其中，东部地区农村金融发展能够促进农民收入提高和收入差距缩小，中部和西部地区农村金融的发展并没有对农民收入产生实质性的影响。

刘贯春（2017）研究发现，城乡居民对金融服务的可获得能力的差异性致使金融结构对城乡收入差距存在直接影响。具体而言，金融结构会通过信贷配置功能影响经济增长和城市化，间接对城乡收入差距产生影响。为此，缩小城乡收入差距可从提升直接融资比例、促进经济增长和加速城市化等方面着力。

陆铭和陈钊（2004）基于1987~2001年省级面板数据研究发现，城市化对降低城乡收入差距在统计上有显著的作用。而地区间人口户籍转换、经济开放、非国有化和政府对经济活动的参与则在一定程度上拉开城乡收入差距，同时政府财政支出的结构也对城乡收入差距有显著的影响。

宋晓玲（2017）研究发现，数字普惠金融发展能够显著缩小城乡居民收入差距；城市化水平、对外开放程度、财政支出等因素对城乡收入差距存在显著影响。为此，作者呼吁确立数字普惠金融发展战略和总体思路，重塑发展路径，促进数字普惠金融的发展和城乡收入差距的缩小。

（二）微观视角

周兴和张鹏（2015）研究发现，代际之间职业的传承在一定程度上阻碍了代际间的收入流动，代际职业传承对高收入家庭的代际收入弹性影响更强。程名望等（2016）采用2003~2010年全国农村固定观察点微观面板数据研究发现，健康、基础教育、技能培训和工作经验等人力资本对农户收入增长有显著推动作用，总贡献率为38.57%。

Deininger和Jin（2005，2009）研究发现，土地流转对农业经营性收入有直接或间接影响，但没有考虑对家庭总收入的影响以及未处理"自选择"问题（即农户参与土地流转是非随机行为）。在此基础上，薛凤蕊等（2011）和李中（2013）使用单个地方层面的调研数据研究了土地流转与农户家庭收入的关系。考虑到"自选择"以及异质性问题，他们使用DID方法进行解决。进一步，冒佩华和徐骥（2015）采用平均处理效应（ATE）和受处理的平均处理效应（ATT）方法借助2000年和2012年农户家庭微观调研数据研究发现，土地经营权流转显著提高农户家庭的收入水平。

杨娟等（2015）通过构建一个四期的世代交叠模型研究发现，义务教育是影响收入差距和代际流动性的主要原因。家庭的教育选择和公共教育政策使最终人力资本和收入在代际内的差距加大，并固化收入在代际间的相关性。Restuccia 和 Urratia（2004）通过研究美国教育体制发现，收入不平等是天生禀赋和后天教育共同作用的结果。高等教育水平是造成同代间横向收入不平等的主要原因，父母增加对孩子早期教育投入能够有效降低代际间的收入流动性。

Meng 和 Zhang（2011）通过户籍人口与非户籍人口收入差距的布朗分解研究发现，在同一行业74%的收入差距是由歧视造成的。万海远和李实（2013）运用 PSM-DID 方法研究发现，户籍民工比非户籍民工多收入272元，户籍制度改革会通过消除歧视增加自我雇佣流动人口的收入。宁光杰和段乐乐（2017）运用2011年全国流动人口动态监测广东和浙江两省数据，研究了户籍对流动人口创业选择和收入的影响，发现户籍能显著提高自我雇佣者的收入。在人才流动过程中，流动人口带动信息与技术的流动，更有利于个人收入提高（Parker，1997；Hamilton & Barton，2000）。

郭继强等（2017）研究发现，长相漂亮总体上有助于提升收入，但最漂亮那一类人的漂亮溢价却没有次美者高。其微观机理在于相貌通常被作为一种人际技能信号对收入产生影响。进一步使用 SASS1996 和 CFPS2012 数据也实证了上述结论。

已有研究表明，金融素养作为一种基本的能力，本身就是能力贫困的重要维度（Jappelli & Padula，2014）。王正位等（2016）研究发现，较高金融知识水平的个体往往在金融市场上表现更好。同时，金融知识的提高有助于低收入家庭跃迁至高收入阶层。金融素养的提升能够显著改善收入状况、有效改善贫困脆弱性，是可持续增收的有效手段。金融素养是影响行为主体家庭财富积累、资产配置选择的重要因素，缺乏金融素养容易导致行为主体做出错误的金融决策，如借贷利率更高、储蓄较少、金融市场参与率低、资产回报率低、缺乏退休计划等（Lusardi & Mitchell，2014），这些金融行为的改善对低收入群体的资产配置和贫困状况能够产生潜在影响。从金融素养与福利的关系看，Lusardi 和 Mitchell（2011）研究发现通过引入金融教育，金融素养最低的劳动者显著改变了其资产配置行为，福利比其基期水平提升了82%，金融教育能够通过改善金融素养，提升贫困人口的资产配置效率，体现资产配置"节流"，并且能够对盯住收入提升的现有减贫政策形成政策互补。Taft 等（2013）也认为金融素养能够有效减少财务焦虑，提升金融福利水平。因此，金融素养作为影响资产配置的重要因素能够对收入产生影响。单德朋（2019）关注到金融素养对城市贫困减缓具有显著积极影响，认为通过金融教育改善金融素养是实现城市减贫的重要政策选择。他通过比较金融素养对收入贫困、资产贫困和贫困脆弱性的不同影响发现，金融素养不仅能够体现贫困人口的收入"开源"，而且可以通过影响资产配置行为实现财富积累，并提升收入稳健性，金融素养不足是城市贫困主体增收但不减贫现象的重要原因。

四、结论性简评与展望

综上所述，金融知识与收入增长已成为国内外学者研究的热点话题。金融知识作为影响家庭财富、金融行为决策的重要因素之一，对优化家庭资产结构、改善金融行为、提升家庭金融福利水平、实现金融市场有序健康发展具有重要的意义。而对收入增长的理论研究能够为国家全面实现小康目标提供有力的经验证据和政策建议。

通过对已有金融知识的文献梳理发现，现有金融知识研究主要以金融知识的测度、金融知识的影响因素、金融知识对家庭财富和金融行为决策的影响以及金融教育项目为基础展开讨论。首先，在金融知识测度方法及指标构建方面，现有研究还存在分歧，也未构建统一测度指标。其次，在分析金融知识影响因素方面，性别、年龄、受教育程度、收入和财富、地位、种族等微观人口统计学特征是重要因素。还有学者特别关注了低收入、老年人、年轻人、妇女、少数民族群体的金融知识。另外，金融社会化、父母受教育程度、童年经历、金融教育、社会媒体与网络、社会互动、通货膨胀、文化氛围等宏观社会环境因素也是影响金融知识的重要因素。再次，在金融知识与家庭财富及金融行为决策方面，现有文献研究发现金融知识能够显著促进家庭财富积累，并探究了其影响机制。同时，金融知识与借贷行为和信用卡使用、金融咨询行为、投资组合之间存在较为复杂的关系，一般而言，高金融知识能够显著改善金融行为。对于他们之间的内生因果关系，学者们试图利用工具变量进行两阶段最小二乘法解决。最后，在金融教育项目方面，金融教育项目对提升金融知识、改善金融行为的有效性存在分歧。有学者认为金融教育对改善金融行为决策，塑造良好的金融消费观具有积极作用，另外，学者认为金融教育项目培训效果未必是理想的。

总体来说，国内外金融知识研究成果丰硕，但存在些许不足。第一，虽然许多国内外研究机构和高等院校逐渐建立了家庭金融大型微观数据库，但是还未建立具有标准化和差异化的对金融知识测度指标和测度方法。金融知识测度需要根据不同的对象、情境和目标建立标准化和差异化的指标体系，综合考虑其主观金融知识、基础金融知识和高级金融知识。第二，国内较少有文献将金融知识研究置于某一理论框架或理论模型中，利用理论模型推导和经验检验相结合研究问题，且目前研究主要基于横截面数据或两年左右的短面板数据研究金融知识，这就无法动态刻画金融知识变化对跨期或多期金融行为影响的全过程。进一步则需要加强理论和经验相结合的研究，通过多期面板数据刻画生命周期内金融知识的动态变化。第三，探讨金融知识对金融行为决策影响的文献较多，但较少有文献进一步挖掘其内在影响机制。在此方面，未来研究可基于特定理论，如金融社会化理论、情景理论、家庭金融理论、投资理论等，深入探讨金融知识对金融行为的影响及其内在影响机制。另外，在处理金融知识与金融行为之间的复杂内生因果关系时，现有文献局限于使用一些工具变量，严格意义上来说，许多工具变量的选择无法做到严格外生，如何巧妙地解决金融知识内生性问题有待后续研究进一步推进。第四，现有研究还较少从全球视角、文化多样性视角、跨学科视角、动态视角等深入研究金融知识、金融教育与微观金融行为决策、宏观经济产出的关系，这将可能是未来需要努力的方向。第五，虽然已经投入了大量的人力物力财力来评估金融教育项目在各种情境中的有效性，但相对较少的理论模型和检验方法适用于实际测量，在未来的研究上学者可以从设计严格的实验，对个体或群体的金融知识、金融行为进行动态追踪，采用成本效益分析定量化投入与产出，进而评估出金融教育项目的有效性，为学校、企业、个人等的金融教育和金融知识培训提供良好的方案。虽已有文献证实，金融教育可以改善金融行为，但具体如何改善金融教育模式，调动人们参与金融教育培训积极性，促进人们提升金融知识水平意愿，增强金融教育项目有效性，有效提升金融知识水平等方面的研究还有待深入探讨。以上不足都是我们在今后研究中需要重点关注和进一步努力改进的内容。

通过对已有收入增长文献的梳理发现，现有文献从宏观视角和微观视角来分析居民收入增长和收入差距问题，已有研究认识到教育、行为选择和政策改革对居民收入增长的重要作用，但对金融知识的增收作用较少涉足。一方面，普惠金融不断发展的背景下，农民也要面临许多金融产品选择，丰富的金融知识有助于他们理解金融产品的收益与风险特征，减少信息搜寻和处理成本；另一方面，人们日常的金融行为选择与其掌握的金融知识存在紧密联系（Lusardi & Mitchell，2014），因此，很有必要探讨金融知识、金融教育、金融行为在农民增收中的作用。

第三章
金融知识、金融行为与居民家庭收入

一、引言

改革开放40年来,经济快速增长,人民收入普遍提高。据国家统计局数据显示,2013年居民人均可支配收入为18310.76元,到2018年居民人均可支配收入为28228元,2013~2018年,居民人均可支配收同比增长均在8.4%以上,居民收入提高不仅受惠于我国诸多经济政策,还可能与其自身的金融知识水平密不可分。本章深入探讨金融知识、居民金融行为与居民家庭收入之间的关系,具体探讨金融知识对养老计划、家庭金融资产选择、家庭投资组合多样性、家庭信贷行为、家庭创业行为的影响;检验金融知识对居民家庭收入及收入流动性的影响。

二、金融知识与居民金融行为

近年来,关于金融知识对金融行为影响研究的文献颇丰,但大部分文献主要是研究金融知识对当期金融行为的静态影响,而缺乏探讨金融知识对金融行为的长期及动态行为变化的影响。同时,现有文献的在探讨金融知识对金融行为的影响时,更多的只是关注了金融知识对某一金融行为的影响,缺乏在对金融行为分类的基础上全面考虑金融知识对金融行为的影响。

(一)数据来源

本章使用2015年和2017年西南财经大学中国家庭金融调查与研究中心在全国范围内开展的第三轮和第四轮中国家庭金融调查(China Household Finance Survey,CHFS)数据,数据质量高且具有全国和省级代表性(甘犁等,2013)。该调查设计了关于考察城乡受访者金融知识的相关问题,主要从利率计算、通货膨胀理解和风险投资三个问题考察受访者的客观金融知识水平、居民家庭的金融行为,同时详细询问了保险参与行为、养老计划行为、家庭金融资产选择行为、投资组合多样性、信贷行为、家庭创业行为等问题,这为本节研究金融知识与金融行为之间的关系提供了强有力的数据支持。

(二)模型与变量

1. 模型设定

(1)金融知识对居民家庭养老计划的影响。采用Probit计量模型。设定如下:

$$Probit(Retire\_plan_i = 1) = aFinancial\_Literacy_i + X'_i\beta + \mu_i \quad (3.1)$$

其中,$Retire\_plan_i$表示居民家庭i是否有养老计划,若有取值为1,否则为0。$Financial\_Literacy_i$表示居民家庭i的金融知识水平。X'_i表示控制变量,主要包括户主的人口统计学特征变量,如性别、年龄、健康状况、婚姻状况、受教育程度、风险态度等;家庭特征变量,包括家庭社会保障情况、家庭规模、家庭总资产、家庭老人和小孩数量、是否自有住房、家庭不健康人数;还控制了省份虚拟变量。μ为误差项,假定服从标准正态分布。

第三章 金融知识、金融行为与居民家庭收入

（2）金融知识对居民家庭资产选择的影响。家庭股票市场和风险金融市场参与为二值变量，故使用 Probit 计量模型研究金融知识对家庭股票市场和风险金融市场参与的影响。股票资产占比和风险金融资产占比为截断数据，故使用 Tobit 模型研究金融知识对家庭股票资产占比和风险金融资产占比的影响。

Probit 计量模型设定如下：

$$Probit(Financial\_Market_i = 1) = aFinancial\_Literacy_i + X'_i\beta + \mu_i \quad (3.2)$$

其中，$Financial\_Market_i$ 等于 1 表示居民家庭 i 参与股票市场或风险金融市场，等于 0 则没有参与。$Financial\_Literacy_i$ 表示居民家庭 i 的金融知识水平。X'_i 表示控制变量，主要包括户主的人口统计学特征变量、家庭特征变量和省份虚拟变量。μ_i 为误差项，假定服从标准正态分布。

Tobit 计量模型设定如下：

$$Financial\_Asset_i^* = aFinancial\_Literacy_i + X'_i\beta + \mu_i$$
$$Financial\_Market = max（0, Financial\_Asset_i^*） \quad (3.3)$$

其中，$Financial\_Asset_i$ 表示居民家庭 i 的股票资产或风险金融资产占家庭金融资产的比重，$Financial\_Asset_i^*$ 表示居民家庭 i 的股票资产或风险金融资产占家庭金融资产的比重在（0.1）的观测值，$Financial\_Literacy_i$、X'_i、μ_i 与式（3.2）相同。

（3）金融知识对居民家庭投资组合多样性的影响。被解释变量为居民股票投资多样性指数和风险金融资产投资多样性指数为 [0，1] 的连续变量。为此，采用普通最小二乘法进行估计。OLS 回归模型设定如下：

$$Financial\_index_i = \alpha + \beta Financial\_Literacy_i + X'_i\varphi + \varepsilon_i \quad (3.4)$$

其中，$Financial\_index_i$ 表示居民家庭股票投资多样性指数、风险金融资产投资多样性指数、股票只数、风险金融资产种类，$Financial\_Literacy_i$ 表示居民受访者金融知识水平，X'_i 表示控制变量集合，包括户主特征变量、家庭特征变量和省份虚拟变量。ε_i 表示随机扰动项，假定服从标准正态分布。

考虑到居民家庭在增加股票持有只数、风险金融资产持有种类是一个

逐步递增的过程，家庭选择不同种类的投资组合时存在排序，家庭持有的股票只数越多或风险金融资产的种类越多，家庭金融资产投资越具有多样性。因此，采用有序 Probit 模型研究金融知识对金融资产投资组合多样性的影响（即研究金融知识与家庭股票持有只数、风险金融资产持有种类的关系）。

$$Financial\_number_i^* = F(a + \beta_1 Financial\_Literacy_i + X'_i \beta_2 + \delta_i) \quad (3.5)$$

其中，$Financial\_number_i^*$ 表示居民家庭股票只数、风险金融资产种类。持有股票只数、风险金融资产种类越多，则表明居民家庭金融资产投资组合多样性越大。$Financial\_Literacy_i$、X'_i 与式（3.4）相同。δ_i 为随机误差项，假定服从标准正态分布。$F(\cdot)$ 函数的表现形式为：

$$F(Financial\_number_i^*)'' = \begin{cases} 0 & Financial\_number_i^{*''} < \delta_1 \\ 1 & \delta_1 < Financial\_number_i^{*''} < \delta_2 \\ \vdots & \vdots \\ n & Financial\_number_i^{*''} > \delta_{n-1} \end{cases} \quad (3.6)$$

其中，$Financial\_number_i^{*''}$ 是 $Financial\_number_i^*$ 的潜在变量，$\delta_1 < \delta_2 < \cdots < \delta_{n-1}$ 为切点。同时 $Financial\_number_i^{*''}$ 满足：

$$Financial\_number_i^{*''} = \beta_1 Financial\_Literacy_i + X'_i \beta_2 + \delta_i \quad (3.7)$$

（4）金融知识对居民信贷行为的影响。是否已获得正规信贷、是否已获得非正规信贷为二值变量，为此，构建 Probit 计量模型。家庭正规借贷总额和非正规借贷总额均为大于零的截断数据，因此利用 Tobit 模型。

Probit 计量模型设定如下：

$$Probit(Borrow\_Behavior_i = 1) = aFinancial\_Literacy_i + X'_i \beta + \mu_i \quad (3.8)$$

其中，$Borrow\_Behavior_i$ 等于 1 表示居民家庭 i 已获得银行正规信贷或已获得非正规信贷，等于 0 则表示没有获得银行正规信贷或没有获得非正规信贷。$Financial\_Literacy_i$ 表示居民家庭 i 的金融知识水平。X'_i 表示控制变量，主要包括户主的人口统计学特征变量、家庭特征变量和省份虚拟变量。μ_i 表示随机误差，是不可观测的因素集合，假定是服从标准正态分布 $N(0, \sigma^2)$

的累积分布函数。我们还需要假定家庭获得正规信贷和非正规信贷是相互独立的。

Tobit 计量模型设定如下：

$$\mathrm{Ln}(Borrow\_Total_i^*) = aFinancial\_Literacy_i + X'_i\beta + \mu_i$$

$$Borrow\_Behavior_i = \max(0, \mathrm{Ln}(Borrow\_Total_i^*)) \tag{3.9}$$

其中，$\mathrm{Ln}(Borrow\_Total_i^*)$ 表示已获得的银行正规信贷总额对数或非正规信贷总额对数的观测值，$Borrow\_Behavior_i$ 表示居民家庭 i 的已获得的银行正规信贷总额对数或非正规信贷总额对数，$Financial\_Literacy_i$、X'_i、μ_i 与式（3.8）相同。

（5）金融知识对居民创业行为的影响。当研究金融知识对居民创业行为的当期影响时。考虑到居民创业动机为二值离散变量，构建 Probit 模型。

$$\mathrm{Probit}(Y = 1 \mid X) = \Phi(\alpha + \beta_1 Financial\_literacy + X'\beta_2 + \mu) \tag{3.10}$$

其中，$Y = 1$ 表示家庭 2015 年从事自营工商业经营或从事自营工商业经营的原因为"自己想当老板"、"挣更多的钱"、"想要更多的自由"等，否则为 0。将从事自营工商业经营表示为创业选择，将从事自营工商业经营的原因为"自己想当老板"、"挣更多的钱"、"想要更多的自由"等表示为具有创业动机。反之则不参与，$Financial\_literacy$ 为家庭 2015 年金融知识。

当研究金融知识对居民创业行为的长期影响时。继续使用模型（3.10）。其中，$Y = 1$ 表示家庭 2017 年从事自营工商业经营或从事自营工商业经营的原因为"自己想当老板"、"挣更多的钱"、"自由"等，否则为 0，$Financial\_literacy$ 为家庭 2015 年金融知识。

进一步，采用有序 Probit 计量模型研究金融知识对家庭创业行为的动态改变影响。计量模型设定如下：

$$Entrepre_i^* = F(a + \beta_1 Financial\_Literacy_i + \beta_2 \varphi_i + \varepsilon_i) \tag{3.11}$$

其中，$Entrepre_i^*$ 为 2015~2017 年家庭 i 创业行为的变化情况。若 2015 年家庭 i 没有创业选择或无创业动机，而 2017 年家庭 i 有创业选择或有创业动机则赋值为 1；若 2015 年和 2017 年家庭 i 创业选择或创业动机无变化则赋值为 0；若 2015 年家庭 i 有创业选择或有创业动机，而 2017 年家庭 i 没有创业选择或无创业动机则赋值为 -1。$Financial\_Literacy_i$ 为 2015 年家庭 i 的金融知识水平总和，φ_i 为 2015 年样本中的其他控制变量。ε_i 为随机误差项，假定服从标准正态分布。$F(\cdot)$ 函数的表现形式为：

$$F(Entrepre_i^{*})''=\begin{cases}-1 & Entrepre_i^{*''}<\varepsilon_1\\ 0 & \varepsilon_1<Entrepre_i^{*''}<\varepsilon_2\\ \vdots & \vdots\\ n & Entrepre_i^{*''}>\varepsilon_{n-1}\end{cases} \quad (3.12)$$

其中，$Entrepre_i^{*''}$ 是 $Entrepre_i^{*}$ 的潜在变量，$\varepsilon_1<\varepsilon_2<\cdots<\varepsilon_{n-1}$ 为切点。同时 $Entrepre_i^{*''}$ 满足：

$$Entrepre_i^{*''}=\beta_1 Financial\_Literacy_i+\beta_2\varphi_i+\varepsilon_i \quad (3.13)$$

以上模型中，φ_i 为控制变量，2015 年户主的人口统计学特征变量有性别、年龄、年龄平方、健康状况、婚姻状况、受教育程度、风险偏好等；2015 年家庭特征变量有家庭规模、家庭小孩个数、家庭老年人个数、家庭总资产自然对数、家庭总收入自然对数等；还包括省份虚拟控制变量等。φ_i、ε_i 为随机误差项，假定服从标准正态分布。

2. 变量构建

（1）金融知识。参照已有文献做法（Guiso & Jappelli，2008；Agnew & Szykman，2005；尹志超等，2014；李云峰等，2018），使用受访者利率计算问题、通货膨胀理解和风险投资问题的正确回答个数作为考察受访者的金融知识水平。同时，还利用利率计算问题、通货膨胀理解和风险投资问题构建是否回答正确和是否算不出来或不知道 6 个哑变量进行迭代主因子分析法构建金融知识指标表示受访者金融知识水平。KMO 检验结果表明样本适合做因子分析。选取特征值大于等于 1 的因子作为受访者的客观金融知识水平。

（2）养老计划、养老方式和社会保障类型。

1）养老计划：2015 年 CHFS 询问了受访者养老相关问题。该问卷询问了受访者是否有计划过养老，如果受访者回答有则取值为 1，否则为 0。

2）养老方式：在询问受访者养老方式选择问题上，选项有自己储蓄、子女赡养、社会养老保险、离退休工资、商业养老保险、配偶或亲属支持、其他养老方式，如果受访者选择该养老方式则取值为1，否则为0。

3）社会保障类型：参照吴雨等（2017）做法，将居民将家庭社会保障分为四种类型。①公务员（参公）是否拥有养老保险或医疗保险，即公务员（参公）社会保障；②城镇职工是否拥有养老保险或医疗保险，即城镇职工社会保障；③普通居民是否拥有养老保险或医疗保险，即普通居民社会保障；④无养老保险或医疗保险，即无社会保障。

（3）家庭资产选择。选取的被解释变量分别是家庭股票市场参与、风险金融市场参与、股票资产占家庭金融资产的比重、风险金融资产占家庭金融资产的比重。金融资产包括股票、基金、债券、金融衍生品、贵金属、银行理财产品、外汇、非人民币、定期存款和活期存款、现金、借出款等。风险金融资产包括股票、基金、债券、金融衍生品、贵金属、银行理财产品、外汇等。如果居民家庭持有公开上市公司的股票则表示参与股票市场取值为1，没有为0；如果居民家庭持有风险金融资产则表示参与风险金融市场取值为1，都没有取值为0；股票资产占比表示家庭股票资产占家庭金融资产的比重，风险金融资产占比表示家庭风险金融资产占家庭金融资产的比重，该取值均在［0.1］。

（4）家庭投资组合多样性。选取的被解释变量为居民金融资产多样性指数。通常风险金融资产持有种类越多或持有股票只数越多则表明金融资产投资越分散，多样性越强。但是由于持有相同数量的股票和相同种类的风险资产的各类资产占比不一样，将导致家庭投资组合存在多样性（曾志耕等，2015）。为此，将采用Abreu等（2010）、Kirchner等（2011）的方法，进一步构建股票投资和风险金融资产投资多样性指数。通过家庭持有股票只数、风险金融资产持有种类和构建股票投资多样性指数、风险金融资产投资多样性指数作为本节家庭金融资产投资多样性指标。

1）股票投资多样性指数。主要反映投资者股票投资的分散程度

(Guiso & Japell, 2008), 为此将股票投资者多样性指数用公式表达如下:

$$Stock\_index = 1 - \theta \times \frac{1}{N}, \text{ if } N > 0 \tag{3.14}$$

其中，θ 表示居民家庭股票资产在股票及证券类资产中的占比，N 表示家庭拥有的股票只数，$Stock\_index$ 表示居民股票投资多样性指数，该值取值在 [0, 1)，越靠近 1 表明股票投资多样性越大。若取值为 0，则表示家庭将所有股票及证券类资产投资于一只股票中，未投资其他股票。

2) 风险金融资产投资多样性指数。主要反映风险金融资产的投资多样性，本节所选取的风险金融资产包括股票、基金、债券、金融衍生品、贵金属、银行理财产品、外汇 7 种。风险金融资产投资多样性指数构建形式如下：

$$Risk\_index = 1 - \sum_{i=1}^{N} P_i^2, \text{ if } N > 0 \tag{3.15}$$

其中，N 表示家庭持有风险金融资产的种类，P_i 表示各类风险金融资产在家庭风险金融资产总额中的占比，$Risk\_index$ 表示家庭风险金融资产投资多样性指数，取值范围为 [0, 1)，越靠近 1 表明股票投资多样性越大。若取值为 0，则表示家庭将风险金融资产集中投资于某一类风险金融资产中，未投资其他类型风险金融资产。

(5) 信贷行为。选取家庭是否获得正规信贷、是否获得非正规信贷、获得正规信贷的总额和获得非正规信贷的总额为家庭的信贷行为表现。将是否获得正规信贷定义为：居民家庭是否因买房、买车、家庭成员教育、医疗、农业/工商业生产经营等已获得银行贷款。如果已经获得了银行贷款则取值为 1，否则为 0。将是否获得非正规信贷定义为：居民家庭是否因买房、买车、家庭成员教育、医疗、农业/工商业生产经营等从其他渠道已获得借款，如民间借贷、亲戚朋友等。如果已经获得了借款则取值为 1，否则为 0。居民家庭是否获得正规借贷或非正规借贷为二值变量，而家庭正规借贷总额和非正规借贷总额为连续变量，对它们进行了取对数处理。

(6) 创业行为。居民家庭创业行为选取家庭是否存在创业决策和是否具有主动创业动机。采用尹志超等（2015）的界定方法，将家庭从事个体经营或企业经营定义为创业，农户的农业生产经营活动包括在内。在"大众创业，万众创新"时代背景下振兴乡村发展，社会需要更多的主动创业者。因此，如果家庭从事个体经营或企业经营的原因为"自己想当老板"、"挣更多的钱"、"想要更多的自由"，则表示家庭为主动创业，赋值为1，否则为0。

（7）其他控制变量。参照已有文献，选取的控制变量主要包括户主的人口统计学特征变量，如性别、年龄、健康状况、婚姻状况、受教育程度、风险态度等；家庭特征变量，如父母是否为党员、家庭规模、家庭总资产、家庭老人和小孩数量、是否自有住房、是否拥有两套及以上住房、家庭不健康人数等。若户主性别为男性，则赋值为1，反之为0；若户主已婚或同居，则赋值为1，反之为0；若户主自我评价健康状况非常好或很好，则赋值为1，反之为0；受教育程度从没上过学到博士依次赋值为1~9。若户主为风险偏好型，则赋值为1，反之为0；若户主为风险厌恶型，则赋值为1，反之为0；拥有自由住房赋值为1，否则为0；拥有两套及以上住房赋值为1，否则为0。家庭特征变量包括家庭规模、家庭小孩数量（年龄<16岁）、家庭老年人数量（年龄≥60岁）、家庭总收入（取自然对数）、家庭总资产（取自然对数）。还控制了地区及省份虚拟变量，在数据处理上删除控制变量存在缺失值的样本。考虑到在研究金融知识的不同金融行为影响时并不是所有的控制变量都合适，为此根据研究不同，金融行为选择不同的控制变量。

（三）描述性统计[①]

从表3-1可以看出，仅35.1%的家庭拥有养老计划，说明我国居民缺乏自我养老规划，养老意识较为薄弱。居民养老方式选择主要以子女赡

[①] 核心解释变量金融知识因子分析和得分加总在研究每一个金融行为均不一致，在此未予列出进行描述性统计，如有需要可联系作者。

养、自己储蓄、投资和社会养老保险为主,而选择商业养老保险的家庭仅占7.3%,说明我国居民家庭商业养老保险参与的积极性较低,参与商业养老保险意识不足。样本中股票市场参与率为15.9%,股票资产平均占比为4.2%,风险金融市场参与率为22.3%,风险金融资产平均占比为8.7%,说明我国居民金融市场参与的积极性不高,绝大部分家庭股票资产占比和风险金融资产占比较低,家庭金融资产配置不合理。受访者平均持有股票只数为2.604,最大值为30,股票投资多样性指数均值为0.681,样本中风险金融资产种类均值为1.293,最大值为4,风险金融资产投资多样性指数均值为0.155,说明我国家庭金融资产投资组合缺乏多样性。样本中已获得正规信贷的家庭占12.9%,获得非正规信贷的家庭占14.6%,说明我国家庭面临较大的信贷约束,金融信贷可得性较差,存在严重的金融排斥问题。家庭正规信贷总额均值为7333.651元,标准差为159265.067,非正规信贷总额均值为11607.331元,标准差为169625.612,说明我国家庭正规信贷受到抑制,家庭非正规信贷可得性高于正规信贷,且家庭之间获得信贷总额的差异性较大。在家庭创业行为方面,仅有16.1%的家庭创业,其中,城镇样本中有18.7%的家庭创业,农村家庭中有10.8%的家庭创业,我国家庭创业氛围良好。72.7%的家庭创业原因为"自己想当老板"、"挣更多的钱"、"想要更多的自由",73.5%的城镇家庭具有主动创业动机,69.9%的农村家庭具有主动创业动机。

表3-1 居民家庭金融行为描述性统计结果

变量	观测值	均值	标准差	最小值	最大值
养老计划	22829	0.351	0.477	0	1
自己储蓄养老	8001	0.558	0.497	0	1
子女养老	8001	0.303	0.460	0	1
养老保险	8001	0.458	0.498	0	1
退休金养老	8001	0.196	0.397	0	1

续表

变量	观测值	均值	标准差	最小值	最大值
商业养老保险	8001	0.0730	0.261	0	1
配偶支持	8001	0.0490	0.216	0	1
其他养老方式	8001	0.00700	0.0830	0	1
股票市场参与	20500	0.159	0.365	0	1
风险金融市场参与	20500	0.223	0.416	0	1
股票资产占比	20500	0.0420	0.158	0	1
风险金融资产占比	20500	0.0870	0.229	0	1
风险金融资产种类	4306	0.036	0.222	0	3
股票只数	2059	2.604	4.320	1	30
股票投资多样性指数	1987	0.681	0.384	0	0.99
风险金融资产种类	3016	1.293	0.609	1	4
风险资产投资多样性指数	2953	0.155	0.349	0	0.99
正规信贷	33730	0.129	0.335	0	1
非正规信贷	33730	0.146	0.354	0	1
正规信贷总额	33730	7333.651	159265.067	0	2.500e+07
非正规信贷总额	33730	11607.331	169625.612	0	2.000e+07
创业决策	33810	0.161	0.368	0	1
创业动机	5456	0.727	0.446	0	1

（四）实证结果与分析

1. 金融知识对养老计划的影响

我国已成为老年人口超过 2 亿人的国家，老龄化趋势日益严峻，由此带来的养老问题逐渐成为政策当局和学术界讨论的热点话题。一方面，以传统家庭养老为主的养老方式日益受到挑战和质疑。对于创新型独立养老方式的尝试又受限于当前基础设施和功能条件有限。另一方面，近年来政府相继出台了许多社会保障政策以提高城乡地区社会保障水平，但这种社会保障措施对于缓解家庭养老更多在于辅助作用，要想替代家庭养老在目前为止还是非常困难的。那么，家庭制定合理的养老规划在当前背景下就显得尤为重要。

是什么因素导致家庭制订养老计划积极性不高，家庭选择的养老方式较为传统的呢？尽管有学者从各方面进行探讨，但我们认为金融知识的缺乏是制订家庭养老规划不积极的重要原因。下面将检验金融知识是否能够提高家庭制订养老计划的概率，又会如何影响家庭养老方式的选择的呢？对于这些问题的回答在一定程度上将有助于缓解家庭养老问题，促进我国养老事业健康发展。

（1）金融知识与家庭养老计划决策。表3-2报告了金融知识对居民家庭养老计划决策的影响。第（1）、第（2）列结果表明，金融知识水平的提高能够显著增强家庭制订养老计划的可能性。第（3）、第（4）列加入以无社会保障为参照组的虚拟变量，结果表明相比于无社会养老保障覆盖的家庭，拥有普通居民社会养老保障的家庭更倾向制订养老计划。相比于无社会保障家庭，公务员家庭拥有较高的退休金保障和其他社会保障，城镇职工能够更便捷地享受城市优质医疗、养老等资源，同时拥有比无社会保障家庭更好的社会保障。而普通居民家庭作为一个较大的群体，社会保障水平比无社会保障家庭好，但没有比公务员和城镇职工家庭更好的社会保障，他们老年生活也同样需要面临诸多的不确定性和各种风险，因此他们更需要和倾向制订养老计划。

考虑不同社会保障水平的家庭对养老计划的需求可能存在差异，金融知识对不同社会保障水平的家庭养老计划决策也可能存在显著影响。为此，进一步在第（5）、第（6）列加入金融知识与家庭社会保障的交互项，结果显示，金融知识及金融知识与社会保障的交互项显著为正，且均在10%水平上显著，表明金融知识能够促进不同社会保障水平家庭制订养老计划。同时，金融知识对拥有公务员社会保障和城镇职工社会保障家庭制订养老计划的边际影响更大，这可能是因为社会保障更好的家庭在面临未来的不确定性时，他们拥有较多时间、精力和成本尽早考虑和规划未来养老问题，因此金融知识水平越高对拥有公务员社会保障和城镇职工社会保障家庭制订养老计划的影响更大。这说明社会保障水平差异限制了家庭养老计划的制订，而金融知识的提高在一定程度上缓解了社会保障水平差异对家庭养老计划的制约。

表3-2 金融知识与家庭养老计划决策

	(1)	(2)	(3)	(4)	(5)	(6)
金融知识（因子分析）		0.013*** (0.004)		0.014*** (0.004)		0.025* (0.015)
金融知识（得分加总）	0.014*** (0.004)		0.015*** (0.004)		0.034** (0.015)	
参考值：金融知识×无社会保障						
金融知识×公务员（参公）社会保障					0.038** (0.019)	0.037** (0.021)
金融知识×城镇职工社会保障					0.038** (0.017)	0.036** (0.017)
金融知识×普通居民社会保障					0.029* (0.016)	0.024* (0.015)
参考值：无社会保障						
公务员（参公）社会保障			-0.003 (0.019)	-0.003 (0.019)	0.047 (0.031)	0.004 (0.020)
城镇职工社会保障			0.014 (0.016)	0.014 (0.016)	0.062** (0.025)	0.025 (0.016)

续表

	(1)	(2)	(3)	(4)	(5)	(6)
普通居民社会保障			0.032** (0.015)	0.033** (0.015)	0.044* (0.023)	0.035** (0.015)
观测值	22829					
伪 R^2	0.019	0.019	0.020	0.020	0.020	0.020

注：*、**、***分别表示在10%、5%和1%水平上显著，表中报告的是平均边际效应，括号内为边际效应的稳健性标准差。控制了省份虚拟变量。控制变量有性别、年龄、年龄平方、受教育程度、婚姻状态、健康状态、家庭不健康人数、是否拥有自有住房、风险偏好、风险中立、风险厌恶、家庭小孩和老人人数、家庭规模、家庭总资产，控制变量估计结果未予报告。

（2）金融知识与养老方式选择。表3-3给出了金融知识对家庭不同养老方式选择的估计结果。第（1）~第（6）列利用Probit模型研究金融知识对六种养老方式选择的边际影响。第（7）列利用OLS估计了金融知识对家庭养老方式数量的影响。第（1）~第（6）列结果表明，金融知识每提高一个标准差将使家庭选择"自己储蓄、投资"，"社会养老保险"，"离退休工资"，"配偶或亲属支持"四类养老方式的边际影响分别显著增加0.019、0.008、0.021、0.019和0.019、0.026、0.020、0.019。这说明随着我国市场经济不断发展、金融市场和投资环境不断优化以及社会保障体系不断完善，金融知识水平提高有助于推动居民家庭选择这些养老方式。第（7）列结果显示，金融知识能够显著增加居民选择更多种类的养老方式，表明提高居民家庭金融知识水平能够显著促进家庭养老方式选择多样性，进而增强家庭养老保障强度。

以上结果表明，金融知识能够显著提高家庭制订养老计划并促进家庭选择多样化的养老方式。金融知识对不同社会保障水平的家庭制订养老计划存在显著差异性。因此，金融知识是影响不同社会保障水平家庭制订养老计划和选择多样化养老方式的重要因素之一。

考虑到金融知识与养老计划选择可能存在内生性问题。借鉴Lusardi（2011）、尹志超等（2015）的做法，选取同一小区除自身外其他家庭的

表 3-3 金融知识与养老方式选择

	（1）自己储蓄、投资	（2）子女赡养	（3）社会养老保险	（4）离退休工资	（5）商业养老保险	（6）配偶或亲属支持	（7）养老方式数量
得分加总							
金融知识	0.019*** (0.007)	0.009 (0.007)	0.008* (0.005)	0.021*** (0.003)	0.000 (0.003)	0.019*** (0.007)	0.022* (0.013)
公务员（参公）社会保障	-0.037 (0.033)	0.035 (0.034)	0.207*** (0.022)	-0.015 (0.016)	0.019 (0.015)	-0.037 (0.033)	0.329*** (0.061)
城镇职工社会保障	-0.031 (0.028)	0.167*** (0.029)	0.151*** (0.020)	-0.007 (0.014)	0.008 (0.013)	-0.031 (0.028)	0.282*** (0.048)
普通居民社会保障	0.031 (0.027)	0.114*** (0.028)	-0.069*** (0.020)	0.003 (0.013)	0.005 (0.013)	0.031 (0.027)	0.166*** (0.043)
观测值	8001	8001	7891	7848	7748	8001	8001
伪 R^2	0.062	0.026	0.266	0.151	0.049	0.062	
调整 R^2							0.085
因子分析							
金融知识	0.019*** (0.006)	0.004 (0.007)	0.026*** (0.005)	0.020*** (0.004)	0.001 (0.003)	0.019*** (0.006)	0.024** (0.011)
公务员（参公）社会保障	-0.037 (0.033)	0.035 (0.034)	0.204*** (0.022)	-0.015 (0.016)	0.019 (0.015)	-0.037 (0.033)	0.332*** (0.061)
城镇职工社会保障	-0.032 (0.028)	0.167*** (0.029)	0.149*** (0.020)	-0.008 (0.014)	0.008 (0.013)	-0.032 (0.028)	0.284*** (0.048)
普通居民社会保障	0.032 (0.027)	0.114*** (0.028)	-0.066*** (0.020)	0.003 (0.013)	0.006 (0.013)	0.032 (0.027)	0.164*** (0.043)
观测值	8001	8001	7891	7848	7748	8001	8001
伪 R^2	0.062	0.025	0.269	0.148	0.049	0.062	
调整 R^2							0.084

注：同表 3-2。

平均金融知识水平作为受访者金融知识的工具变量进行两阶段估计。表 3-4 报告了两阶段最小二乘估计第二阶段回归结果。DWH 外生性检验结果表明不存在弱工具变量问题,且在10%水平上拒绝了金融知识不存在内生性问题的假设。另外,一阶段估计F值均大于10%偏误水平下的临界值16.38(Stock & Yogo,2005),工具变量t值在1%水平显著,排除了弱工具变量问题。第二阶段回归结果显示,金融知识的边际影响基本与表3-2一致。这进一步证实了结论是稳健的。

表3-4 金融知识与养老计划内生性检验

	(1)	(2)	(3)	(4)	(5)	(6)
金融知识(因子分析)				0.033** (0.014)	0.030** (0.015)	0.039** (0.015)
金融知识(得分加总)	0.021*** (0.008)	0.015* (0.009)	0.031* (0.018)			
金融知识×公务员(参公)社会保障			0.009 (0.038)			0.023 (0.048)
金融知识×城镇职工社会保障			0.087** (0.035)			0.056* (0.034)
金融知识×普通居民社会保障			0.117** (0.053)			0.090* (0.059)
公务员(参公)社会保障		0.001 (0.051)	0.150* (0.085)		0.002 (0.051)	0.015 (0.054)
城镇职工社会保障		0.040 (0.043)	0.172** (0.069)		0.035 (0.043)	0.062 (0.044)
普通居民社会保障		0.102** (0.040)	0.146** (0.062)		0.106*** (0.041)	0.112*** (0.041)
观测值	22829					
一阶段估计F值	772.37***	618.76***	1049.24***	763.78***	611.59***	1325.00***
工具变量t值	61.30***	59.41***	22.39***	70.11***	67.28***	18.79***
DWH外生性检验	3.85 (0.0397)	1.82 (0.0895)	1.72 (0.0972)	2.39 (0.0485)	3.02 (0.0698)	2.09 (0.0419)
调整R^2	0.3509	0.3512	0.9169	0.3484	0.3485	0.9330

注:同表3-2。

（3）稳健性检验。使用利率计算问题、通货膨胀问题、风险投资问题是否回答正确和使用受访者对经济金融信息的关注度为金融知识代理变量这两种方法进行稳健性检验。

表 3-5 报告了金融知识对家庭养老计划可能性影响的稳健性检验结果。由第（1）、第（2）列可以发现，利率计算问题和通货膨胀问题回答正确对家庭养老计划均无显著影响，风险投资问题回答正确可以显著提高家庭制订养老计划的概率。这基本表明金融知识的提高显著推动家庭制订养老计划，因此在开展金融知识教育培训时应有针对性地加强专业性知识普及。第（3）~第（5）列利用受访者对经济金融方面信息的关注度作为金融知识的代理变量，结果显示，对经济金融方面信息越关注，家庭制订养老计划的可能性越大，这一结果基本与表 3-2 一致。

表 3-5　金融知识与养老计划稳健性检验

	（1）	（2）	（3）	（4）	（5）
利率计算问题回答正确	0.005 (0.007)	0.006 (0.007)			
通货膨胀问题回答正确	0.009 (0.008)	0.009 (0.008)			
风险投资问题回答正确	0.027*** (0.007)	0.029*** (0.007)			
代理变量			0.096*** (0.010)	0.096*** (0.010)	0.109** (0.045)
代理变量×公务员（参公）社会保障					0.109** (0.053)
代理变量×城镇职工社会保障					0.094* (0.048)
代理变量×普通居民社会保障					0.089* (0.047)
公务员（参公）社会保障		-0.004 (0.019)		-0.001 (0.019)	-0.001 (0.020)

续表

	(1)	(2)	(3)	(4)	(5)
城镇职工社会保障		0.013 (0.016)		0.015 (0.016)	0.021 (0.017)
普通居民社会保障		0.033** (0.015)		0.030** (0.015)	0.029* (0.016)
观测值	22829	22829	22805	22805	22805
伪 R^2	0.019	0.020	0.022	0.023	0.023

注：同表 3-2。

2. 金融知识对家庭资产选择的影响

经典投资学理论认为，合理的家庭资产结构中应该有一定比例的风险资产。但在实际情况中，许多家庭往往没有配置一定比例的风险资产。不仅如此，人们参与金融市场的积极性也不高。这是为何呢？本书将从金融知识差异这一角度来探讨和解释家庭金融市场参与不足和家庭金融资产不合理配置等这些家庭金融资产选择问题。

（1）金融知识对家庭股票市场参与和风险金融市场参与的影响。利用 Probit 模型研究金融知识对家庭股票市场参与和风险金融市场参与的影响，估计结果如表 3-6 所示。第（1）、第（2）列结果显示，在控制其他控制变量后，金融知识水平的提高能够显著促进家庭参与股票市场，金融知识（得分加总）和金融知识（因子分析）的边际效应分别为 0.019 和 0.011，且均在 1% 水平上显著。第（3）、第（4）列结果显示，在控制其他控制变量后，金融知识对家庭的风险金融市场参与具有显著的正向影响，金融知识（得分加总）和金融知识（因子分析）的边际效应分别为 0.029 和 0.022，且均在 1% 水平上显著。以上结果表明，金融知识能够显著促进家庭参与金融市场。

考虑金融知识可能存在内生性问题。为此，选取同一小区除自身外其他家庭的平均金融知识水平作为受访者金融知识的工具变量进行两阶段估计。第（5）~第（8）列报告了两阶段最小二乘估计第二阶段回归结果。

DWH 外生性检验结果表明不存在弱工具变量问题,且在 10% 水平上拒绝了金融知识不存在内生性问题的假设。另外,一阶段估计 F 值大于在 10% 偏误水平下的临界值,工具变量 t 值在 1% 水平显著,排除了弱工具变量问题。这表明选取同一小区除自身外其他家庭的平均金融知识水平作为受访者金融知识的工具变量是合适的。第二阶段回归结果表明,金融知识水平的提高可以显著促进家庭参与股票市场和风险金融市场,也证实了金融知识是制约家庭金融市场参与的重要决定因素。

表 3-6 金融知识与家庭股票市场参与和风险金融市场参与

	(1)	(2)	(3)	(4)	(5)	(6)	(7)	(8)
	股票市场参与		风险金融市场参与		股票市场参与 IV		风险金融市场参与 IV	
金融知识(因子分析)		0.011*** (0.003)		0.022*** (0.003)		0.212*** (0.036)		0.220*** (0.031)
金融知识(得分加总)	0.019*** (0.003)		0.029*** (0.003)		0.353*** (0.045)		0.372*** (0.041)	
观测值	20500							
伪 R^2	0.276	0.274	0.269	0.266				
一阶段估计 F 值					129.80*** (0.000)	310.80*** (0.000)	129.80*** (0.000)	310.80*** (0.000)
工具变量 t 值					63.24***	110.21***	63.24***	110.21***
DWH 外生性检验					33.32 (0.000)	24.64 (0.000)	39.60 (0.000)	21.35 (0.000)
调整 R^2					0.2873	0.4923	0.2873	0.4923

注:**、*** 分别表示在 5% 和 1% 水平上显著,表中报告的是平均边际效应,括号内为边际效应的稳健性标准差,控制了省份虚拟变量。控制变量有性别、年龄、年龄平方、受教育程度、婚姻状态、健康状态、拥有自有住房、风险偏好、风险中立、风险厌恶、家庭规模、家庭总资产,控制变量估计结果未予报告。

(2)金融知识对家庭股票资产占比和风险金融资产占比的影响。表 3-7 为利用 Tobit 模型研究金融知识对家庭股票资产占比和风险金融资产占比的影响。第(1)、第(2)列结果显示,在控制其他控制变量后,金融知识不仅能够显著促进家庭股票市场参与，还使家庭增加股票资产占比，且均在1%水平上显著。第（3）、第（4）列结果显示，在控制其他控制变量后，金融知识不仅促进了家庭风险金融市场参与，还推动了家庭增加风险金融资产的比重，在1%水平上显著。第（5）~第（8）列结果表明，解决内生性问题后，金融知识对促进家庭股票资产和风险金融资产占比的影响依然稳健。

综上，金融知识的提高能够显著推动家庭参与股票市场和风险金融市场，并促进家庭将更多的金融资产投向于风险金融资产。

表3-7 金融知识与家庭股票资产占比和风险金融资产占比

	（1）	（2）	（3）	（4）	（5）	（6）	（7）	（8）
	股票资产占比		风险金融资产占比		股票资产占比 IV		风险金融资产占比 IV	
金融知识（因子分析）		0.032**		0.084***		0.145***		0.190***
		(0.013)		(0.011)		(0.030)		(0.024)
金融知识（得分加总）	0.048***		0.086***		0.167***		0.230***	
	(0.011)		(0.009)		(0.034)		(0.028)	
观测值	20500							
伪 R^2	0.241	0.240	0.231	0.229				
一阶段估计 F 值					126.01***	301.98***	126.01***	301.98***
					(0.000)	(0.000)	(0.000)	(0.000)
工具变量 t 值					63.29***	110.32***	63.29***	110.32***
DWH 外生性检验					13.87	20.80	30.67	29.71
					(0.000)	(0.000)	(0.000)	(0.000)
调整 R^2					0.2870	0.4921	0.2870	0.4921

注：同表3-6。

（3）稳健性检验。表3-8中的第（1）~第（4）列是采用Lusardi和Mitchell（2011）的方法，使用利率计算问题回答正确、通货膨胀问题回答正确、风险投资问题回答正确三个哑变量衡量金融知识。结果显示，利率计算问题回答正确、通货膨胀问题回答正确能够显著推动家庭参与股票市场并提高股票资产占比。而利率计算问题回答正确、通货膨胀问题回答正确、风险投资问题回答正确均能够提高家庭风险金融市场参与的可能性,增加家庭持有风险金融资产。

第(5)~第(8)列是利用受访者对经济金融等方面信息的关注度作为金融知识的代理变量进行稳健性检验。从估计结果看,受访者对经济金融等方面信息越关注,家庭参与金融市场的可能性越大,将家庭资产投向于风险金融资产中的比重越高。

表3-8 金融知识与家庭金融资产选择稳健性检验1

	(1)	(2)	(3)	(4)	(5)	(6)	(7)	(8)
	股票市场	风险金融市场	股票占比	风险资产占比	股票市场	风险金融市场	股票占比	风险资产占比
利率计算问题回答正确	0.029*** (0.005)	0.037*** (0.005)	0.051*** (0.020)	0.090*** (0.016)				
通货膨胀问题回答正确	0.019*** (0.005)	0.023*** (0.006)	0.083*** (0.021)	0.078*** (0.018)				
风险投资问题回答正确	-0.004 (0.006)	0.021*** (0.007)	-0.031 (0.027)	0.092*** (0.024)				
代理变量					0.090*** (0.005)	0.107*** (0.006)	0.288*** (0.022)	0.267*** (0.019)
观测值	20500				20435		20486	
伪R^2	0.277	0.269	0.242	0.231	0.288	0.277	0.252	0.236

注:同表3-6。

表3-9中的估计结果剔除了从事金融行业的家庭,由于家庭从事金融行业可能对金融机构相关业务、理财产品等更为了解,因此在金融知识水平上、金融市场参与行为和家庭金融资产配置等方面均可能与普通家庭存在明显不同。在剔除了从事金融行业的家庭后,结果显示金融知识依然对家庭金融市场参与、家庭金融资产选择具有显著的正向影响,只是金融知识的边际效应系数略有降低,但依然显著为正,这与前文分析结果一致。

通过稳健性检验表明,受访者金融知识水平的提高能够显著增加家庭参与股票市场和风险金融市场的概率，同时也会使家庭增加在风险金融资产尤其是股票资产上的配置比重。

表3-9 金融知识与家庭金融资产选择稳健性检验2：剔除从事金融行业的家庭

	(1)	(2)	(3)	(4)	(5)	(6)	(7)	(8)
	因子分析				得分加总			
	股票市场	风险金融市场	股票占比	风险资产占比	股票市场	风险金融市场	股票占比	风险资产占比
金融知识	0.010*** (0.002)	0.019*** (0.004)	0.030** (0.012)	0.081*** (0.013)	0.017*** (0.003)	0.026*** (0.003)	0.045*** (0.011)	0.082*** (0.009)
观测值	20005							
伪R^2	0.288	0.277	0.252	0.236	0.282	0.273	0.250	0.232

注：同表3-6。

3. 金融知识对家庭投资组合多样性的影响

传统投资学理论认为一个理性的投资者往往会进行多元化投资。例如，在股票市场中，理性投资者不会将所有资产投资于某一只股票中，在投资结构中也不应该全为某单一资产。但在研究中发现，理性投资者的实际情况却与理论预期存在较大差异。在美国持有股票的家庭50%以上仅持有一只股票，同时持有风险金融资产的种类还比较单一，这可以说明家庭金融资产投资缺乏多样性。在中国家庭中，不仅股票市场参与率不足，家庭持有股票的只数和风险金融资产的种类较为单一、严重缺乏多样性。以往研究认为交易费用、信息成本、信息不对称、投资者的投资偏好是导致家庭金融资产投资组合缺乏多样性的主要原因。

殊不知，家庭多元化投资行为作为一个重要的家庭金融决策，往往考量的是决策者对金融市场分析、信息筛选和处理的能力，只有投资者对金融市场的宏观环境有足够的了解，对股票信息能够分析透彻，才能更充分地认识到金融市场存在的潜在风险，有效规避风险，从而做出更加合理的多样化投资决策，从而具备这些离不开投资者的金融知识。为此，下面将从投资者金融知识这一角度出发，探讨家庭金融资产投资组合多样性问题。

第三章 金融知识、金融行为与居民家庭收入

(1) 金融知识与股票投资组合多样性。表 3-10 汇报了金融知识对家庭股票投资多样性的影响。第(1)、第(4)列结果显示,金融知识对股票只数的 OLS 估计结果显著为正,金融知识边际效应分别为 0.133 和 0.096,在 10% 以上水平显著。第(2)、第(5)列结果显示,金融知识对股票只数进行有序 Probit 模型估计,结果显著为正,且在 5% 水平上显著。这表明金融知识有助于促进家庭分散投资降低风险,并提高家庭股票投资多样性。这主要是因为较高金融知识的投资者能够充分了解股票市场中的风险,进而采用分散化投资以降低投资风险。金融知识水平越高的投资者具备较高的信息收集、分析和处理能力,这将有利于投资者进行多样化投资。第(3)、第(6)列结果表明,金融知识对股票投资多样性指数显著为正,进一步表明较高金融知识的投资者股票投资多样性越强,更注重优化股票投资结构。

表 3-10　金融知识与家庭股票资产投资多样性

	(1)	(2)	(3)	(4)	(5)	(6)
	股票只数	股票只数	股票投资多样性指数	股票只数	股票只数	股票投资多样性指数
	OLS	Oprobit	OLS	OLS	Oprobit	OLS
金融知识(因子分析)				0.096* (0.057)	0.005** (0.003)	0.002** (0.000)
金融知识(得分加总)	0.133* (0.082)	0.008*** (0.002)	0.003*** (0.001)			
观测值	2059	2059	1987	2059	2059	1987
伪 R^2		0.200			0.199	
调整 R^2	0.0046		0.0762	0.0046		0.0762

注:*、**、*** 分别表示在 10%、5% 和 1% 水平上显著,表中报告的是平均边际效应,括号内为边际效应的稳健性标准差,控制了省份虚拟变量。控制变量有性别、年龄、年龄平方、受教育程度、婚姻状态、健康状态、拥有自有住房、风险偏好、风险中立、风险厌恶、家庭规模、家庭总资产、家庭金融资产,控制变量估计结果未予报告。

此外，控制变量估计结果显示，女性更加注重股票投资多样性；户主年龄与股票投资多样性呈 U 形关系，说明随着户主年龄增加，其股票投资经验丰富，也更为了解分散化投资对降低股票投资风险的作用。受教育程度对股票投资多样化有显著正向影响，这是因为教育有助于克服投资决策失误（Abreu & Mendes，2010）。风险偏好边际效应系数显著为正，风险中性边际效应系数显著为负，风险厌恶边际效应系数显著为负。这说明风险偏好型投资者倾向于持有更多只股票，并且注重优化各股票在证券资产中的占比。家庭金融资产越多，投资者有更多资本进行多样化投资。

（2）金融知识与风险金融资产投资组合多样性。表 3-11 汇报了金融知识对家庭风险金融资产投资多样性的影响。第（1）、第（4）列结果显示，金融知识对风险金融资产种类的 OLS 估计结果显著为正，在 1% 以上水平显著。第（2）、第（5）列结果显示，金融知识对风险金融资产多样性指数进行有序 Probit 模型估计，结果显著为正，且在 1% 水平上显著。这表明投资者金融知识水平越高，有助于促进家庭持有更多种类的风险金融资产。第（3）、第（6）列结果表明，金融知识对风险金融资产投资多样性指数显著为正，且在 1% 水平上显著，表明较高金融知识的投资者更倾向于持有更多种类的风险金融资产，同时注重优化各类风险金融资产投资比例。这主要因为金融知识提高了投资者金融市场投资分析能力，使投资者在面对投资时能够做出合理的投资策略。

表 3-11　金融知识与家庭风险金融资产投资多样性

	（1）	（2）	（3）	（4）	（5）	（6）
	风险资产种类	风险资产种类	风险资产投资多样性指数	风险资产种类	风险资产种类	风险资产投资多样性指数
	OLS	Oprobit	OLS	OLS	Oprobit	OLS
金融知识（因子分析）				0.030*** (0.003)	0.021*** (0.003)	0.011*** (0.002)

续表

	（1）	（2）	（3）	（4）	（5）	（6）
	风险资产种类	风险资产种类	风险资产投资多样性指数	风险资产种类	风险资产种类	风险资产投资多样性指数
	OLS	Oprobit	OLS	OLS	Oprobit	OLS
金融知识（得分加总）	0.037***	0.022***	0.015***			
	(0.005)	(0.003)	(0.003)			
观测值	3016	3016	2953	3016	3016	2953
伪 R^2		0.277			0.276	
调整 R^2	0.2873		0.2338	0.2851		0.2328

注：同表 3-10。

（3）内生问题。使用同一小区除自身外其他家庭的平均金融知识水平作为受访者金融知识的工具变量进行两阶段估计解决金融知识内生性问题。表 3-12 报告了金融知识与股票投资多样性和风险资产投资多样性两阶段最小二乘估计的第二阶段回归结果。DWH 外生性检验结果表明，在 1% 置信水平上拒绝了金融知识不存在内生性问题的假设。一阶段估计 F 值均大于在 10% 偏误水平下的临界值 16.38，工具变量 t 值也都在 1% 水平显著。因此，该工具变量是合适的，不存在弱工具变量问题。第二阶段回归结果显示，金融知识的边际影响均在 10% 水平上显著。这进一步表明金融知识水平的提高可以显著促进家庭股票投资多样性和家庭风险金融配置多样性，也证实了金融知识是影响家庭金融资产配置的重要决定因素。

以上结果表明，金融知识存在较强的内生性，金融知识可能受到投资者本身投资行为的影响，投资者作为理性行为人，在金融市场进行投资过程中会不断学习积累金融知识。当接受调查时，受访者可能已经从金融市场活动中积累了较多的金融知识，从而表现出较高的金融知识水平。解决内生性问题后，金融知识依然对股票投资多样性和风险金融资产投资多样性有显著正向作用，金融知识水平的提高有助于家庭优化家庭资产配置。

表3-12 金融知识与家庭投资组合多样性内生性问题

	(1)	(2)	(3)	(4)	(5)	(6)
	股票只数		股票只数		股票投资多样性指数	
股票投资多样性						
金融知识（因子分析）		0.161** (0.080)		0.138*** (0.044)		0.003** (0.001)
金融知识（得分加总）	0.263** (0.139)		0.205*** (0.053)		0.003* (0.002)	
观测值	2059	2059	1987	2059	2059	1987
一阶段估计F值	157.20***	148.84***	130.34***	303.83***	157.20***	148.84***
工具变量t值	66.72***	80.64***	61.95***	108.64***	66.72***	80.64***
DWH Chi^2/F值（p-value）	7.706 (0.000)	8.256 (0.000)	8.79 (0.000)	9.236 (0.000)	7.052 (0.000)	7.445 (0.000)
风险金融资产投资多样性						
金融知识（因子分析）		0.010** (0.005)		0.216*** (0.035)		0.012*** (0.003)
金融知识（得分加总）	0.066*** (0.011)		0.352*** (0.044)		0.029*** (0.006)	
观测值	3016	3016	2953	3016	3016	2953
一阶段估计F值	157.20***	148.84***	128.38***	303.18***	157.20***	148.84***
工具变量t值	66.72***	80.64***	62.16***	108.81***	66.72***	80.64***
DWH Chi^2/F值（p-value）	32.682 (0.000)	34.415 (0.000)	35.68 (0.000)	17.17 (0.000)	34.046 (0.000)	35.814 (0.000)

注：同表3-10。

（4）稳健性检验。表3-13采用利率计算问题回答正确、通货膨胀问题回答正确、风险投资问题回答正确三个哑变量测度金融知识。结果显示，利率计算问题回答正确有助于提高家庭风险金融资产种类、股票持有只数（有序Probit）和风险金融资产投资多样性指数。通货膨胀问题回答正确能够显著推动家庭股票投资和风险金融资产投资多样化。风险投资问题回答正确对股票投资多样性指数和风险金融资产多样性指数有显著正向关系。这可以说明金融知识对家庭金融资产投资组合多样性的显著正向影响是稳健的。

表3-13 金融知识与家庭投资组合多样性稳健性检验：金融知识测度

	（1）	（2）	（3）	（4）	（5）	（6）
	风险金融资产种类	风险金融资产种类	风险金融资产投资多样性指数	股票只数	股票只数	股票投资多样性指数
	OLS	Oprobit	OLS	OLS	Oprobit	OLS
利率计算问题回答正确	0.048*** (0.008)	0.029*** (0.005)	0.013*** (0.005)	0.022 (0.251)	0.010*** (0.004)	0.001 (0.001)
通货膨胀问题回答正确	0.057*** (0.010)	0.013** (0.005)	0.034*** (0.006)	0.607* (0.301)	0.011*** (0.004)	0.005*** (0.002)
风险投资问题回答正确	-0.009 (0.009)	0.021*** (0.007)	0.008 (0.006)	-0.311 (0.220)	0.005 (0.005)	0.005*** (0.002)
观测值	3016	3016	2953	2059	2059	1987
伪 R^2		0.277			0.200	
调整 R^2	0.288		0.235	0.005		0.077

注：同表3-10。

表3-14利用受访者对经济金融等方面信息的关注度作为金融知识的代理变量进行稳健性检验。可以看出，除第（4）列不显著外，其他列中的结果均正向显著，且在1%水平上显著。这基本可以说明受访者对经济金融等方面信息越关注，家庭参股票投资多样化和风险金融资产投资多样化程度越高。

家庭从事金融行业可能对金融机构相关业务、理财产品等更为了解，因此在金融知识水平上、金融市场参与行为和家庭金融资产配置等方面均可能与普通家庭存在明显不同。为此，需剔除了家庭从事金融行业的样本再重新进行估计，结果如表3-15所示。在剔除了家庭从事金融行业的样本后，金融知识依然对家庭股票投资多样性具有显著的正向影响。能够增强家庭风险金融资产投资多样化程度。

表3-14 金融知识与家庭投资组合多样性稳健性检验：金融知识代理变量

	（1）	（2）	（3）	（4）	（5）	（6）
	风险金融资产种类	风险金融资产种类	风险金融资产投资多样性指数	股票只数	股票只数	股票投资多样性指数
	OLS	Oprobit	OLS	OLS	Oprobit	OLS
金融知识代理变量	0.228***	0.079***	0.101***	0.045	0.048***	0.021***
	(0.013)	(0.006)	(0.008)	(0.190)	(0.004)	(0.002)
观测值	3016	3016	2953	2059	2059	1987
伪 R^2		0.282			0.204	
调整 R^2	0.301		0.242	0.005		0.083

注：同表3-10。

表3-15 金融知识与家庭投资组合多样性稳健性检验：剔除金融行业从业家庭

	（1）	（2）	（3）	（4）	（5）	（6）
	股票只数	股票只数	股票投资多样性	股票只数	股票只数	股票投资多样性
	OLS	Oprobit	OLS	OLS	Oprobit	OLS
股票投资多样性						
金融知识（因子分析）				0.086*	0.005**	0.002**
				(0.037)	(0.003)	(0.000)
金融知识（得分加总）	0.129*	0.005***	0.002**			
	(0.062)	(0.001)	(0.001)			
观测值	1976	1976	1904	1976	1976	1904
伪 R^2		0.198			0.210	
调整 R^2	0.0039		0.0731	0.0043		0.0741
风险金融资产投资多样性						
金融知识（因子分析）				0.026***	0.018***	0.007***
				(0.004)	(0.004)	(0.002)

续表

	（1）	（2）	（3）	（4）	（5）	（6）
	股票只数	股票只数	股票投资多样性	股票只数	股票只数	股票投资多样性
	OLS	Oprobit	OLS	OLS	Oprobit	OLS
金融知识（得分加总）	0.034*** (0.003)	0.020*** (0.005)	0.011*** (0.002)			
观测值	2933	2933	2870	2933	2933	2870
伪 R^2		0.254			0.257	
调整 R^2	0.2830		0.2128	0.2653		0.2135

注：同表3-10。

综合上述稳健性检验可以认为基准估计结果是稳健的。增强金融知识水平不仅能够显著提高家庭风险金融资产投资组合多样性，对股票资产投资组合多样性也有显著正向影响。

4. 金融知识对居民家庭信贷行为的影响

信贷需求者对正规金融机构的信贷流程、信贷政策、信贷业务、信贷服务等认知上和行为上的偏差是导致家庭面临信贷约束的重要原因（Petrick，2004）。而信贷需求者对信贷相关内容的不了解和对信贷政策解读不到位主要在于其自身金融知识水平缺乏。有研究发现，金融知识缺乏、对信贷政策把握不准确，信贷需求者往往会认为自己无法从正规金融机构中获取信贷资源而不去申请贷款或者中途放弃申请贷款。提高自身金融知识能够帮助其增加对信贷市场的了解，降低对信贷政策的认知和行为偏差，推动家庭积累财富，保持良好的信用记录，最终有助于家庭从正规金融机构中获得更多的信贷资源。下面将进一步探讨金融知识对居民家庭信贷行为的影响。

（1）金融知识与居民家庭信贷可得性。表3-16报告了金融知识对家庭信贷可得性影响的Probit模型估计结果。第（1）、第（2）列结果显示，金融知识对家庭正规信贷可得性具有显著正向影响，金融知识边际影响分别为 0.006 和 0.007，在 1% 水平上显著。这说明金融知识有助于提高家庭正规信贷可得性，与宋全云等（2017）研究一致。这可能是因为较高的金融知识水平有助于提高信贷需求者对信贷市场、信贷产品、信贷服务的了解和对信贷消息的处理能力，因而能够更有效获得正规银行信贷。吴雨等（2016）、Lusardi 和 Michell（2007）、Kidwell 和 Turrisi（2004）研究发现金融知识会促进家庭财富积累，并且较高金融知识水平的居民更倾向于保持自身信用良好，进而能够增强正规信贷可得性。第（3）、第（4）列结果显示，金融知识对家庭非正规信贷可得性具有显著负向影响，金融知识边际影响为 -0.008 和 -0.003，分别在 1% 和 10% 水平上显著。这说明金融知识的提高有助于抑制家庭非正规信贷可得性。这可能是因为金融知识的提高，帮助信贷需求者清楚地认识和了解非正规信贷存在的诸多风险和安全隐患，有助于改善信贷需求者对银行正规信贷和非正规信贷之间优劣势的认知，进而减少对非正规信贷的需求。

表 3-16　金融知识与家庭信贷行为

	(1)	(2)	(3)	(4)	(5)	(6)	(7)	(8)
	正规信贷		非正规信贷		正规信贷总额		非正规信贷总额	
金融知识（因子分析）		0.007*** (0.002)		-0.003* (0.002)		0.249*** (0.024)		-0.105*** (0.095)
金融知识（得分加总）	0.006*** (0.002)		-0.008*** (0.002)		0.497*** (0.031)		-0.192*** (0.014)	
观测值	33730							
伪 R^2	0.167	0.167	0.101	0.101	0.029	0.029	0.050	0.050

注：*、**、***分别表示在 10%、5% 和 1% 水平上显著，表中报告的是平均边际效应，括号内为边际效应的稳健性标准差，控制了省份虚拟变量。控制变量有性别、年龄、年龄平方、受教育程度、婚姻状态、健康状态、拥有自有住房、从事农业生产、从事工商业、风险偏好、风险中立、风险厌恶、家庭小孩和老人数量、家庭规模、家庭总资产，控制变量估计结果未予报告。

控制变量估计结果显示，受教育水平越高，有助于促进家庭正规信贷可得性，抑制家庭非正规信贷可得性。拥有自有住房、从事农业和工商业经验有助于家庭获得正规信贷和非正规信贷，这是因为他们有了实体抵押物；风险偏好有助于正规信贷可得性，而对非正规信贷可得性无显著影响；家庭总资产越多越有可能获得信贷。

（2）金融知识与家庭信贷总额。表 3-16 报告了金融知识对家庭信贷总额影响的 Tobit 模型估计结果。第（5）、第（6）列结果显示，金融知识对家庭正规信贷总额具有显著正向影响，金融知识边际影响为 0.497 和 0.249，在 1% 水平上显著。这说明金融知识水平的提高有助于家庭获得更多的正规信贷资源。第（7）、第（8）列结果显示，金融知识对家庭非正规信贷总额具有显著负向影响，金融知识边际影响为 -0.192 和 -0.105，在 1% 水平上显著。这说明金融知识的提高越不可能选择非正规渠道获取信贷资金，即使选择了非正规信贷，也将会降低非正规信贷总额。

（3）内生性问题。金融知识可能存在内生性问题，借鉴 Lusardi（2011）的做法，选取同一小区除自身外其他家庭的平均金融知识水平作为受访者金融知识的工具变量进行两阶段估计。表 3-17 报告了工具变量两阶段最小二乘估计第二阶段回归结果。DWH 外生性检验结果表明，基本在 1% 水平上拒绝了金融知识不存在内生性问题的假设。一阶段估计 F 值均大于 10% 偏误水平下的临界值 16.38，工具变量 t 值均在 1% 水平显著，排除了弱工具变量问题。第二阶段回归结果显示，金融知识对家庭信贷可得性和信贷总额的影响与表 3-16 一致。

表 3-17 金融知识与居民家庭信贷行为内生性问题

	(1)	(2)	(3)	(4)	(5)	(6)	(7)	(8)
	正规信贷		非正规信贷		正规信贷总额		非正规信贷总额	
金融知识（因子分析）		0.128***		-0.232***		2.224**		-3.604***
		(0.036)		(0.032)		(0.947)		(0.600)
金融知识（得分加总）	0.241***		-0.292***		1.134**		-3.913***	
	(0.040)		(0.038)		(0.606)		(0.718)	
观测值	33730							
一阶段估计 F 值	263.52	249.44***	263.52***	249.44***	263.52***	249.44***	263.52***	249.44***

续表

	(1)	(2)	(3)	(4)	(5)	(6)	(7)	(8)
	正规信贷		非正规信贷		正规信贷总额		非正规信贷总额	
工具变量t值	59.04***	64.22***	59.04***	64.22***	59.04***	64.22***	59.04***	64.22***
DHW 外生性检验	28.43 (0.000)	6.29 (0.012)	48.86 (0.000)	53.07 (0.000)	2.39 (0.122)	7.67 (0.0056)	29.96 (0.000)	40.93 (0.0000)
调整 R^2	0.3527	0.3402	0.3527	0.3402	0.3527	0.3402	0.3527	0.340

注：同表3-16。

（4）稳健性检验。改变金融知识指标衡量方法，采用利率计算问题回答正确、通货膨胀问题回答正确、风险投资问题回答正确三个哑变量测度金融知识。表3-18的第（1）~第（4）列结果显示，通货膨胀问题回答正确，风险投资问题回答正确对提高正规信贷可得性具有显著正向影响，利率计算问题回答正确对提高非正规信贷可得性具有显著负向影响，通货膨胀问题回答正确对提高正规信贷总额和非正规信贷总额具有显著正向影响，利率计算问题回答正确对提高非正规信贷总额具有显著负向影响。

表3-18　金融知识与居民家庭信贷行为稳健性检验

	(1)	(2)	(3)	(4)	(5)	(6)	(7)	(8)
	正规信贷	非正规信贷	正规信贷总额	非正规信贷总额	正规信贷	非正规信贷	正规信贷总额	非正规信贷总额
利率计算问题回答正确	-0.003 (0.004)	-0.020*** (0.005)	-0.976 (0.644)	-1.542*** (0.432)				
通货膨胀问题回答正确	0.008* (0.004)	0.002 (0.005)	2.155*** (0.699)	0.859* (0.466)				
风险投资问题回答正确	0.015*** (0.004)	-0.004 (0.004)	0.646 (0.613)	0.313 (0.393)				
代理变量					0.013** (0.005)	-0.012* (0.006)	2.525*** (0.804)	-1.148** (0.560)
观测值	33730				33677			
伪 R^2	0.167	0.102	0.029	0.050	0.166	0.101	0.029	0.050

注：同表3-16。

利用受访者对经济金融等方面信息的关注度作为金融知识的代理变量进行稳健性检验。从表3-18中的第（5）~第（8）列估计结果可以看出，金融知识代理变量边际效应均在10%及以上水平显著。这说明受访者对经济金融等方面信息越关注，家庭越可能从正规金融机构获得正规信贷和获得更多信贷资金，越不可能从非正规金融机构获得非正规信贷资源和更多的信贷资金。通过以上稳健性检验表明，估计结果是稳健和可靠的。

5. 金融知识对家庭创业行为的影响

（1）金融知识对家庭创业行为的当期影响。表3-19报告了金融知识对家庭创业选择的当期影响估计结果。从中可以发现，第（1）、第（3）列只考虑金融知识，金融知识对家庭创业选择的边际影响分别为0.043和0.045，在1%水平上显著，说明金融知识显著正向影响家庭当期创业选择。第（2）、第（4）列加入了控制变量，金融知识的边际影响为0.004和0.008，分别在10%和1%水平上显著，表明金融知识水平的提高能够显著提高居民家庭创业选择的可能性。金融知识是制约家庭创业选择的一个重要决定因素。

考虑金融知识对家庭创业选择的当期影响可能存在内生性问题。内生性问题主要来自以下几方面：第一，金融知识对家庭创业选择存在影响，但随着创业活动的增强和创业经历的不断积累也可能导致金融知识得到提升。第二，受访者在回答金融知识相关问题时可能存在不精确或猜测问题答案而导致金融知识测度不准确。为此，借鉴Lusardi（2011）的做法，选取同一小区除自身外其他家庭的平均金融知识水平作为受访者金融知识的工具变量进行两阶段估计。表3-19中的第（5）、第（6）列报告了两阶段最小二乘估计第二阶段回归结果。DWH外生性检验结果表明不存在弱工具变量问题，且在5%水平上拒绝了金融知识不存在内生性问题的假设，一阶段估计F值为264.26和249.93，该值大于10%偏误水平下的临界值16.38，工具变量t值为61.56和70.06，在1%水平上显著。第二阶段回归结果显示，较高金融知识将有助于提高当期家庭创业选择的概率。

表 3-19 金融知识对家庭创业选择的当期影响

	（1）	（2）	（3）	（4）	（5）	（6）
金融知识（因子分析）			0.045*** (0.002)	0.008*** (0.002)		0.097*** (0.030)
金融知识（得分加总）	0.043*** (0.002)	0.004* (0.002)			0.012** (0.006)	
控制变量	不控制	控制	不控制	控制	控制	控制
观测值			33802			
伪 R^2	0.029	0.164	0.031	0.164		
DWH 外生性检验					2.80 (0.0419)	4.56 (0.0327)
工具变量 t 值					61.56***	70.06***
一阶段估计 F 值					264.26***	249.93***

注：*、**、***分别表示在10%、5%和1%水平上显著，表中报告的是平均边际效应，括号内为边际效应的标准差，均控制了省份虚拟变量。控制变量有性别、年龄、年龄平方、受教育程度、婚姻状态、健康状态、拥有自有住房、风险偏好、风险中立、风险厌恶、家庭小孩和老人数量、家庭健康差的人数、父母是否为党员、家庭规模、家庭总资产，控制变量估计结果未予报告。

表 3-20 报告了金融知识对家庭创业动机的当期影响估计结果。第（2）、第（4）列结果显示，金融知识的边际效应影响分别为0.010和0.008，在10%水平上显著，表明金融知识的提高有助于创业机遇的发掘，并显著提高家庭当期主动创业动机。第（5）、第（6）列在考虑到金融知识的内生性问题后表明，金融知识能够显著促进当前家庭主动创业。

表 3-20 金融知识对家庭创业动机的当期影响

	（1）	（2）	（3）	（4）	（5）	（6）
金融知识（因子分析）			0.038*** (0.006)	0.008* (0.005)		0.124* (0.070)
金融知识（得分加总）	0.044*** (0.007)	0.010* (0.007)			0.096* (0.060)	

续表

	(1)	(2)	(3)	(4)	(5)	(6)
控制变量	不控制	控制	不控制	控制	控制	控制
观测值	5454					
伪 R^2	0.034	0.070	0.032	0.070		
DWH 外生性检验					3.15 (0.0825)	3.29 (0.0704)
工具变量 t 值					26.58***	26.13***
一阶段估计 F 值					23.60*** (0.000)	24.55*** (0.000)
Adj_R^2					0.2472	0.2439

注：同表 3-19。

以上结果表明，金融知识水平的提高能够显著提高当期家庭创业选择和主动创业的概率，从而使家庭更容易成为主动创业者，这一结果与尹志超等（2015）的研究结论一致。

（2）金融知识对家庭创业行为的长期影响。表3-21报告了金融知识对家庭创业行为的长期影响。第（1）、第（2）、第（5）、第（6）列为单一金融知识对家庭创业选择和创业动机的估计结果，可以看到金融知识显著提高了家庭创业选择概率和主动创业动机，且在1%水平上显著。其他列结果中加入了所有控制变量，从中可以发现，模型拟合度得到显著提高，金融知识对家庭创业行为影响仍然显著，金融知识（得分加总）对家庭创业选择和创业动机的边际影响分别为0.007和0.009，金融知识（因子分析）对家庭创业选择和创业动机的边际影响分别为0.010和0.007，在10%水平上显著，只是金融知识边际效应有所下降。这表明金融知识水平的增强有助于长期提高家庭创业选择和主动创业动机的概率。

（3）金融知识对家庭创业行为的动态影响。表3-22报告了利用有序Probit估计金融知识对家庭创业行为的改善效果。第（1）、第（3）列表示单一金融知识对家庭创业选择和创业动机的改善效果，可以看到金融知识能够显著改善家庭创业选择行为和主动创业动机,即金融知识的提高能够推动家庭创业行为向好的方向改善。第(2)、第(4)列将所有控制变量加入回归模型中,结果显示金融知识仍然对家庭创业行为具有显著正向改善作用,且在10%水平上显著。

表3-21 金融知识对家庭创业行为的长期影响

被解释变量	(1)	(2)	(3)	(4)	(5)	(6)	(7)	(8)
	家庭创业选择				家庭创业动机			
金融知识(因子分析)		0.039*** (0.002)		0.010*** (0.002)		0.013*** (0.004)		0.007* (0.004)
金融知识(得分加总)	0.037*** (0.002)		0.007** (0.003)		0.012*** (0.005)		0.009* (0.005)	
控制变量	不控制	不控制	控制	控制	不控制	不控制	控制	控制
观测值	24409				3251	3251	3251	3251
伪R^2	0.027	0.029	0.113	0.113	0.038	0.037	0.053	0.052

注:同表3-19。

表3-22 金融知识对家庭创业行为的动态影响

被解释变量	(1)	(2)	(3)	(4)	(5)	(6)
	家庭创业选择					
	有序Probit	有序Probit	有序Probit	有序Probit	IV	IV
金融知识(因子分析)			0.002* (0.001)	0.002* (0.001)		0.014** (0.007)
金融知识(得分加总)	0.003*** (0.001)	0.002* (0.001)			0.038** (0.014)	
控制变量	不控制	控制	不控制	控制	控制	控制
观测值	24410	24409	24410	24409	24409	24409
伪R^2	0.004	0.013	0.004	0.013		
一阶段估计F值					179.99*** (0.000)	171.06*** (0.000)
DWH外生性检验					1.69 (0.06069)	1.70 (0.0574)

续表

工具变量t值					52.62***	57.76***
家庭创业动机						
金融知识（因子分析）			0.006*** (0.002)	0.003* (0.002)		0.050* (0.030)
金融知识（得分加总）	0.007*** (0.002)	0.004** (0.002)			0.026** (0.013)	
控制变量	不控制	控制	不控制	控制	控制	控制
观测值	2225					
伪 R^2	0.031	0.048	0.030	0.048		
一阶段估计F值					10.61*** (0.000)	10.08*** (0.000)
DWH外生性检验					2.18 (0.0686)	2.27 (0.0622)
工具变量t值					14.85***	15.12***

注：同表3-19。

同样，考虑到金融知识的内生性问题用工具变量进行两阶段估计，结果如表中第（5）、第（6）列所示。DWH外生性检验结果表明金融知识对家庭创业动机改善效果存在内生性，一阶段估计F值大于10%偏误水平下的临界值16.38，工具变量t值均在1%水平显著。这表明两阶段估计结果与基本回归结果存在显著差异，表明金融知识能够显著改善家庭创业行为。

以上结果表明，金融知识水平的提高有助于显著正向改善家庭创业行为，推动家庭向创业决策和主动创业方向发展。

（4）稳健性检验。为检验以上结论稳健性，采用利率计算问题、通货膨胀问题、风险投资问题是否回答正确和使用受访者对经济金融信息的关注度为金融知识代理变量这两种方法进行稳健性检验。

表3-23报告了金融知识对家庭创业行为当期和长期影响的稳健性检验结果。第（1）、第（2）列是加入利率计算问题、通货膨胀问题、风险

投资问题是否回答正确三个哑变量来衡量金融知识，可以发现利率计算问题和通货膨胀问题回答正确对当期家庭创业行为无显著影响，风险投资问题回答正确可以显著提高当期家庭创业选择和主动创业动机的概率。这表明金融知识的普及应该具备一定的针对性和普适性。第（3）、第（4）列是采用金融知识代理变量进行稳健性估计的结果。从中可以看出，对经济金融方面信息越关注，家庭当期创业选择和主动创业动机的概率越高。以上结果表明，金融知识的增加会提高当期家庭创业选择和主动创业动机的可能性。

表 3-23 金融知识与家庭创业行为稳健性检验——当期和长期影响

	(1)	(2)	(3)	(4)	(5)	(6)	(7)	(8)
	家庭创业选择	家庭创业动机	家庭创业选择	家庭创业动机	家庭创业选择	家庭创业动机	家庭创业选择	家庭创业动机
	当期				长期			
利率计算问题回答正确	0.002 (0.004)	0.001 (0.013)			0.004 (0.005)	-0.001 (0.009)		
通货膨胀问题回答正确	-0.007 (0.005)	0.016 (0.016)			-0.006 (0.006)	-0.013 (0.011)		
风险投资问题回答正确	0.016*** (0.004)	0.011*** (0.003)			0.019*** (0.005)	0.012* (0.006)		
代理变量			0.014** (0.006)	0.011* (0.007)			0.015** (0.007)	0.011* (0.007)
观测值	33802	5454	33749	5447	24409	3251	24366	3247
伪 R^2	0.164	0.070	0.164	0.070	0.113	0.053	0.112	0.051

注：同表 3-19。

第（5）~第（8）列报告了金融知识对家庭创业行为长期影响的稳健性检验结果。从第（5）、第（6）列结果可以看出，风险投资问题回答正确能够显著长期推动家庭创业活动和促进家庭主动创业动机。第（7）、第（8）列结果显示，对经济金融方面信息越关注，能够对家庭创业活动和主动创业动机产生长期正向影响。以上结果表明，金融知识的增加能够长期推动家庭创业活动和家庭主动创业动机。

表 3-24 报告了金融知识对家庭创业行为改善效果的稳健性检验结果。从第（1）、第（2）列结果可以看出，风险投资问题回答正确能够显著改善家庭创业活动和家庭主动创业动机。第（3）、第（4）列结果显示，对经济金融方面信息越关注，能够对家庭创业活动和主动创业动机产生显著的正向改善效果。以上结果表明，金融知识的增加显著改善家庭创业选择和家庭主动创业动机。

表 3-24　金融知识与家庭创业行为稳健性检验—动态影响

	（1）	（2）	（3）	（4）
	家庭创业选择	家庭创业动机	家庭创业选择	家庭创业动机
利率计算问题回答正确	0.001 (0.003)	-0.002 (0.004)		
通货膨胀问题回答正确	-0.002 (0.003)	0.009 (0.005)		
风险投资问题回答正确	0.011*** (0.003)	0.011** (0.005)		
代理变量			0.012*** (0.004)	0.012* (0.006)
观测值	24409	2225	24366	2223
伪 R^2	0.013	0.049	0.013	0.048

注：同表 3-19。

综上，金融知识对家庭创业行为的当期、长期和动态影响的估计结果是稳健的。金融知识不仅能够对当期和长期家庭创业活动和创业动机产生显著的正向影响，还能够显著改善家庭创业行为。

（五）结论与政策建议

本章利用 2015 年 CHFS 数据研究了金融知识对居民养老计划的影响。

发现金融知识水平的提高能够显著促进家庭制订养老计划，且金融知识对不同社会保障水平家庭制订养老计划的显著促进作用存在异质性。同时，金融知识还有助于家庭养老方式的多样化。为此，政府及相关部门应积极鼓励和倡导年轻人尽早主动制订完善的养老计划和选择合理养老方式来降低未来不确定风险对老年生活幸福感的损失。加强金融知识教育培训以提高我国居民整体金融素养水平，推动家庭因地制宜制订和完善养老计划和合理选择有效的养老方式，鼓励家庭将"自己储蓄、投资"，"社会养老保险"，"离退休工资"，"配偶或亲属支持"等养老方式有机组合，积极尝试新型养老模型，从而提高老年生活幸福感。

利用2015年CHFS数据研究了金融知识对家庭金融市场参与和家庭金融资产选择的影响。研究发现，提高金融知识水平能够显著增加家庭参与股票市场和风险金融市场的概率，同时也使家庭增加在风险金融资产尤其是股票资产上的配置比重。考虑内生性问题后，该结论依然成立。为此，政府应加强居民金融知识教育培训，提高我国居民整体金融知识水平，进而推动家庭参与金融市场，增加风险金融资产投资的比重。同时，进一步制定相关法律法规优化我国金融市场环境，降低进入金融市场门槛，完善金融市场体制机制，推动我国金融市场健康稳定繁荣发展。

利用2015年CHFS数据研究了金融知识对家庭资产投资组合多样性的影响。研究结果表明，金融知识水平的提高对家庭股票投资组合多样性有显著的正向影响，金融知识越高，家庭越倾向于持有更多只股票。金融知识对家庭风险金融资产投资组合多样性也存在显著正向影响，较高金融知识水平的家庭，持有更多种类的风险金融资产，同时会注重优化各类风险金融资产的配置比例。因此，当务之急应着力开展金融知识教育培训，努力提高我国居民整体金融知识水平，使我国居民金融知识水平有效适应我国金融资产配置的要求，引导投资者理性参与金融市场、树立正确投资观念、制定科学的理财规划，合理配置家庭金融资产，规避金融市场风险，进而实现家庭资产保值增值。完善我国金融市场体制机制，加强打击非法集资、放高利贷等金融活动，为投资者营造一个良好的金融市场投资环境。

第三章 金融知识、金融行为与居民家庭收入

信贷资源能否有效获取以及能够获取到多少直接关系到信贷需求者的利益，甚至影响金融市场稳定和国民经济健康发展。为此，利用2015年CHFS数据实证检验金融知识对信贷可得性和信贷总额的影响。研究发现，金融知识水平的提高有助于提高家庭正规信贷可得性，降低非正规信贷可能性，同时还有助于家庭从正规金融机构获得更多正规信贷资金，降低家庭非正规信贷的可得性及信贷资金。为此，政府应深化金融体制改革，建立健全金融机构信贷机制，加快金融市场发展、完善我国信贷生态建设，有效降低金融机构服务门槛和交易成本，简政放权、简化信贷审批程序，提高信贷效率，降低信贷违约率，积极开展金融知识教育，普及金融知识，提升我国居民整体金融知识水平，增加居民财富和提升居民信用等级，改善居民对金融机构正规信贷存在的认知偏差，防范金融风险，进而提高居民正规金融服务的可得性。严厉打击和取缔非法网络借贷、民间借贷、合会、地下钱庄等平台和组织，加强金融市场监管，净化信贷市场环境，从根本上有效缓解家庭面临的信贷约束问题，让更多的信贷资源流向真正有需要的地方。

利用2015年和2017年CHFS数据实证分析了金融知识对家庭创业活动和创业动机的当期、长期和动态影响。研究发现，金融知识的提高能够显著推动家庭当期和长期家庭创业选择，促进家庭主动创业动机，并对家庭创业活动和主动创业动机产生显著的改善效果。考虑内生性和稳健性后，结果依然支持以上结论。由此可以说明，金融知识是影响家庭创业行为的重要决定因素。为此，应加强金融知识教育培训、积极开展金融知识讲座、在义务教育阶段设置经济金融相关专业课程，通过新媒体、电视节目、广播、小图书、宣传册等渠道传播和普及金融知识，并建立长效机制和动态监测实施效果，根据反馈效果及时调整活动力度和深度，努力提高我国居民整体金融知识水平。家庭创业活动不仅受资本约束，金融知识缺乏也会严重降低家庭创业活动和主动创业动机，可进一步引导和鼓励"大众创业，万众创新"，激发全社会主动创业热潮，积极帮助居民改善家庭创业的资本约束，进一步简政放权，减少行政审

批,降低创业门槛,同时注重创业者及相关创业活动的金融知识培训,提高金融知识水平。

三、金融知识与居民家庭收入

有研究表明,金融知识对于改善家庭资产配置具有显著的促进作用,高金融知识者更具有创业动机和做出创业决策等金融行为,进而增加家庭收入(吴雨等,2016;尹志超等,2015)。金融知识究竟能否增加居民家庭当期和长期收入呢?基于此,本节将利用2015年和2017年CHFS进行实证检验金融知识与居民收入之间的关系。

(一)模型与变量

1. 模型设定

使用 OLS 模型检验金融知识与居民家庭收入之间的关系,计量模型设定如下:

$$Ln\_Income_i = \alpha + \beta Financail\_Literacy_i + X_i\varphi_i + u_i \tag{3.16}$$

当研究金融知识对家庭收入的当期影响时,其中的 Ln_Income_i 为 2015 年居民家庭总收入对数,$Financial\_Literacy_i$ 为受访者 2015 年金融知识水平;X_i 代表反映户主个体及其家庭特征的控制变量;u_i 为随机误差项,假定服从标准正态分布。

当研究金融知识对家庭收入的长期影响时,其中的 Ln_Income_i 为 2017 年居民家庭总收入对数,$Financial\_Literacy_i$ 为受访者 2015 年金融知识水平;X_i、u_i 与上式相同。

2. 变量构建

(1)金融知识。已有文献测度金融知识除采用因子分析构造外(Van

Rooij et al. , 2011a; Lusardi & Michell, 2011; 尹志超等, 2014; 吴卫星等, 2018), 还有将受访者正确回答有关金融知识问题数作为衡量受访者的客观金融知识水平 (Lusardi & Michell, 2011; Guiso & Jappelli, 2008; Bianchi, 2018; 尹志超等, 2014; 李云峰等, 2018)。相关研究表明, 使用因子分析和受访者正确回答数表示金融知识水平, 所得结论基本一致 (Hung et al. , 2009a; Van Rooij et al. , 2011b; 尹志超等, 2014)。故本节也将采用受访者正确回答问题数和金融知识因子分析两种方法构建金融知识指标。

金融知识得分加总法为受访者正确回答一题计1分。金融知识因子分析法则对利率计算问题、通货膨胀理解和风险投资问题分别构建是否回答正确和是否算不出来或不知道两个哑变量, 三个问题共构建6个哑变量迭代主因子, 并将该方法称为金融知识(因子分析)。① 最后选取特征值大于等于1的因子作为受访者客观金融知识(因子分析)的指标。

(2) 居民家庭收入。选取居民家庭总收入进行考察, 并分别对其去对数处理。

(3) 控制变量。参照已有文献做法, 选取的控制变量包括户主人口统计学特征和家庭特征变量。户主特征变量包括户主性别、年龄、年龄的平方、民族、受教育程度、婚姻状况、健康状况、是否有工作、风险态度、是否从事工商业等。户主为男性赋值为1, 反之为0; 户主已婚或同居赋值为1, 反之为0; 户主健康状况非常好或很好赋值为1, 反之为0; 户主目前拥有工作赋值为1, 反之为0; 若户主为风险偏好型赋值为1, 反之为0; 若户主为风险厌恶型赋值为1, 反之为0; 家庭从事工商业经营赋值为1, 否则为0。家庭特征变量包括家庭规模、家庭总资产(取自然对数); 同时控制地区虚拟变量。

---

① 金融知识因子分析、因子分析KMO检验结果及因子载荷结果未予报告。

(二) 实证结果分析

1. 金融知识对居民家庭收入的当期影响

表 3-25 提供了金融知识与居民家庭总收入的估计结果。由第（1）、第（2）列结果可以看出，金融知识的系数均在 1% 水平上统计显著为正，表明金融知识能够显著促进当期家庭收入水平的提升。即在其他因素保持不变的情况下，金融知识水平每增加 1 单位将会使家庭总收入分别增加 0.241 和 0.277 个百分点。考虑金融知识与当期居民家庭收入之间可能存在内生性问题，选取除家庭自身外社区平均金融知识水平作为金融知识的

表 3-25 金融知识对居民家庭收入的当期影响

	（1）	（2）	（3）	（4）	（5）	（6）
金融知识（得分加总）	0.241*** (0.016)		0.919*** (0.058)			
金融知识（因子分析）		0.277*** (0.016)		0.799*** (0.043)		
高金融知识（得分加总）2个及以上回答正确					0.262*** (0.028)	
高金融知识（因子分析）75分位以上						0.626*** (0.032)
观测值	33271					
F 值	408.978***	417.493***			401.957***	420.900***
R^2	0.173	0.176	0.380	0.146	0.169	0.178
一阶段估计 F 值			1464.74*** (0.000)	1922.86*** (0.000)		
工具变量 t 值			63.22***	80.77***		
DWH 外生性检验			4.377**	3.510**		

注：*、**、*** 分别表示在 10%、5% 和 1% 水平上显著，表中报告的是系数，括号内为稳健性标准误，控制了地区虚拟变量。控制变量估计结果未予报告。

工具变量进行两阶段估计，第（3）、第（4）列报告了两阶段最小二乘估计第二阶段回归结果。DWH 外生性检验结果表明，在 5% 水平上拒绝不存在内生性的假设，金融知识与当期居民家庭收入之间存在内生性。另外，一阶段估计 F 值大于 10% 偏误水平下的临界值 16.38，工具变量 t 值在 1% 水平上显著。说明不存在弱工具变量问题，选取的工具变量是合适的。二阶段回归结果显示，金融知识的系数为正且均在 1% 水平上统计显著。因此，采用工具变量两阶段估计结果表明，金融知识水平的提高有助于提高居民家庭收入水平。

第（5）、第（6）列报告了高金融知识对当期居民家庭收入的影响。将正确回答两个及以上问题和金融知识（因子分析）值在 75 分位及以上定义为高金融知识水平。结果显示，高金融知识有助于提高家庭总收入，即在其他因素保持不变的情况下，金融知识水平每增加 1 单位将会使家庭总收入和人均收入分别增加 0.262 和 0.626 个百分点，进一步验证了高金融知识更能够显著提高居民家庭收入。

值得注意的是，有研究将受教育程度作为金融知识的替代变量，表 3-25 结果显示，受教育程度与家庭收入呈显著正向关系。因此，我们推断低金融知识—低受教育程度更不利于家庭收入水平提升。为检验该假定，产生四组虚拟变量，分别是高金融知识—高受教育水平、高金融知识—低受教育水平、低金融知识—高受教育水平、低金融知识—低受教育水平。将具有大学及以上教育经历的家庭定义为高受教育水平，而高中及以下受教育水平则定义为低受教育水平，回归结果如表 3-26 中的第（1）~第（4）列。结果显示，低金融知识—低受教育水平显著抑制居民家庭总收入和人均收入增长。高金融知识—低受教育水平、低金融知识—高受教育水平显著促进家庭收入增长，均在 1% 水平上显著。以上结果表明，低金融知识—低受教育水平显著降低家庭收入水平，受教育程度和金融知识在一定程度上存在互补效应，当金融知识缺乏时，高受教育水平能够弥补低金融知识的缺陷；当受教育水平较低时，高金融知识能够弥补低受教育水平的缺陷。

为进一步检验以上假设是否成立。继续将以低金融知识—低受教育水平组为参照组将所有组别同时加入模型中进行估计。第（5）列结果显示，高金融知识—高受教育水平、高金融知识—低受教育水平、低金融知识—高受教育水平依然能够显著促进居民家庭收入的增长，且在1%水平上显著，进一步表明低金融知识—低受教育水平不利于促进家庭收入增长。

表3-26 金融知识—受教育水平与当期居民家庭收入

	（1）	（2）	（3）	（4）	（5）
参考：低金融知识—低受教育水平					
Table A：金融知识（得分加总）					
高金融知识—高受教育水平	0.450*** (0.042)				0.346*** (0.047)
高金融知识—低受教育水平		0.164*** (0.037)			0.153*** (0.043)
低金融知识—高受教育水平			0.341*** (0.044)		0.238*** (0.050)
低金融知识—低受教育水平				-0.548*** (0.030)	3.850*** (0.217)
观测值	33271				
F值	385.51***	362.96***	373.13***	403.04***	352.63***
R^2	0.159	0.157	0.158	0.165	0.167
Table B：金融知识（因子分析）					
高金融知识—高受教育水平	0.244** (0.113)				0.312*** (0.112)
高金融知识—低受教育水平		0.762*** (0.033)			0.795*** (0.036)
低金融知识—高受教育水平			0.402*** (0.047)		0.244*** (0.047)
低金融知识—低受教育水平				-0.236*** (0.034)	
观测值	33271				
F值	362.61***	410.77***	376.55***	362.97***	352.64***
R^2	0.157	0.172	0.158	0.158	0.173

注：同表3-25。

2. 金融知识对居民家庭收入的长期影响

表 3-27 提供了金融知识对居民家庭收入的长期影响的回归结果。从中可以看出,金融知识系数均在 1% 水平上统计显著为正,表明金融知识能够显著促进家庭收入水平的长期提升。即在其他因素保持不变的情况下,金融知识水平每增加 1 单位将会使家庭总收入分别增加 0.140 和 0.153 个百分点。其他控制变量,如户主为女性、已婚家庭、受教育程度、风险偏好、风险厌恶、从事工商业经营、有工作、家庭规模和家庭总资产依然对居民家庭收入水平具有显著长期正向影响。

表 3-27 金融知识对居民家庭收入的长期影响

	(1)	(2)
金融知识(得分加总)	0.140*** (0.012)	
金融知识(因子分析)		0.153*** (0.011)
观测值	23628	
F 值	520.4***	521.7***
R^2	0.244	0.246

注:同表 3-25。

同样,产生四组虚拟变量,检验高金融知识—高受教育水平、高金融知识—低受教育水平、低金融知识—高受教育水平、低金融知识—低受教育水平对居民家庭收入增长是否存在长期影响,估计结果如表 3-28 中的第(1)~第(5)列和第(6)~第(10)列所示。结果显示,除系数有所变化外,其显著性和显著水平无较大改变,说明金融知识与受教育水平对居民家庭收入的影响具有长期互补效应。低金融知识—低受教育水平对居民家庭收入具有长期抑制作用。

进一步,以低金融知识—低受教育水平组为参照组将所有组别同时加入模型中进行估计,估计结果如表第(5)、第(10)列所示。结果显示,

表 3-28 金融知识—教育水平对居民家庭收入的长期影响

	(1)	(2)	(3)	(4)	(5)	(6)	(7)	(8)	(9)	(10)
	金融知识—教育水平						金融知识（因子分析）			
参考：低金融知识—低受教育水平	金融知识（得分加总）									
高金融知识—高受教育水平	0.531*** (0.032)				0.346*** (0.107)	0.341*** (0.110)				0.424*** (0.036)
高金融知识—低受教育水平		0.234*** (0.028)			0.574*** (0.026)		0.510*** (0.024)			0.157*** (0.033)
低金融知识—高受教育水平			0.445*** (0.036)		0.324*** (0.036)			0.473*** (0.036)		0.336*** (0.039)
低金融知识—低受教育水平				-0.46*** (0.022)					-0.053** (0.025)	
观测值					23628					
F 值	478.3***	409.2***	430.5***	475.0***	413.5***	411.2***	471.2***	430.3***	409.0***	448.0***
R^2	0.220	0.214	0.218	0.228	0.236	0.214	0.231	0.218	0.214	0.235

注：同表 3-25。

高金融知识—高受教育水平、高金融知识—低受教育水平、低金融知识—高受教育水平依然能够显著促进居民家庭收入的长期增长,且在1%水平上显著。这表明低金融知识—低受教育水平不利于居民家庭收入的长期增长。

(三) 稳健性检验

改变金融知识指标衡量方法,采用利率计算问题回答正确、通货膨胀问题回答正确、风险投资问题回答正确三个哑变量测度金融知识。表3-29中的第(1)列为金融知识对居民家庭收入当期影响的稳健性检验结果,结果显示通货膨胀问题回答正确、利率计算问题回答正确、风险投资问题回答正确都能显著提高当期家庭总收入,且均在1%水平上显著。第(4)列为金融知识对居民家庭收入长期影响的稳健性检验结果,结果显示通货膨胀问题回答正确、利率计算问题回答正确、风险投资问题回答正确也同样能显著提高长期家庭总收入。这表明利用利率计算问题回答正确、通货膨胀问题回答正确、风险投资问题回答正确三个哑变量测度金融知识的稳健性检验结果与前文一致。

表3-29 金融知识对居民家庭收入当期影响的稳健性检验

	(1)	(2)	(3)	(4)	(5)	(6)
	新测度方法	剔除金融业从业家庭		新测度方法	剔除金融业从业家庭	
	当期			长期		
利率计算问题回答正确	0.185*** (0.029)			0.097*** (0.022)		
通货膨胀问题回答正确	0.181*** (0.040)			0.060* (0.031)		
风险投资问题回答正确	0.524*** (0.030)			0.285*** (0.022)		
金融知识(得分加总)		0.240*** (0.016)			0.143*** (0.012)	

续表

	（1）	（2）	（3）	（4）	（5）	（6）
	新测度方法	剔除金融业从业家庭		新测度方法	剔除金融业从业家庭	
	当期			长期		
金融知识（因子分析）			0.275***			0.153***
			(0.016)			(0.011)
观测值	33271	32879	32879	33271	32879	32879
F值	377.2***	402.0***	410.6***	377.2***	402.0***	410.6***
R^2	0.177	0.170	0.174	0.177	0.170	0.174

注：同表 3-25。

考虑从事金融行业的家庭可能对金融机构相关业务、理财产品等更为了解，因此在金融知识水平、家庭收入水平等方面均可能与普通家庭存在显著差异。为此，剔除了家庭有从事金融行业的样本重新进行估计。第（2）、第（3）列为金融知识对居民家庭收入当期影响的稳健性检验结果，从中可以发现，金融知识的边际影响有所下降，但依然显著为正，且均在 1% 水平上显著，说明剔除金融从业样本后，金融知识依然能够对当期家庭收入具有显著正向影响。第（5）、第（6）列为金融知识对居民家庭收入长期影响的稳健性检验结果，这与前文结果一致。

通过稳健性检验结果表明，估计结果是稳健和可靠的，金融知识能够对当期和长期家庭收入产生显著正向影响。

（四）结论与政策建议

如何提高居民收入一直是政策当局和学术界研究的热点话题。本节利用 2015 年和 2017 年 CHFS 数据研究了金融知识对当期和长期家庭收入的影响。研究发现，金融知识的提高能够显著促进当期和长期家庭收入增长，低金融知识—低受教育水平会抑制家庭收入增长，金融知识和教育之间互补共同促进家庭收入增长。此外，通过内生性和稳健性检验结果也支持这一结论。为此，作为金融知识水平较为缺乏的国家，这可能严重阻碍居民家庭收入增长,进而影响我国经济健康稳定发展。政府应充分认识到人们严重缺乏金融知识这一现状,并加入大力普及金融知识的行列中,提高整体国民金融素养,尤其是重点覆盖低收入家庭。进一步完善金融市场与金融机构,特别是重点发展和完善经济发展水平落后地区的金融市场和金融机构,确保人们都能公平享有参与金融市场的机会。

四、金融知识与居民家庭收入流动性

2013年居民人均可支配收入为18310.76元,到2018年居民人均可支配收入为28228元,2013~2018年,居民人均可支配收入同比增长均在8.4%以上。居民收入提高不仅受惠于我国诸多经济政策,还可能与其自身的金融知识水平密不可分。上一节已证实金融知识的提高能够显著促进当期和长期家庭收入增长。在此基础上,本节将利用2015年和2017年CHFS数据进一步检验能否通过高金融知识这一比较优势实现家庭收入层级的向上移动。

(一)模型与变量

1. 模型设定

需要构建收入转移矩阵,该方法是研究收入流动性最常用的工具(Fields et al., 1996),通过收入转移矩阵对样本家庭收入层级变动情况进行观察。收入转移矩阵表示如下:

$$M = [m_{ij}] \in \mathrm{R}_+^{n \times n} \tag{3.17}$$

其中,n表示对收入层级所划分的层数,根据家庭总收入高低将家庭收入水平划分成五个层级,m_{ij}表示家庭在期初处于第i层级的家庭在期末处于第j层级收入层级的比例。在本节研究中,m_{ij}表示2015年家庭处于第

i 层级的家庭在 2017 年处于第 j 层级收入层级的比例。

使用 Probit 模型检验金融知识对居民家庭收入是否向上移动的影响，计量模型设定为：

$$\text{Probit}(Income\_Rank_i = 1) = aFinancial\_Literacy_i + X'_i\beta + \mu_i \quad (3.18)$$

其中，$Income\_Rank_i$ 等于 1 表示家庭 i 在 2015~2017 年家庭收入层级发生了向上移动，否则为 0，在稳健性检验中，我们将更进一步关注金融知识对低收入层级向高收入层级移动的影响。$Financial\_Literacy_i$ 表示家庭 i 的金融知识水平。X'_i 表示控制变量，主要包括户主的人口统计学特征变量、家庭特征变量和地区虚拟变量，与上节一致。μ_i 表示随机误差，是不可观测的因素集合，假定服从一个标准正态分布 $N(0, \sigma^2)$ 的累积分布函数。

2. 变量构建①

居民家庭收入流动性指标主要反映家庭总收入层级的变化。在构建居民家庭收入流动性指标时采用王正位等（2016）的处理方法，在清理出 2015 年和 2017 年家庭总收入值的基础上对收入从高到低进行排序，根据排序名次将收入划分成五个层级，通过比较两年期间家庭收入层级是否发生移动，若收入层级发生移动则赋值为 1，否则为 0。表 3 - 30 为 2015 年和 2017 年居民家庭各收入层级下的总收入水平临界值。

表 3 - 30　居民家庭收入层级　　　　　　　　　　单位：元

2015 年收入层级	该收入层级下总收入临界值	2017 年收入层级	该收入层级下总收入临界值
第一层级	7200	第一层级	13016.75
第二层级	27595	第二层级	37200
第三层级	55854	第三层级	66000
第四层级	91800	第四层级	113208
第五层级	5000000	第五层级	5000000

---

① 金融知识、控制变量的构建方法与上一节一致。

（二）实证结果与分析

1. 金融知识对家庭收入增长率的影响

研究金融知识与居民家庭收入流动性关系之前，需考察金融知识与居民家庭收入增长率之间的关系。利用OLS回归考察金融知识对家庭收入增长率之间关系的回归结果如表3-31中的第（1）、第（2）列所示。结果显示金融知识对居民家庭收入增长率具有显著的正向影响。这一显著影响为接下来考察金融知识与家庭收入流动性之间的关系提供了基础。

表3-31 金融知识对居民家庭收入增长率及普通家庭收入流动性的影响

	（1）	（2）	（3）	（4）	（5）	（6）
	收入增长率		收入流动性			
金融知识（得分加总）	2.776*** (1.121)		0.016*** (0.003)	0.012*** (0.003)		
金融知识（因子分析）		2.688** (1.250)			0.017*** (0.003)	0.018*** (0.003)
2015年收入层级				0.172*** (0.002)		0.173*** (0.002)
控制变量	控制	控制	不控制	控制	不控制	控制
观测值	23628					
F值	7.58***	7.57***	0.001	0.190	0.001	0.190
R^2	0.105	0.105				
伪R^2			0.001	0.190	0.001	0.190

注：第（1）、第（2）列同表3-25。第（3）~第（6）列中报告的是平均边际效应，括号内为边际效应的稳健性标准差，控制了地区虚拟变量，控制变量估计结果未予报告。

以上结果证实，金融知识对家庭收入增长率具有显著正向影响，金融知识水平越高，家庭总收入增长越快。进一步，我们更关注具有较高金融知识水平的家庭能够帮助家庭收入实现"向上移动"。为此，将2015~2017年家庭收入层级是否发生向上移动作为因变量进行考察，核心解释变量为金融知识，控制变量主要有户主特征变量、家庭特征变量、地区虚拟变量，此外还加入了家庭2015年收入层级采用Probit模型进行估计，估计结果如表3-31中的第（3）~第（6）列所示。

2. 金融知识对普通家庭收入流动性的影响

表3-31中的第（3）、第（5）列只考察了单一金融知识对家庭收入流动性的影响，从中可以发现，金融知识显著正向影响了家庭收入流动性，即金融知识水平的提高能够促进家庭收入层级向上移动，金融知识每提高1个标准差，家庭收入向上移动的可能性将增加1.6%和1.7%，此时模型拟合度较低。在第（4）、第（6）列加入了所有控制变量，从中可以发现，模型的拟合度得到显著提高，金融知识的边际效应系数依然显著，且均在1%水平上显著，而受教育程度的边际效应与只考虑控制变量时有所下降，说明教育所提供的综合性知识对家庭收入流动性的解释能力在变弱，金融知识与教育提供的金融知识存在区别，金融知识作为与现代资本市场结合较为紧密的一种专门知识，对于家庭收入流动性的影响至关重要（王正位等，2016）。此外，户主为女性、已婚家庭、健康状态越好，家庭收入向上流动的可能性越高。家庭期初收入水平越高，家庭收入向上移动的可能性越大，这与Hertz和Tom（2006）的研究一致。受教育程度越高，家庭收入向上移动的概率越大；家庭从事工商业经营以及家庭期初财富越高，家庭更容易实现收入的向上移动。

3. 金融知识对低收入家庭向高收入层级移动的影响

我们已经证实金融知识越高越能够帮助普通家庭收入层级向上移动。那么，金融知识能够促进低收入家庭收入向高收入层级移动吗？为此，选取家庭期初总收入排序在后50%的家庭观察其收入层级在2017年是否发生变化。若家庭在2017年的收入水平进入前50%，则说明家庭收入发生了向上流动取值为1，否则为0。在控制所有控制变量后，回归结果如表3-32所示。第（1）、第（3）列只考察了单一金融知识对家庭收入流动性的影响，从中可以发现，金融知识显著正向影响了低收入家庭收入流动性，即金融知识水平的提高能够促进低收入家庭收入层级向上移动，金融知识每提高1个标准差，家庭收入向上移动的可能性将增加15.5%和17.2%，此时模型拟合度较低。第（2）、第（4）列加入所有控制变量，从中可以发现，模型的拟合度得到显著提高，金融知识的边际效应系数依然显著，且在1%水平上显著，证实了金融知识能够显著促进低收入家庭跃至高收入层级。

表3-32 金融知识对低收入家庭向高收入层级移动的影响

	（1）	（2）	（3）	（4）
金融知识（得分加总）	0.155*** (0.003)	0.031*** (0.005)		
金融知识（因子分析）			0.172*** (0.002)	0.041*** (0.004)
控制变量	不控制	控制	不控制	控制
观测值	23628	11813	23628	11813
伪 R^2	0.097	0.150	0.131	0.153

注：***表示在1%水平上显著，表中报告的是平均边际效应，括号内为边际效应的稳健性标准差，均控制了地区虚拟变量。其他控制变量估计结果未予报告。

接下来，我们将继续考察高金融知识与普通居民家庭和低收入家庭收入流动性的关系，回归结果如表3-33所示。第（1）、第（2）列为高金融知识与普通居民家庭收入流动性的回归结果，第（3）、第（4）列为高金融知识与低收入家庭的向上移动的回归结果。从中可以看出，高金融知识的边际效应系数无论是对普通居民家庭收入流动性，还是低收入家庭收入流动性都是显著正向影响，均在1%水平上显著，并且该边际效应系数均大于表3-26中金融知识的边际效应系数。因此，进一步验证高金融知识在居民家庭收入向上移动中的重要地位，特别是对低收入家庭向上移动的效果尤为显著。

总体来看，金融知识作为一种专业性和实用性较强的知识，对个体及家庭行为和最终成果都有着非常重要的影响。高金融知识水平能够显著影响家庭收入增长率,并促进家庭收入层级向更高层级移动,特别是显著促进了低收入家庭向更高收入层级移动。

表3-33 高金融知识与普通居民家庭和低收入家庭收入流动性

	(1)	(2)	(3)	(4)
	普通家庭		低收入家庭	
高金融知识(得分加总)2个及以上回答正确	0.018*** (0.006)		0.045*** (0.008)	
高金融知识(因子分析)75分位以上		0.033*** (0.007)		0.071*** (0.010)
观测值	23628	23628	11813	11813
伪 R^2	0.189	0.190	0.149	0.150

注:***表示在1%水平上显著,表中报告的是平均边际效应,括号内为边际效应的稳健性标准差。所有回归结果均控制了地区虚拟变量。其他控制变量估计结果未予报告。

(三) 内生性问题

考虑到金融知识与家庭收入流动性之间可能存在内生性问题。内生性问题主要是随着人们经济地位的提高,信息渠道将更加广泛,接触到的信息也将更加全面,在社会交往和信息交流中将有可能导致家庭金融知识水平的提升,因此金融知识与家庭收入流动性之间可能存在逆行因果关系的内生性问题。为此,借鉴 Lusardi(2011)的做法,选取同一小区除自身外其他家庭的平均金融知识水平作为受访者金融知识的工具变量进行两阶段估计。表3-34报告了两阶段最小二乘估计第二阶段回归结果。DWH 外生性检验结果表明不存在弱工具变量问题,且在1%水平上拒绝了金融知识不存在内生性问题的假设。一阶段估计 F 值均大于10%偏误水平下的临界值16.38,工具变量 t 值在1%水平上显著。第(1)、第(2)列和第(3)、第(4)列分别是金融知识与普通居民家庭和低收入家庭收入流动性

第二阶段回归结果,结果显示金融知识的边际影响均在1%水平上显著,证实了解决内生性问题后结论依然成立。

表3-34　金融知识与居民家庭收入流动性内生性问题

	（1）	（2）	（3）	（4）
	普通家庭		低收入家庭	
金融知识（得分加总）	0.374*** （0.037）		0.512*** （0.051）	
金融知识（因子分析）		0.347*** （0.031）		0.493*** （0.045）
观测值	23628	23628	11813	11813
DWH外生性检验	4289.15*** （0.000）	4326.74*** （0.000）	74.76*** （0.000）	72.18*** （0.000）
一阶段估计F值	677.3***	1059.2***	261.8***	411.0***
工具变量t值	54.29***	64.58***	37.22***	44.37***

注：同表3-33。

（四）进一步研究

在以上研究基础上进一步加入不同受教育水平以讨论金融知识与受教育水平相互组合对家庭收入流动性的影响,有助于充分认识金融知识与受教育水平之间所提供知识的差别,也能够让我们对金融知识在提高家庭收入水平、促进家庭收入向上移动中的作用有更为全面的认知。表3-35汇报了金融知识—受教育水平与普通居民家庭收入流动性的关系。Table A 第（1）~第（5）列和Table B 第（1）~第（5）列的结果显示,相比于低金融知识—低受教育水平组,其他组都将有助于推动家庭收入向更高层级移动,且高金融知识—高受教育水平组对家庭收入流动的边际影响最大,其他组的边际影响显著为正。这说明低金融知识和低受教育水平当同时存在时将不利于或显著抑制家庭收入层级向上移动,当不同时存在时,高金融知识和高受教育水平之间具有互补作用,进而共同推动家庭收入向更高收入阶层跃迁。

表 3-35 金融知识—受教育水平与家庭收入流动性

	(1)	(2)	(3)	(4)	(5)
Table A:金融知识(因子分析);第(5)列参考值:低金融知识—低受教育水平					
高金融知识—高受教育水平	0.141*** (0.011)				0.082* (0.042)
高金融知识—低受教育水平		0.034*** (0.008)			0.061*** (0.007)
低金融知识—高受教育水平			0.074*** (0.011)		0.041*** (0.010)
低金融知识—低受教育水平				-0.071*** (0.006)	
观测值	23628				
伪 R^2	0.183	0.182	0.184	0.187	0.186
Table B:金融知识(得分加总);第(5)列参考值:低金融知识—低受教育水平					
高金融知识—高受教育水平	0.093** (0.043)				0.067*** (0.012)
高金融知识—低受教育水平		0.060*** (0.007)			0.042*** (0.010)
低金融知识—高受教育水平			0.045*** (0.010)		0.041*** (0.012)
低金融知识—低受教育水平				0.003 (0.008)	
观测值	23628				
伪 R^2	0.182	0.185	0.183	0.182	0.189

注:同表 3-33。

表 3-36 汇报了金融知识—受教育水平与低收入家庭收入流动性的关系。表 3-36 的估计结果基本与表 3-34 一致,只是边际效应系数有所不

同。这进一步表明当低金融知识和低受教育水平同时存在时将不利于或显著抑制低收入家庭的收入层级向上移动,并且高金融知识和高受教育水平之间具有互补作用,进而共同推动低收入家庭收入向更高收入阶层跃迁。

表3-36 金融知识—受教育水平与低收入家庭收入流动性

	(1)	(2)	(3)	(4)	(5)
Table A:金融知识(因子分析);第(5)列参考值:低金融知识—低受教育水平					
高金融知识—高受教育水平	0.256*** (0.062)				0.253*** (0.059)
高金融知识—低受教育水平		0.113*** (0.011)			0.108*** (0.011)
低金融知识—高受教育水平			0.167*** (0.014)		0.153*** (0.014)
低金融知识—低受教育水平				-0.017* (0.010)	
观测值			11813		
伪 R^2	0.122	0.130	0.133	0.122	0.140
Table B:金融知识(得分加总);第(5)列参考值:低金融知识—低受教育水平					
高金融知识—高受教育水平	0.158*** (0.016)				0.120*** (0.017)
高金融知识—低受教育水平		-0.012 (0.011)			0.058*** (0.012)
低金融知识—高受教育水平			0.108*** (0.016)		0.075*** (0.017)
低金融知识—低受教育水平				-0.111*** (0.008)	
观测值			11813		
伪 R^2	0.130	0.122	0.125	0.136	0.145

注:同表3-33。

综上,虽然教育所提供的是一种综合性知识,与金融知识是一种专业性和实用性较强的知识存在一定差别,两者都能显著促进家庭收入层级向上移动,特别是低收入家庭向上移动,并且金融知识与教育两者之间能够互补,当受访者金融知识水平较低时,受教育程度能够作为补充,当受访者受教育水平较低时,金融知识能够弥补受教育水平的不足,当受访者既具备高金融知识又具有高受教育水平时,其边际影响最大。

(五) 稳健性检验

表 3-37 中的第(1)、第(4)列分别为采用利率计算问题回答正确、通货膨胀问题回答正确、风险投资问题回答正确三个哑变量测度金融知识对普通居民家庭和低收入家庭收入流动性的稳健性检验结果,第(2)、第(3)列和第(5)、第(6)列为剔除金融业从业家庭后,金融知识对普通居民家庭收入和低收入家庭收入流动性的稳健性检验结果。从中可以发现,金融知识依然能够显著推动普通家庭和低收入家庭跃迁至高收入阶层。

表 3-37　金融知识对居民家庭收入流动性影响的稳健性检验

	(1)	(2)	(3)	(4)	(5)	(6)
	普通家庭			低收入家庭		
	新测度方法	剔除金融从业家庭		新测度方法	剔除金融从业家庭	
金融知识(得分加总)		0.012*** (0.003)			0.031*** (0.005)	
金融知识(因子分析)			0.018*** (0.003)			0.041*** (0.005)
利率计算问题回答正确	0.011 (0.008)			0.017 (0.010)		
通货膨胀问题回答正确	0.019** (0.009)			0.007 (0.012)		
风险投资问题回答正确	0.035*** (0.006)			0.062*** (0.008)		

续表

	(1)	(2)	(3)	(4)	(5)	(6)
	普通家庭			低收入家庭		
	新测度方法	剔除金融业从业家庭		新测度方法	剔除金融业从业家庭	
观测值	23628	23426	23426	11813	11633	11633
伪 R^2	0.190	0.188	0.189	0.152	0.148	0.150

注：同表3-33。

将在家庭收入中位数值之前的家庭定义为低收入家庭容易导致估计结果是由期初收入中位数附近的家庭微小变动而引起的。为了更准确地检验金融知识对低收入家庭收入层级跃迁至高收入层级的影响，我们进一步选择期初收入水平在后20%的样本考察其期末收入水平跃迁至前20%的情况，这一做法有助于增强结论的稳健性，回归结果如表3-38所示。从中可以发现，金融知识依然对低收入家庭收入向上移动具有显著正向影响，从经济意义上看，金融知识每提高1个标准差，家庭逆袭的概率将提升1.8%和2.1%，这验证了结论是稳健的。

表3-38　金融知识与低收入家庭"逆袭"（收入排序后20%）

	(1)	(2)	(3)	(4)
金融知识（得分加总）	0.095***	0.018***		
	(0.002)	(0.003)		
金融知识（因子分析）			0.109***	0.021***
			(0.002)	(0.003)
控制变量	不控制	控制	不控制	控制
观测值	23628	18889	23628	18889
伪 R^2	0.082	0.204	0.104	0.204

注：同表3-33。

（六）结论

利用 2015 年和 2017 年 CHFS 数据研究了金融知识对居民家庭收入流动性的影响。研究发现，在高金融知识家庭中，低收入层级突破贫困陷阱，进而向高收入层级跃迁的比例更大。同时，金融知识能够显著正向促进家庭收入层级向更高层级跃迁，特别是对于低收入家庭的收入移动更为显著。进一步研究发现，金融知识与受教育水平之间存在互补关系共同推动家庭收入向上移动。此外，稳健性检验了期初收入水平处于后 20% 的家庭在期末"逆袭"至前 20% 收入水平的极端情况，发现金融知识边际影响显著为正，展现出较强的解释力。

五、本章小结

本章利用 CHFS 数据研究了金融知识、金融行为与居民家庭收入及收入流动性之间的关系，得到了以下结论：①金融知识水平的提高能够显著促进家庭制订养老计划，且金融知识对不同社会保障水平家庭制订养老计划的显著促进作用存在异质性，其中金融知识对拥有公务员社会保障和城镇职工社会保障的家庭更明显。同时，金融知识还有助于家庭养老方式的多样化选择。②提高金融知识水平能够显著增加家庭参与股票市场和风险金融市场的概率，同时也使家庭增加在风险金融资产尤其是股票资产上的配置比重。③金融知识水平的提高对家庭股票投资组合多样性有显著的正向影响，金融知识越高，家庭越倾向于持有更多只股票。金融知识对家庭风险金融资产投资组合多样性存在显著正向影响，较高金融知识水平的家庭持有更多种类的风险金融资产，同时会注重优化各类风险金融资产的配置比例。④金融知识水平的提高有助于提高家庭正规信贷可得性，降低非正规信贷可能性。进一步研究发现金融知识水平的提高还有助于家庭从正规金融机构获得更多正规信贷资金，降低家庭非正规信贷的可能性及信贷资金。⑤金融知识的提高能够显著推动家庭当期和长期家庭创业选择，促进家庭主动创业动机，并能够对家庭创业活动和主动创业动机产生显著的改善效果。在处理了内生性问题后，其结果依然支持这一结论。⑥金融知识的提高能够显著促进当期和长期居民家庭收入增长，低金融知识—低受教育水平则会抑制。通过内生性和稳健性检验这一结论依然成立。⑦通过收入转移矩阵考察金融知识对家庭收入流动性的影响时发现，在高金融知识家庭中，低收入层级突破贫困陷阱，进而向高收入层级跃迁的比例更大。即高金融知识能够显著正向促进家庭收入层级向更高层级跃迁，特别是对于低收入家庭的收入移动更为显著。进一步研究也发现金融知识与教育之间存在互补关系共同推动家庭收入向上移动。

本章通过这几方面的检验基本可以确定，高金融知识能够对居民金融行为、家庭收入增长和收入层级向上跃迁产生积极作用。

第四章
金融知识、金融行为与农民收入

一、引言

通过前文的研究可以发现,在全部样本数据中,金融知识的提高可以促进好的金融行为决策,且这一影响不仅具有当期和长期影响,同时还能够促进居民金融行为向好的方向调整,或是能够改善居民金融行为。提高金融知识水平也能够对居民家庭收入产生正向显著的当期、长期和动态影响,更有趣的是,在高金融知识家庭中,低收入层级突破贫困陷阱,进而向高收入层级跃迁的比例更大。即高金融知识能够显著正向促进家庭收入层级向更高层级跃迁,特别是对于低收入家庭的收入移动更为显著。那么,金融知识是否能够对农村地区居民金融行为产生当期、长期和动态影响,金融知识是否能够提高农户家庭收入水平和促进家庭收入层级向上移动呢?基于以上思考,本章将对此展开详细讨论。具体探讨了金融知识对农村地区居民家庭养老计划,家庭金融资产选择,家庭投资组合多样性,家庭信贷行为和新农保参与行为的当期、长期和行为改变的影响;利用江西实地调研数据探讨了金融知识对农户家庭收入的影响;探讨了金融知识对农户家庭收入流动性的影响;对研究内容进行总结。

二、金融知识与农民金融行为

本章继续使用2015年和2017年CHFS数据探讨金融知识对农村地区居民家庭养老计划行为,家庭金融资产选择行为,投资组合多样性行为,信贷行为,家庭创业行为和新农保参与行为当期、长期和行为改变的影响。

(一) 模型与变量

1. 模型设定

金融知识对农村地区居民家庭养老计划、家庭金融资产选择、家庭投资组合多样性、家庭信贷行为影响的模型与第三章一致。本节增加了金融知识对农村地区居民家庭新农保参与行为的影响,模型设定如下:

当研究金融知识对新农保参与行为的当期影响时。考虑新农保参与是二值离散变量,故构建Probit模型,如式(4.1)所示。考虑被解释变量新农保缴纳金额为非离散型数值,采用OLS估计金融知识对新农保缴纳金额的影响,模型设定如式(4.2)所示。

$$Probit(Y=1|X) = \Phi(\alpha + \beta_1 Financial\_literacy + \beta_2 X + \mu) \quad (4.1)$$

$$Ln(Payment\_amount) = \alpha + \beta_1 Financial\_literacy + \beta_2 X + \varepsilon \quad (4.2)$$

其中,式(4.1)中的$Y=1$表示家庭2015年参与新农保,反之则不参与。式(4.2)中的$Payment\_amount$表示家庭2015年新农保缴纳金额,取自然对数后表示为:$Ln(Payment\_amount)$,$Financial\_literacy$为核心解释变量家庭2015年金融知识。

当研究金融知识对新农保参与行为产生长期影响时。使用模型(4.1)

和模型（4.2）。其中，$Y=1$ 表示家庭 2017 年参与新农保，反之则不参与。$payment\_amount$ 为家庭 2017 年新农保缴纳金额，取自然对数后表示：$Ln（Payment\_amount）$，$Financial\_literacy$ 为家庭 2015 年金融知识。

当研究金融知识对新农保参与行为变化的影响时。使用有序 Probit 模型检验金融知识对新农保参与的动态改善效果，使用 OLS 检验金融知识对新农保缴纳金额变化的动态影响。

$$Y_i = F(a + \beta Financail\_Literacy_i + \varphi_i X_i + u_i) \tag{4.3}$$

其中，Y_i 代表新农保行为的变化，若 2015 年未参与新农保，2017 年参与则赋值为 1；若 2017 年与 2015 年均参与则赋值为 0；若 2015 年参与新农保，2017 年未参与则赋值为 -1。$Financial\_Literacy_i$ 为 2015 年受访者金融知识水平；u_i 为随机误差项，假定服从标准正态分布。$F(\cdot)$ 函数的表现形式为：

$$F(Y_i^*) = \begin{cases} -1 & Y_i^* < \mu_1 \\ 0 & \mu_1 < Y_i^* < \mu_2 \\ \vdots & \vdots \\ n & Y_i^* > \mu_{n-1} \end{cases} \tag{4.4}$$

其中，Y^* 是 Y 的潜在变量，$\mu_1 < \mu_2 < \cdots < \mu_{n-1}$ 为切点。同时 Y^* 满足：

$$Y_i^* = \beta Financail\_Literacy_i + \varphi_i X_i + u_i \tag{4.5}$$

$$\Delta Payment\_amount = \alpha + \beta_1 Financial\_Literacy + \beta_2 X + \varepsilon \tag{4.6}$$

其中，$\Delta Payment\_amount$ 为家庭 2017 年与 2015 年家庭新农保缴纳额的差值。$Financial\_Literacy$ 为 2015 年受访者客观金融知识水平。

以上模型中，X 表示控制变量，包括 2015 年户主的人口统计学特征变量，如性别、年龄、年龄平方、健康状况、婚姻状况、受教育程度、风险偏好等；2015 年家庭特征变量，如家庭规模、家庭小孩数、家庭老年人数、家庭总资产自然对数、家庭总收入自然对数等；还包括省份虚拟控制变量等。μ、ε 为随机残差项，服从标准正态分布。

2. 变量构建

农村地区居民家庭金融知识、养老计划行为、家庭金融资产选择行为、家庭投资组合多样性、家庭信贷行为、家庭创业行为等变量的构建方法与第三章一致，控制变量也与第三章所研究的金融行为一致。农村地区居民家庭新农保参与行为变量构建如下：

选取家庭户主是否参与家庭人均新农保及新农保缴纳额两个指标。考虑由于制度变迁，不同年度参保类型的统计口径稍存差异，依据当年度统计口径进行了调整。如果户主受访者的社会养老保险选择新农保，则赋值为1，否则赋值为0；对新农保缴纳额取自然对数处理。

3. 描述性统计

表4-1汇报了本节的应变量描述性统计结果。33.9%的农村居民家庭拥有养老计划，低于城镇居民的35.6%，说明我国农村地区居民严重缺乏自我养老规划，养老意识非常薄弱。农村居民家庭的养老方式以自己储蓄养老为主，其次是选择子女养老，而城镇居民家庭也是以自己储蓄养老为主，其次是养老金养老。相比于城镇家庭，农村居民家庭养老方式还较为保守。农村家庭股票市场参与率为1.5%，风险金融市场参与率为3.1%，低于全国均值水平。我国农村地区居民金融市场参与的积极性严重不足。农村地区家庭股票资产平均占比为0.3%，最小值为0，最大值为0.985；风险金融资产平均占比为0.9%，最小值为0，最大值为1，说明我国绝大部分农村地区家庭股票资产占比和风险金融资产占比严重偏低，家庭金融资产配置不合理。农村家庭平均持有股票只数为0.280，最大值为19，股票投资多样性指数均值为0.010，风险金融资产种类均值为0.036，最大值为3，风险金融资产投资多样性指数均值为0.070，说明我国农村地区家庭金融资产投资组合严重缺乏多样性。而在城镇家庭中，受访者平均持有股票只数为0.690，最大值为30，股票投资多样性指数均值为0.772；风险金融资产种类均值为0.361，最大值为4，风险金融资产投资多样性指数均值为0.179，中位数为0，城镇家庭金融资产投资组合多样性高于农村地区家庭。农村地区已获得正规信贷的家庭占9.9%，已获得非正规信贷的家庭占22.2%，而城镇样本中已获得正规信贷的家庭占14.3%，已获得非正规信贷的家庭占11%，说明我国农村地区面临较大的

信贷约束，金融信贷可得性较差，家庭更多选择非正规信贷，可能存在较为严重的金融排斥问题。农村地区样本中家庭正规信贷总额均值为3541元，标准差为40198，非正规信贷总额均值为11486元，标准差为44088，与城镇地区存在较大差距，说明我国农村地区家庭正规信贷受到抑制，家庭非正规信贷可得性高于正规信贷，且家庭之间获得信贷总额的差异性较大；有66.4%的家庭参与新农保，家庭新农保平均缴纳金额对数约为0.640元，新农保参与处于较低水平，缴纳金额基本处于最低缴纳标准下。家庭创业选择方面，仅有10.81%的农村家庭创业，低于城镇样本中的18.7%和全国样本的16.1%，说明我国农村地区家庭创业氛围偏弱。在家庭创业动机方面，69.9%的农村家庭选择创业的原因为"自己想当老板"、"挣更多的钱"、"想要更多的自由"，72.7%的农村家庭具有主动创业动机。

表4-1 农村居民家庭金融行为描述性统计结果

变量	观测值	均值	标准差	最小值	最大值
养老计划	6952	0.339	0.474	0	1
自己储蓄养老	2354	0.496	0.500	0	1
子女养老	2354	0.472	0.499	0	1
养老保险	2354	0.424	0.494	0	1
退休金养老	2354	0.034	0.181	0	1
商业养老保险	2354	0.023	0.151	0	1
配偶支持	2354	0.039	0.194	0	1
其他养老方式	2354	0.006	0.0740	0	1
股票市场参与	16170	0.197	0.398	0	1
风险金融市场参与	16170	0.275	0.446	0	1
股票资产占比	16170	0.052	0.175	0	1
风险金融资产占比	16170	0.108	0.251	0	1
风险金融资产种类	4306	0.036	0.222	0	3
风险金融资产多样性指数	4306	0.070	0.142	0	1
股票只数	4306	0.280	16.77	0	19

续表

变量	观测值	均值	标准差	最小值	最大值
股票多样性指数	4306	0.010	0.020	0.250	1
正规信贷	11019	0.099	0.298	0	1
非正规信贷	11019	0.222	0.416	0	1
正规信贷总额	11019	3541	40198	0	3.600e+06
非正规信贷总额	11019	11486	44088	0	1000000
新农保参与	9169	0.664	0.472	0	1
Ln（新农保缴纳金额）	9169	0.640	1.671	0	7.605
创业决策	11051	0.108	0.311	0	1
创业动机	11051	0.699	0.459	0	1

（二）实证结果与分析

1. 金融知识与农村居民养老计划

在第三章利用全样本数据证实了金融知识水平的提高能够显著促进居民家庭制订养老计划，且金融知识对不同社会保障水平家庭制订养老计划的显著促进作用存在异质性，其中金融知识对拥有公务员社会保障和城镇职工社会保障的家庭更为明显。同时，金融知识还有助于家庭养老方式的多样化选择。在养老问题日益严峻的农村地区，以传统家庭养老为主的养老方式正在逐渐消失，其原因在于年轻人外出务工，老人们成了空巢老人，谁为他们养老？受限于农村地区养老基础设施落后、社区养老或商业养老功能缺失，对于创新型独立养老方式的尝试存在诸多限制。虽然近年来政府在农村地区实行了新型农村养老保险政策以提高农村地区社会保障水平，但由于缺乏金融知识导致对政策不了解，且这种社会保障措施对于缓解农村地区家庭养老更多也是辅助作用，要想替代家庭养老目前为止还非常困难。那么，如果家庭能够制订合理的养老规划是否能够更好地避免养老风险呢？在此将检验金融知识是否能够提高农村地区居民家庭制订养老计划的概率和农村家庭养老方式的选择的呢？

(1) 金融知识与农村居民家庭养老计划决策。表4-2报告了金融知识对农村居民家庭养老计划决策的影响。第(1)、第(3)、第(5)列为金融知识(得分加总)对农村居民家庭养老计划决策的估计结果,第(2)、第(4)、第(6)列为金融知识(因子分析)对农村居民家庭养老计划决策的估计结果。第(1)、第(2)列为基准回归结果,第(3)、第(4)列加入了农村居民家庭社会保障控制变量,第(5)、第(6)列进一步加入了金融知识与农村居民家庭社会保障的交互项,以此研究金融知识对不同社会保障水平下的农村地区居民家庭养老计划决策的影响。第(1)、第(2)列估计结果表明,金融知识(因子分析)和金融知识(得分加总)对农村居民家庭持有养老计划的边际效应为0.014和0.019,在5%水平上显著。这表明金融知识水平每提高1个标准差,将使农村家庭养老计划的可能性增加1.4%和1.9%,从而证实了金融知识水平的提高能够显著增强农村居民家庭制订养老计划的可能性。第(3)、第(4)列加入了以无社会保障家庭为参照组的社会保障虚拟变量。结果表明相比于无社会养老保障覆盖的家庭,拥有公务员(参公)社会养老保障的家庭更倾向于制订养老计划。相比于无社会保障家庭,公务员家庭拥有较高的退休金保障和其他社会保障,能够更便捷地享受城市优质医疗、养老等资源,他们的养老意识和养老观念较强,他们的老年生活也同样需要面临诸多的不确定性和各种风险,因此为了他们的老年生活能够过得与当前一样好,则他们更需要和倾向于制订养老计划。

表4-2 金融知识与农村居民家庭养老计划决策

	(1)	(2)	(3)	(4)	(5)	(6)
金融知识(因子分析)		0.014** (0.006)		0.014** (0.006)		0.008 (0.007)
金融知识(得分加总)	0.019** (0.007)		0.019** (0.007)		0.102** (0.040)	
参考值:金融知识×无社会保障						

续表

	（1）	（2）	（3）	（4）	（5）	（6）
金融知识×公务员（参公）社会保障					0.199***（0.064）	0.102**（0.051）
金融知识×城镇职工社会保障					0.122**（0.051）	0.085***（0.033）
金融知识×普通居民社会保障					0.084**（0.040）	0.032***（0.010）
参考值：无社会保障						
公务员社会保障			0.104*（0.060）	0.105*（0.060）	0.178**（0.084）	0.178**（0.084）
城镇职工社会保障			0.029（0.045）	0.031（0.045）	0.132**（0.064）	0.131**（0.064）
普通居民社会保障			0.039（0.034）	0.038（0.034）	0.097**（0.045）	0.097**（0.045）
户主为男性	-0.009（0.019）	-0.009（0.019）	-0.008（0.019）	-0.008（0.019）	-0.009（0.019）	-0.009（0.019）
年龄	-0.001（0.006）	-0.000（0.006）	-0.000（0.006）	-0.000（0.006）	-0.000（0.006）	-0.000（0.006）
年龄平方	0.000（0.000）	0.000（0.000）	0.000（0.000）	0.000（0.000）	0.000（0.000）	0.000（0.000）
受教育程度	0.012**（0.006）	0.013**（0.006）	0.011*（0.006）	0.012*（0.006）	0.012*（0.006）	0.012*（0.006）
户主已婚	-0.000（0.024）	-0.000（0.024）	-0.001（0.024）	-0.001（0.024）	-0.001（0.024）	-0.001（0.024）
健康水平	0.034*（0.020）	0.036*（0.020）	0.035*（0.020）	0.036*（0.020）	0.035*（0.020）	0.035*（0.020）
家中身体不健康人数	0.019**（0.009）	0.019**（0.009）	0.019**（0.009）	0.019**（0.009）	0.019**（0.009）	0.020**（0.009）
拥有自有住房	-0.005（0.041）	-0.007（0.041）	-0.003（0.041）	-0.005（0.041）	-0.006（0.041）	-0.008（0.041）

续表

	（1）	（2）	（3）	（4）	（5）	（6）
风险偏好	0.042 (0.027)	0.044* (0.027)	0.041 (0.027)	0.044 (0.027)	0.040 (0.027)	0.039 (0.027)
风险中立	0.032 (0.023)	0.036 (0.023)	0.032 (0.023)	0.036 (0.023)	0.031 (0.023)	0.030 (0.023)
风险厌恶	0.004 (0.019)	0.006 (0.019)	0.004 (0.019)	0.006 (0.019)	0.003 (0.019)	0.003 (0.019)
家中小孩数量	-0.019*** (0.007)	-0.018*** (0.007)	-0.019*** (0.007)	-0.019*** (0.007)	-0.019*** (0.007)	-0.019*** (0.007)
家中老人数量	0.018** (0.009)	0.018** (0.009)	0.018** (0.009)	0.018** (0.009)	0.018** (0.009)	0.018** (0.009)
家庭规模	0.003 (0.004)	0.003 (0.004)	0.003 (0.004)	0.003 (0.004)	0.003 (0.004)	0.003 (0.004)
Ln（家庭总资产）	0.023*** (0.005)	0.023*** (0.005)	0.022*** (0.005)	0.022*** (0.005)	0.022*** (0.005)	0.022*** (0.005)
观测值	6952					
伪 R^2	0.027	0.027	0.027	0.027	0.028	0.028

注：*、**、***分别表示在10%、5%和1%水平上显著，表中报告的是平均边际效应，括号内为边际效应的标准差。所有回归结果均控制了省份虚拟变量。

考虑不同社会保障水平的农村地区家庭对养老计划的需求可能存在差异，金融知识对不同社会保障水平的农村地区家庭养老计划决策也可能存在显著影响。为此，在第（5）、第（6）列进一步加入了金融知识与农村地区家庭社会保障的交互项，结果显示，金融知识及金融知识与社会保障的交互项显著为正，且均在5%以上水平上显著，表明金融知识能够促进不同社会保障水平家庭制订养老计划。同时，金融知识对拥有公务员社会保障和城镇职工社会保障的农村居民家庭制订养老计划的边际影响更大，这可能是因为社会保障更好的家庭在面临未来的不确定性时，他们拥有较多时间、精力和成本尽早考虑和规划未来养老问题，因此金融知识水平越高，对拥有公务员社会保障和城镇职工社会保障家庭制订养老计划的影响更大。这一解释情况与全样本情况相同。这说明社会保障水平差异限制了农村地区家庭养老计划的制订,而金融知识的提高同样在一定程度上可以有效缓解社会保障水平差异对农村地区居民家庭养老计划的制订。因此,在大力普及金融知识的同时,也要努力提高农村地区,特别是农村地区的整体社会保障水平,进而促进农村居民家庭制订养老计划,增强居民老年生活的满意度和幸福感,推动我国养老保障事业繁荣发展。此外,受教育程度越高的农村居民家庭越倾向于制订养老计划,健康水平越高和家庭成员不健康人数越多、家庭老人数量越多、家庭总资产越多的农村居民制订养老计划的可能性越大,家庭小孩数量越多在一定程度上越会抑制农村居民家庭制订养老计划。有趣的是,无论是风险偏好型、风险中立型,还是风险厌恶型都不倾向制订养老计划。

(2) 金融知识与养老方式选择。表4-3给出了金融知识(得分加总)和金融知识(因子分析)对农村地区居民家庭不同养老方式选择的估计结果。第(1)~第(6)列结果表明,金融知识(得分加总)每提高一个标准差将使家庭选择"自己储蓄、投资","商业养老保险","子女赡养"三类养老方式的边际影响分别显著增加0.033、0.026和-0.042,金融知识(因子分析)每提高1个标准差将使农村居民家庭选择"自己储蓄、投资","商业养老保险"两类养老方式的边际影响分别显著增加0.035和0.017,使农村居民家庭选择"子女赡养"的可能性降低4.2%。这说明随着我国市场经济不断发展、农村地区金融市场和投资环境不断优化以及社会保障体系不断完善,金融知识水平的提高有助于推动农村居民家庭选择这些新型的养老方式。第(7)列结果显示,金融知识能够显著增加农村地区居民选择更多种类的养老方式,金融知识(得分加总)的边际效应为0.036,在10%水平上显著,金融知识(因子分析)的边际效应为0.029,在10%水平上显著。这表明提高农村地区居民家庭金融知识水平能够显著促进家庭养老方式选择多样性,进而增强家庭养老保障强度。

以上结果表明,金融知识能够显著提高农村地区居民家庭制订养老计划并促进家庭选择新型养老方式及多样化的养老方式。金融知识造成不同社会保障水平的农村居民家庭制订养老计划存在显著差异性。因此，金融知识是提高不同社会保障水平家庭制订养老计划和选择多样化养老方式的重要决定性因素之一。

表4-3 金融知识（因子分析）与农村居民家庭养老方式选择

	（1）自己储蓄、投资	（2）子女赡养	（3）社会养老保险	（4）离退休工资	（5）商业养老保险	（6）配偶或亲属支持	（7）养老方式数量
金融知识（得分加总）	0.033** (0.013)	-0.042*** (0.013)	0.017 (0.013)	0.006 (0.005)	0.026*** (0.005)	-0.001 (0.006)	0.036* (0.021)
观测值	2354	2354	2354	1771	1564	1992	2354
伪 R^2	0.064	0.082	0.043	0.334	0.204	0.076	
R^2							0.065
金融知识（因子分析）	0.035*** (0.011)	-0.045*** (0.010)	-0.011 (0.011)	-0.006 (0.004)	0.017*** (0.005)	-0.004 (0.004)	0.029* (0.016)
观测值	2354	2354	2354	1771	1564	1992	2354
伪 R^2	0.065	0.084	0.043	0.335	0.186	0.076	
R^2							0.064

注：同表4-2。控制变量回归结果未予报告。

（3）内生性处理。考虑金融知识可能存在内生性问题而导致基准估计结果有偏。选取同一小区除自身外其他家庭的平均金融知识水平作为受访者金融知识的工具变量进行两阶段估计。表4-4两阶段最小二乘估计第二阶段回归结果表明，DWH外生性检验结果表明不存在弱工具变量问题，拒绝了金融知识存在内生性问题的假设，表明金融知识与农村居民养老计划之间不存在内生性问题。另外，一阶段估计F值均大于10%偏误水平下的临界值16.38（Stock & Yogo，2005），工具变量t值在1%水平显著，排除了弱工具变量问题。第二阶段回归结果显示，金融知识的边际影响基本与表4-4一致。

表4-4　金融知识与农村居民家庭养老计划内生性检验

	(1)	(2)	(3)	(4)
金融知识（因子分析）			0.012* (0.008)	0.021* (0.013)
金融知识（得分加总）	0.015** (0.008)	0.014** (0.007)		
观测值	6952			
DWH外生性检验	1.65	1.59	0.52	0.44
一阶段估计F值	160.73***	135.59***	130.50***	110.04***
工具变量t值	37.09***	36.81***	35.11***	35.02***

注：同表4-2。控制变量回归结果未予报告。

（4）稳健性检验。为检验以上基准估计结果是否稳健，使用利率计算问题、通货膨胀问题、风险投资问题是否回答正确和使用受访者对经济金融信息的关注度为金融知识代理变量这两种方法进行稳健性检验。

表4-5中的第（1）、第（2）列采用加入利率计算问题、通货膨胀问题、风险投资问题是否回答正确三个哑变量来衡量金融知识，从中可以发现，通货膨胀问题回答正确和风险投资问题回答正确对农村居民家庭养老计划具有显著正向影响，利率计算问题回答正确对提高家庭制订养老计划的可能性无显著影响。这基本表明金融知识的提高将会显著推动农村地区居民家庭制订养老计划，因此在农村地区开展金融知识教育培训时应有针对性地加强专业性知识普及。第（3）～第（5）列是利用受访者对经济金融方面信息的关注度作为金融知识的代理变量，稳健性检验结果显示，对经济金融方面信息越关注，农村居民家庭制订养老计划的可能性越大，这一结果与表4-2一致。因此，说明基准回归估计结果是较为稳健的。

2. 金融知识与农村居民家庭资产选择

第三章探讨了金融知识对全样本居民家庭金融资产选择的影响，发现提高居民金融知识水平能够显著增加家庭参与股票市场和风险金融市场的概率，并且使家庭增加在风险金融资产尤其是股票资产上的配置比重。同时个体的性别、年龄、受教育程度、风险态度等特征也会对金融市场参与和家庭风险金融资产配置产生显著影响。那对于农村地区居民是否也有同样的效果呢？本节将在此基础上从金融知识差异这一角度来探讨和解释农村地区居民家庭金融市场参与不足和家庭金融资产不合理配置等这些家庭金融资产选择问题。

表4-5 金融知识与农村居民家庭养老计划稳健性检验

	（1）	（2）	（3）	（4）	（5）
利率计算问题回答正确	-0.008 (0.015)	-0.008 (0.015)			
通货膨胀问题回答正确	0.034** (0.016)	0.034** (0.016)			
风险投资问题回答正确	0.030** (0.013)	0.030** (0.013)			
金融知识代理变量			0.094*** (0.019)	0.093*** (0.019)	0.070*** (0.020)
参考值：代理变量×无社会保障					
代理变量×公务员社会保障					0.314*** (0.077)
代理变量×城镇职工社会保障					0.210*** (0.046)
代理变量×普通居民社会保障					0.114*** (0.021)
控制变量	控制	控制	控制	控制	控制
观测值	6952	6952	6936	6936	6936
伪 R^2	0.027	0.028	0.029	0.029	0.030

注：同表4-2。控制变量回归结果未予报告。

（1）金融知识对农村居民家庭股票市场参与和风险金融市场参与的影响。利用 Probit 模型研究金融知识对农村地区居民家庭股票市场参与和风险金融市场参与的影响，估计结果报告在表4-6中。第（1）、第（2）列给出了金融知识对农村居民家庭股票市场参与的影响,结果显示在控制其他控制变量后,金融知识水平的提高能够显著促进农村居民家庭参与股票市场,金融知识(得分加总)和金融知识(因子分析)的边际效应分别为0.009和0.009,且均在1%和5%水平上显著。第(3)、第(4)列给出了金融知识对农村居民家庭风险金融市场参与的影响,结果显示在控制其他控制变量后,金融知识对农村居民家庭的风险金融市场参与具有显著正向影响,金融知识(得分加总)和金融知识(因子分析)的边际效应分别为0.007和0.008,且均在10%和1%水平上显著。以上结果表明,金融知识能够显著促进农村地区居民家庭参与金融市场。

从控制变量的估计结果来看,受教育程度对农村居民家庭金融市场参与的影响显著为正,表明受教育水平越高,家庭参与金融市场的可能性越大。风险偏好型农村家庭为了能够在金融市场获得更高的收益率更可能参与风险金融市场。农村家庭规模越大越可能参与股票市场,家庭总资产的积累可以显著提高农村居民家庭金融市场参与的可能性。

考虑金融知识可能存在内生性问题而导致基准估计结果有偏差。为解决内生性问题,借鉴Lusardi(2011)、尹志超等(2015)的做法,选取同一小区除自身外其他家庭的平均金融知识水平作为受访者金融知识的工具变量进行两阶段估计。第(5)~第(8)列报告了两阶段最小二乘估计第二阶段回归结果。DWH外生性检验结果表明不存在弱工具变量问题,且在5%水平上拒绝了金融知识不存在内生性问题的假设。另外,一阶段估计F值分别为54.45、118.44、62.34和147.66,大于在10%偏误水平下的临界值16.38(Stock & Yogo,2005),工具变量t值分别为31.43、44.16、39.69和57.59,在1%水平上显著,排除了弱工具变量问题。这表明选取同一小区除自身外其他农村地区家庭的平均金融知识水平作为受访者金融知识的工具变量是合适的。第二阶段回归结果显示,金融知识(因子分析)的边际影响分别为0.224、0.186,金融知识(得分加总)的边际影响分别为0.262和0.224,均在10%及以上水平显著,这进一步表明金融知识水平的提高也可以显著促进农村居民家庭参与股票市场和风险金融市场，证实了金融知识是制约农村地区居民家庭参与金融市场的重要决定因素。

表4-6 金融知识与农村地区居民家庭股票市场参与和风险金融市场参与

	(1) Probit 股票市场参与	(2) Probit 股票市场参与	(3) Probit 风险市场参与	(4) Probit 风险市场参与	(5) IVProbit 股票市场参与	(6) IVProbit 股票市场参与	(7) IVProbit 风险市场参与	(8) IVProbit 风险市场参与
金融知识（因子分析）		0.009** (0.004)		0.008*** (0.003)		0.224* (0.114)		0.186*** (0.067)
金融知识（得分加总）	0.009*** (0.004)		0.007* (0.003)		0.262* (0.155)		0.224** (0.102)	
户主为男性	-0.000 (0.009)	-0.001 (0.009)	-0.004 (0.009)	-0.004 (0.009)	-0.007 (0.231)	-0.023 (0.232)	-0.056 (0.148)	-0.064 (0.148)
年龄	0.002 (0.002)	0.002 (0.002)	-0.002 (0.002)	-0.002 (0.002)	0.043 (0.045)	0.042 (0.045)	-0.035 (0.023)	-0.037 (0.023)
年龄平方	-0.000 (0.000)	-0.000 (0.000)	0.000 (0.000)	0.000 (0.000)	-0.000 (0.000)	-0.000 (0.000)	0.000 (0.000)	0.000 (0.000)
受教育程度	0.005* (0.003)	0.005* (0.003)	0.006** (0.003)	0.006** (0.003)	0.074 (0.062)	0.093 (0.059)	0.075* (0.042)	0.081* (0.042)
户主已婚	0.008 (0.014)	0.007 (0.014)	0.001 (0.013)	0.001 (0.012)	0.162 (0.341)	0.133 (0.344)	0.014 (0.188)	0.003 (0.189)
健康水平	0.004 (0.011)	0.005 (0.011)	-0.002 (0.009)	-0.003 (0.009)	0.083 (0.265)	0.096 (0.267)	-0.049 (0.145)	-0.055 (0.144)
风险偏好	0.028 (0.018)	0.029 (0.018)	0.042** (0.019)	0.041** (0.019)	0.568 (0.370)	0.608 (0.370)	0.550** (0.276)	0.568** (0.275)
风险中立	0.012 (0.017)	0.013 (0.017)	0.030 (0.018)	0.028 (0.018)	0.207 (0.369)	0.256 (0.367)	0.363 (0.269)	0.382 (0.267)
风险厌恶	0.002 (0.017)	0.002 (0.017)	0.022 (0.017)	0.021 (0.017)	0.025 (0.347)	0.047 (0.352)	0.291 (0.253)	0.298 (0.254)
家庭规模	0.004** (0.002)	0.004** (0.002)	0.002 (0.002)	0.002 (0.002)	0.083* (0.042)	0.084** (0.043)	0.028 (0.030)	0.029 (0.030)
拥有自有住房	0.018 (0.018)	0.017 (0.018)	0.026 (0.018)	0.026 (0.018)	0.377 (0.385)	0.362 (0.388)	0.385 (0.259)	0.361 (0.261)

续表

	(1)	(2)	(3)	(4)	(5)	(6)	(7)	(8)
	Probit	Probit	Probit	Probit	IVProbit	IVProbit	IVProbit	IVProbit
	股票市场参与	股票市场参与	风险市场参与	风险市场参与	股票市场参与	股票市场参与	风险市场参与	风险市场参与
Ln（总资产）	0.021*** (0.003)	0.021*** (0.003)	0.024*** (0.003)	0.024*** (0.003)	0.434*** (0.064)	0.440*** (0.064)	0.341*** (0.043)	0.341*** (0.042)
观测值	2307	2307	3544	3544	2307	2307	3544	3544
伪 R^2	0.308	0.310	0.198	0.201				
一阶段估计F值					54.45*** (0.000)	118.44*** (0.000)	62.34*** (0.000)	147.66*** (0.000)
工具变量t值					31.43***	44.16***	39.69***	57.59***
DWH外生性检验					5.25** (0.0181)	5.11** (0.0402)	8.24*** (0.0045)	8.03*** (0.0047)

注：*、**、***分别表示在10%、5%和1%水平上显著，表中报告的是平均边际效应，括号内为边际效应的稳健性标准差。所有回归结果均控制了省份虚拟变量。

（2）金融知识对家庭股票资产占比和风险金融资产占比的影响。利用Tobit模型研究了金融知识对农村地区居民家庭股票资产占比和风险金融资产占比的影响，表4-7中的第（1）、第（2）列给出了金融知识对农村地区居民家庭股票资产占比的影响，结果显示在控制其他控制变量后，金融知识不仅能够显著促农村地区居民进家庭股票市场参与，还会使农村地区居民家庭增加股票资产占比，金融知识（得分加总）和金融知识（因子分析）的边际效应分别为0.142和0.91，且均在1%水平上显著。第（3）、第（4）列给出了金融知识对农村地区居民家庭风险金融资产占比的影响，结果显示在控制其他控制变量后，金融知识不仅促进了农村地区居民家庭风险金融市场参与，还推动了农村地区居民家庭增加风险金融资产比重，金融知识（得分加总）和金融知识（因子分析）的边际效应分别为0.125和0.158，且均在1%水平上显著。另外，户主年龄与股票资产和风险金融资产占比呈倒U形关系，随着年龄增加，农村地区居民家庭持有股票资产和风险金融资产的比重呈先上升后下降趋势。受教育程度对农村地区家庭风险金融资产占比的影响显著为正，表明受教育水平越高，家庭将持有更多的风险金融资产。风险偏好型家庭更可能将家庭金融资产投向于股票资产和风险金融资产，风险厌恶型家庭为了规避金融市场风险将会降低股票资产和风险金融资产持有比重。同时，为解决内生性问题，选取同一小区除自身外其他家庭的平均金融知识水平作为受访者金融知识的工具变量进行两阶段估计。第（5）~第（8）列结果表明，解决内生性问题后，金融知识对促进农村地区居民家庭股票资产和风险金融资产占比的影响依然稳健。

表4-7 金融知识与农村地区居民家庭股票资产和风险金融资产占比

	（1）Tobit	（2）Tobit	（3）Tobit	（4）Tobit	（5）IVTobit	（6）IVTobit	（7）IVTobit	（8）IVTobit
	股票资产占比	股票资产占比	风险资产占比	风险资产占比	股票资产占比	股票资产占比	风险资产占比	风险资产占比
金融知识（因子分析）		0.291*** (0.034)		0.158*** (0.005)		0.425** (0.209)		0.256*** (0.073)
金融知识（得分加总）	0.142*** (0.024)		0.125*** (0.014)		0.254* (0.158)		0.334*** (0.090)	
户主为男性	-0.011 (0.051)	-0.021 (0.051)	-0.035 (0.030)	-0.031 (0.029)	-0.000 (0.230)	-0.022 (0.229)	-0.037 (0.126)	-0.041 (0.127)
年龄	0.017*** (0.001)	0.013*** (0.001)	0.032*** (0.001)	0.036*** (0.001)	0.015 (0.045)	0.009 (0.045)	-0.035* (0.021)	-0.038* (0.021)
年龄平方	-0.000*** (0.000)	-0.000*** (0.000)	-0.000*** (0.000)	-0.000*** (0.000)	-0.000 (0.000)	-0.000 (0.000)	0.000 (0.000)	0.000* (0.000)
受教育程度	-0.002 (0.013)	0.007 (0.012)	0.054*** (0.008)	0.055*** (0.008)	-0.019 (0.064)	-0.010 (0.062)	0.034 (0.036)	0.048 (0.035)
户主已婚	-0.119** (0.053)	-0.106** (0.052)	0.037 (0.030)	0.015 (0.030)	-0.117 (0.300)	-0.140 (0.305)	0.030 (0.169)	0.004 (0.170)
健康水平	0.137** (0.053)	0.127** (0.053)	-0.063** (0.029)	-0.075** (0.029)	0.119 (0.320)	0.114 (0.321)	-0.076 (0.128)	-0.081 (0.128)
风险偏好	3.649*** (0.035)	3.760*** (0.035)	4.273*** (0.020)	4.380*** (0.019)	3.135*** (0.285)	3.237*** (0.165)	3.305*** (0.614)	3.815*** (0.880)
风险中立	3.964*** (0.039)	4.096*** (0.039)	4.313*** (0.023)	4.433*** (0.023)	3.447*** (0.285)	3.565*** (0.165)	3.336*** (0.614)	3.858*** (0.880)

续表

	(1)	(2)	(3)	(4)	(5)	(6)	(7)	(8)
	Tobit	Tobit	Tobit	Tobit	IVTobit	IVTobit	IVTobit	IVTobit
	股票资产占比	股票资产占比	风险资产占比	风险资产占比	股票资产占比	股票资产占比	风险资产占比	风险资产占比
风险厌恶	-3.739*** (0.048)	-3.861*** (0.047)	-4.082*** (0.026)	-4.203*** (0.026)	-3.253*** (0.285)	-3.357*** (0.165)	-3.161*** (0.614)	-3.650*** (0.880)
家庭规模	0.046*** (0.013)	0.048*** (0.012)	0.014* (0.008)	0.015** (0.008)	0.039*** (0.007)	0.037*** (0.006)	0.016* (0.007)	0.015** (0.007)
拥有自有住房	0.380*** (0.034)	0.383*** (0.034)	0.315*** (0.019)	0.290*** (0.019)	0.382*** (0.073)	0.370*** (0.068)	0.328*** (0.023)	0.289*** (0.027)
Ln（总资产）	0.356*** (0.004)	0.357*** (0.004)	0.295*** (0.002)	0.297*** (0.002)	0.345*** (0.084)	0.353*** (0.083)	0.277*** (0.044)	0.290*** (0.044)
观测值	4330							
伪 R^2	0.452	0.464	0.286	0.292				
一阶段估计 F 值					58.28*** (0.000)	148.37*** (0.000)	58.28*** (0.000)	148.37*** (0.000)
工具变量 t 值					43.08***	63.97***	43.08***	63.97***
DWH 外生性检验					7.81** (0.0082)	10.11*** (0.0016)	8.35*** (0.0039)	4.00** (0.0456)
Adj R^2					0.4506	0.6785	0.4506	0.6785

注：同表 4-6。

综上，金融知识能够显著推动农村地区居民家庭参与股票市场和风险金融市场，并能够促进农村居民家庭将更多的金融资产投向于风险资产。

（3）稳健性检验。表 4-8 采用 Lusardi 和 Mitchell（2011）测度金融知识的方法，使用利率计算问题回答正确、通货膨胀问题回答正确、风险投资问题回答正确三个哑变量衡量金融知识。结果显示利率计算问题回答正确、通货膨胀问题回答正确能够显著推动农村地区居民家庭参与股票市场并提高股票资产占比。而利率计算问题回答正确、通货膨胀问题回答正确、风险投资问题回答正确均能够提高农村地区居民家庭持有股票资产，风险投资问题回答正确能够显著推动农村地区居民风险金融市场参与，并提高风险金融资产投资占比。同时利率计算问题回答正确也能够提高农村地区居民家庭风险金融资产占比。因此，使用新的金融知识测度方法进行稳健性检验表明，金融知识对农村地区居民家庭金融市场参与和风险金融资产占比的显著正向影响是稳健的。

表4-8 金融知识与农村居民家庭金融资产选择稳健性检验1

	(1)	(2)	(3)	(4)
	股票市场参与	风险市场参与	股票资产占比	风险资产占比
利率计算问题回答正确	0.011* (0.006)	0.004 (0.006)	0.275*** (0.039)	0.049** (0.022)
通货膨胀问题回答正确	0.002 (0.007)	-0.001 (0.007)	0.240*** (0.036)	0.023 (0.020)
风险投资问题回答正确	0.015 (0.010)	0.019** (0.008)	0.438*** (0.052)	0.401*** (0.029)
观测值	2307	3544	4330	4330
伪R^2	0.310	0.201	0.470	0.293

注：同表4-6。控制变量回归结果未予报告。

表4-9利用受访者对经济金融等方面信息的关注度作为金融知识的代理变量进行稳健性检验。从估计结果可以看出，受访者对经济金融等方面信息越关注，农村地区居民家庭参与金融市场的可能性越大，将家庭资产投向于风险金融资产中的比重越高。这与前文结果是一致的。

表4-9 金融知识与农村居民家庭金融资产选择稳健性检验2：代理变量

	(1)	(2)	(3)	(4)
	股票市场参与	风险市场参与	股票资产占比	风险资产占比
代理变量	0.023*** (0.008)	0.030*** (0.007)	0.377*** (0.037)	0.320*** (0.020)
观测值	2300	3536	4322	4322
伪R^2	0.313	0.207	0.457	0.290

注：同表4-6。控制变量未予报告。

表 4-10 中的估计结果剔除了从事金融行业的家庭，由于家庭从事金融行业可能对金融机构相关业务、理财产品等更为了解，因此在金融知识水平、金融市场参与行为和家庭金融资产配置等方面均可能与普通家庭存在明显不同。结果显示，在剔除了从事金融行业的家庭后，金融知识依然对农村地区居民家庭金融市场参与、金融资产选择具有显著的正向影响，只是金融知识的边际效应系数略有降低，但依然显著为正。

表 4-10 金融知识与农村居民家庭金融资产选择
稳健性检验 3：剔除从事金融行业的家庭

	(1)	(2)	(3)	(4)	(5)	(6)	(7)	(8)
	金融知识（因子分析）				金融知识（得分加总）			
	股票市场参与	风险金融市场	股票资产占比	风险资产占比	股票市场参与	风险金融市场	股票资产占比	风险资产占比
金融知识	0.005***	0.008**	0.004**	0.006**	0.017***	0.026***	0.045***	0.082***
	(0.002)	(0.004)	(0.002)	(0.033)	(0.003)	(0.003)	(0.011)	(0.009)
观测值	2307	3544	4330	4330	2307	3544	4330	4330
伪 R^2	0.280	0.267	0.232	0.231	0.262	0.283	0.227	0.219

注：同表 4-6。控制变量未予报告。

通过以上三种稳健性检验结果表明，估计结果是稳健的。受访者金融知识水平的提高能够显著增加农村地区家庭参与股票市场和风险金融市场的概率，同时也会使农村地区居民家庭增加在风险金融资产尤其是股票资产上的配置比重，这一结果在解决内生性问题后依然成立。

3. 金融知识与农村居民家庭投资组合多样性

第三章探讨了金融知识对全样本居民家庭投资组合多样性的影响。研究发现金融知识越高，家庭越倾向于持有更多只股票；较高金融知识水平的家庭，持有更多种类的风险金融资产，同时会注重优化各类风险金融资产的配置比例。农户只有对金融市场的宏观环境有足够了解，对股票信息能够分析透彻，才能更加充分地认识到金融市场存在的潜在风险，有效规避风险，从而做出更加合理的多样化投资决策，促进家庭资产保值增值。为此，重点关注农村地区这一群体,从金融知识这一角度出发,探讨农村地区家庭金融资产投资组合多样性问题。

(1) 金融知识与农村地区居民家庭股票投资组合多样性。表4-11汇报了金融知识对农村地区居民家庭股票投资多样性的影响。第(1)、第(4)列结果显示,在控制其他控制变量后,金融知识对股票只数的OLS估计结果为正,但不显著。金融知识(得分加总)和金融知识(因子分析)边际效应分别为0.657和0.120。第(2)、第(5)列结果显示,在控制其他控制变量后,金融知识对农村地区居民股票只数进行有序Probit模型估计,结果显著为正,且在10%及以上水平上显著。这表明金融知识有助于促进农村地区居民家庭分散投资降低风险,并提高家庭股票投资多样性。这主要是因为较高金融知识的投资者能够充分了解股票市场中的风险,进而采用分散化投资以降低投资风险。金融知识水平越高的投资者具备较高的信息收集、分析和处理能力,有利于投资者进行多样化投资。第(3)、第(6)列结果表明,金融知识对农村地区居民股票投资多样性指数显著为正,进一步表明越高金融知识的农村地区投资者股票投资多样性越强,也会注重优化股票投资比例。

表4-11 金融知识与农村地区居民家庭股票资产投资多样性

	(1) 股票只数 OLS	(2) 股票只数 Oprobit	(3) 股票投资多样性指数 OLS	(4) 股票只数 OLS	(5) 股票只数 Oprobit	(6) 股票投资多样性指数 OLS
金融知识(因子分析)				0.120 (0.131)	0.377** (0.150)	0.003** (0.000)
金融知识(得分加总)	0.657 (0.630)	0.163* (0.110)	0.001** (0.000)			
Ln(金融资产)	0.019 (0.025)	0.264*** (0.053)	0.000*** (0.000)	0.001 (0.009)	0.273*** (0.054)	0.000*** (0.000)
户主为男性	0.262 (0.277)	-0.041 (0.354)	0.001 (0.001)	0.236 (0.253)	-0.013 (0.349)	0.001 (0.001)

续表

	(1) 股票只数 OLS	(2) 股票只数 Oprobit	(3) 股票投资多样性指数 OLS	(4) 股票只数 OLS	(5) 股票只数 Oprobit	(6) 股票投资多样性指数 OLS
年龄	-0.148 (0.150)	0.041 (0.055)	0.000 (0.000)	-0.147 (0.150)	0.037 (0.056)	0.000 (0.000)
年龄平方	0.001 (0.001)	-0.000 (0.001)	-0.000 (0.000)	0.001 (0.001)	-0.000 (0.001)	-0.000 (0.000)
受教育程度	-0.112 (0.131)	-0.048 (0.081)	-0.000 (0.000)	-0.062 (0.085)	-0.037 (0.080)	-0.000 (0.000)
户主已婚	0.045 (0.121)	0.119 (0.428)	0.001 (0.001)	0.018 (0.105)	0.138 (0.435)	0.001 (0.001)
健康水平	-0.072 (0.117)	0.208 (0.327)	0.001 (0.001)	0.042 (0.105)	0.197 (0.339)	0.001 (0.001)
风险偏好	0.902 (0.976)	4.337*** (0.479)	0.000 (0.001)	0.502 (0.592)	4.466*** (0.429)	0.000 (0.001)
风险中立	0.470 (0.466)	4.689*** (0.500)	-0.001* (0.001)	0.907 (0.888)	4.866*** (0.437)	-0.001* (0.001)
风险厌恶	-0.585 (0.582)	-4.384*** (0.472)	-0.000 (0.001)	-0.338 (0.340)	-4.537*** (0.419)	-0.000 (0.000)
家庭规模	-0.111 (0.114)	0.051 (0.060)	-0.000 (0.000)	-0.103 (0.106)	0.058 (0.058)	-0.000 (0.000)
拥有自有住房	-0.177 (0.184)	0.667 (0.559)	-0.000 (0.002)	-0.126 (0.136)	0.710 (0.570)	-0.000 (0.002)
Ln(家庭总资产)	0.271 (0.243)	0.351*** (0.089)	0.001*** (0.000)	0.319 (0.290)	0.345*** (0.089)	0.001*** (0.000)
观测值			4306			
伪 R^2		0.433			0.439	
R^2	0.0196		0.0260	0.0189		0.0261

注：同表 4-6。

此外，有趣的发现是，受教育程度对农村地区居民股票投资多样化无显著正向影响。风险偏好边际效应系数显著为正，风险中性边际效应系数显著为负，风险厌恶边际效应系数显著为负。这说明风险偏好型投资者倾向于持有更多只股票，并且注重优化各股票在证券资产中的占比，而风险中立和风险厌恶型投资者则更倾向于将所有资产投资于单一股票中。家庭金融资产越多，投资者有更多资本进行多样化投资。

（2）金融知识与农村地区居民家庭风险金融资产投资组合多样性。表4-12中的第（1）、第（4）列结果显示，在控制其他控制变量后，金融知识对农村地区居民风险金融资产种类的OLS估计结果显著为正，金融知识（得分加总）和金融知识（因子分析）边际效应分别为0.013和0.009，在1%以上水平显著。第（2）、第（5）列结果显示，在控制其他控制变量后，金融知识对农村地区居民风险金融资产多样性指数进行有序Probit模型估计，结果显著为正，且在1%水平上显著。这表明投资者金融知识水平越高，将越有助于促进农村地区居民家庭持有更多种类的风险金融资产。第（3）、第（6）列结果表明，金融知识对农村地区居民风险金融资产投资多样性指数显著为正，且在5%水平上显著，表明较高金融知识的农村地区投资者同样更倾向于持有更多种类的风险金融资产，同时注重优化各类风险金融资产投资比例。这主要是因为金融知识提高了投资者金融市场投资分析能力，使投资者在面对投资时能够做出合理的投资策略。

此外，风险中立边际效应显著为正，风险偏好边际效应系数显著为正，风险中性边际效应系数显著为正，风险厌恶边际效应系数显著为负。这说明风险偏好和风险中立型投资者持有风险金融资产种类更多，并且注重优化各股票在证券资产中的占比，而风险厌恶型投资者则更倾向于将所有家庭金融资产投资于某一类风险金融资产中。与表4-11一样，家庭总资产与家庭金融资产越多，农村地区居民越倾向持有更多种类风险资产，投资行为更为稳健。

表4-12 金融知识与农村地区居民家庭风险金融资产投资组合多样性

	（1）风险资产种类 OLS	（2）风险资产种类 Oprobit	（3）风险资产多样性指数 OLS	（4）股票只数 OLS	（5）股票只数 Oprobit	（6）股票投资多样性指数 OLS
金融知识（因子分析）				0.009*** (0.003)	0.007*** (0.003)	0.005*** (0.002)
金融知识（得分加总）	0.013*** (0.005)	0.005* (0.003)	0.007** (0.003)			
Ln（金融资产）	0.008*** (0.001)	0.012*** (0.002)	0.005*** (0.001)	0.008*** (0.001)	0.012*** (0.002)	0.005*** (0.001)
户主为男性	-0.008 (0.010)	0.000 (0.007)	0.007 (0.008)	-0.008 (0.010)	0.000 (0.007)	0.007 (0.008)
年龄	-0.001 (0.002)	0.001 (0.001)	0.002 (0.001)	-0.001 (0.002)	0.001 (0.001)	0.002 (0.001)
年龄平方	0.000 (0.000)	-0.000 (0.000)	-0.000 (0.000)	0.000 (0.000)	-0.000 (0.000)	-0.000 (0.000)
受教育程度	0.013** (0.005)	0.003* (0.002)	0.005 (0.003)	0.014** (0.005)	0.003* (0.002)	0.005 (0.003)
户主已婚	-0.006 (0.009)	-0.005 (0.010)	0.004 (0.008)	-0.007 (0.009)	-0.005 (0.010)	0.004 (0.008)
健康水平	-0.013* (0.007)	0.008 (0.007)	0.009* (0.005)	-0.013* (0.007)	0.009 (0.007)	0.010** (0.005)
风险偏好	0.055*** (0.018)	0.038** (0.017)	0.023** (0.010)	0.056*** (0.018)	0.037** (0.017)	0.023** (0.009)
风险中立	0.016 (0.011)	-0.026 (0.017)	0.019*** (0.006)	0.017 (0.011)	-0.025 (0.017)	0.019*** (0.006)
风险厌恶	0.003 (0.007)	-0.018 (0.016)	-0.006* (0.004)	0.003 (0.007)	-0.017 (0.016)	-0.006* (0.003)
家庭规模	0.004 (0.003)	-0.002 (0.001)	-0.001 (0.001)	0.004* (0.003)	-0.002 (0.001)	-0.001 (0.001)

续表

	(1) 风险资产种类 OLS	(2) 风险资产种类 Oprobit	(3) 风险资产多样性指数 OLS	(4) 股票只数 OLS	(5) 股票只数 Oprobit	(6) 股票投资多样性指数 OLS
拥有自有住房	0.015 (0.022)	-0.019 (0.012)	-0.018 (0.020)	0.014 (0.022)	-0.018 (0.012)	-0.017 (0.020)
Ln（家庭总资产）	0.022*** (0.003)	0.011*** (0.002)	0.011*** (0.002)	0.022*** (0.003)	0.011*** (0.002)	0.010*** (0.002)
观测值	4306					
伪 R^2		0.325			0.328	
R^2	0.1030		0.0733	0.1030		0.0735

注：同表 4-6。

（3）内生性问题。使用同一小区除自身外其他家庭的平均金融知识水平作为受访者金融知识的工具变量进行两阶段估计解决金融知识内生性问题。表 4-13 报告了金融知识与农村地区居民股票投资多样性两阶段最小二乘估计的第二阶段回归结果。DWH 外生性检验结果表明，在 1% 置信水平上拒绝了金融知识不存在内生性问题的假设。表 4-13 底部报告了两阶段估计一阶段估计 F 值，均大于在 10% 偏误水平下的临界值 16.38（Stock & Yogo, 2005），工具变量 t 值也都在 1% 水平显著。因此，使用同一小区除自身外其他家庭的平均金融知识水平作为受访者金融知识的工具变量是合适的，不存在弱工具变量问题。第二阶段回归结果显示，金融知识（因子分析）的边际影响分别为 0.231、0.653 和 0.002，金融知识（得分加总）的边际影响分别为 0.594、0.350 和 0.002，均在 10% 水平上显著。两阶段估计结果显示进一步表明，金融知识水平的提高可以显著促进农村地区居民家庭股票投资多样性，也证实了金融知识同样也是影响农村地区居民家庭金融资产配置的重要决定因素。

表4-13 金融知识与农村地区居民家庭投资组合多样性
内生性问题：股票投资多样性

	(1)	(2)	(3)	(4)	(5)	(6)
	股票只数OLS		股票只数Oprobit		股票多样性指数	
金融知识（因子分析）		0.231* (0.143)		0.653** (0.332)		0.002* (0.001)
金融知识（得分加总）	0.594* (0.238)		0.350* (0.234)		0.002* (0.001)	
观测值	4306	4306	1628	1628	4306	4306
工具变量t值	45.22***	63.21***	27.3***	40.08***	45.22***	63.21***
一阶段估计F值	87.49*** (0.000)	182.21*** (0.000)	52.71*** (0.000)	114.34*** (0.000)	87.49*** (0.000)	182.21*** (0.000)
DWH外生性检验	12.69*** (0.000)	13.51*** (0.000)	78.06*** (0.000)	75.46*** (0.000)	25.22*** (0.000)	24.93*** (0.000)

注：同表4-6。控制变量未予报告。

表4-14报告了金融知识与农村地区居民家庭风险金融资产投资多样性两阶段最小二乘估计的第二阶段回归结果。DWH外生性检验结果表明，在1%置信水平上拒绝了金融知识不存在内生性问题的假设。两阶段估计一阶段估计F值，均大于在10%偏误水平下的临界值，工具变量t值也都在1%水平上显著。两阶段估计结果显示表明，金融知识对农村地区居民家庭风险金融配置多样性具有显著正向影响。

以上结果表明，金融知识变量存在较强的内生性，金融知识可能受到投资者本身投资行为的影响，由于投资者往往是理性行为人，在金融市场进行投资过程中会不断学习积累金融知识。特别是受访者在接受调查时，受访者就已经从金融市场活动中积累了较多的金融知识，因此在调查时表现出较高的金融知识水平。解决内生性问题后，金融知识依然对农村地区居民股票投资多样性和风险金融资产投资多样性有显著正向作用，金融知识水平的提高有助于家庭优化农村地区居民家庭资产配置。

表 4-14 金融知识与农村地区居民家庭投资组合多样性内生性问题：风险金融资产投资多样性

	（1）	（2）	（3）	（4）	（5）	（6）
	风险资产总种类 OLS		风险资产种类 Oprobit		风险资产多样性指数 OLS	
金融知识（因子分析）		0.014*** (0.004)		0.207** (0.081)		0.009*** (0.003)
金融知识（得分加总）	0.040*** (0.011)		0.226** (0.115)		0.023*** (0.006)	
观测值	4306	4306	3442	3442	4306	4306
工具变量 t 值	45.22***	63.21***	40.35***	59.16***	45.22***	63.21***
一阶段估计 F 值	87.49*** (0.000)	182.21*** (0.000)	66.13*** (0.000)	156.90*** (0.000)	87.49*** (0.000)	182.21*** (0.000)
DWH 外生性检验	130.22*** (0.000)	132.99*** (0.000)	210.06*** (0.000)	209.55*** (0.000)	108.64*** (0.000)	108.82*** (0.000)

注：同表 4-6。控制变量未予报告。

（4）稳健性检验。表 4-15 采用利率计算问题回答正确、通货膨胀问题回答正确、风险投资问题回答正确三个哑变量测度金融知识。结果显示通货膨胀问题回答正确能够显著推动农村地区居民家庭风险金融资产投资多样化。风险投资问题回答正确对农村地区居民家庭股票投资多样性指数、风险资产种类和风险金融资产多样性指数有显著正向关系。这可以说明金融知识对农村地区居民家庭金融资产投资组合多样性的显著正向影响是稳健的。

表 4-16 利用受访者对经济金融等方面信息的关注度作为金融知识的代理变量进行稳健性检验。从估计结果可以看出，除第（4）列中金融知识代理变量边际效应不显著外，其他列中的结果均正向显著，且基本均在 1% 水平上显著。因此，可以说明受访者对经济金融等方面信息越关注，农村地区居民家庭参与股票投资多样化和风险金融资产投资多样化程度越高。

表4-15 金融知识与农村地区居民家庭投资组合多样性

稳健性检验1：金融知识测度

	(1) 风险资产种类 OLS	(2) 风险资产种类 Oprobit	(3) 风险资产多样性指数 OLS	(4) 股票只数 OLS	(5) 股票只数 Oprobit	(6) 股票投资多样性指数 OLS
利率计算问题回答正确	-0.003 (0.009)	0.002 (0.005)	0.001 (0.006)	0.883 (0.872)	0.297 (0.185)	-0.001 (0.001)
通货膨胀问题回答正确	0.021* (0.011)	-0.004 (0.005)	-0.008 (0.007)	1.380 (1.331)	-0.229 (0.210)	0.001 (0.001)
风险投资问题回答正确	0.023*** (0.007)	0.016** (0.007)	0.014*** (0.005)	-0.311 (0.338)	0.520 (0.319)	0.001* (0.001)
观测值	4306					
伪 R^2		0.328			0.440	
R^2	0.104		0.074	0.020		0.027

注：同表4-6。控制变量未予报告。

表4-16 金融知识与农村地区居民家庭投资组合多样性

稳健性检验2：金融知识代理变量

	(1) 风险资产种类 OLS	(2) 风险资产种类 Oprobit	(3) 风险资产多样性指数 OLS	(4) 股票只数 OLS	(5) 股票只数 Oprobit	(6) 股票投资多样性指数 OLS
金融知识代理变量	0.061*** (0.016)	0.018*** (0.006)	0.026*** (0.009)	-0.308 (0.405)	0.498*** (0.191)	0.002* (0.001)
观测值	4298					
伪 R^2		0.330			0.437	
R^2	0.109		0.076	0.019		0.027

注：同表4-6。控制变量未予报告。

综合以上两类稳健性检验结果可以认为,本章估计结果是稳健的。金融知识不仅能够显著提高农村地区居民家庭风险金融资产投资组合多样性,对股票资产投资组合多样性也有显著正向影响。

4. 金融知识与农村居民家庭信贷行为

第三章探讨了金融知识对全样本居民家庭信贷行为的影响,研究发现金融知识水平的提高有助于提高家庭正规信贷可得性,降低非正规信贷可能性。同时,还有助于家庭从正规金融机构获得更多正规信贷资金,降低家庭从非正规金融机构获取非正规信贷的可能性及信贷资金。金融知识将能够帮助其增加对信贷市场的了解,降低对信贷政策的认知和行为偏差,推动家庭积累财富,保持良好的信用记录,有助于家庭从正规金融机构中获得更多的信贷资源。那么对于农村地区居民是否也具有同样的影响效果呢?为此,本节将利用 2015 年 CHFS 数据探讨金融知识对农村地区居民家庭信贷行为的影响。

(1) 金融知识与农村地区居民家庭信贷可得性。表 4-17 报告了金融知识对农村地区居民家庭信贷可得性影响的 Probit 模型估计结果。第(1)、第(2)列结果显示,金融知识对农村地区居民家庭正规信贷可得性具有显著正向影响,金融知识(得分加总)边际影响为 0.009,金融知识(因子分析)边际影响为 0.008,10% 及以上水平上显著。这说明金融知识有助于提高农村地区居民家庭正规信贷可得性,这与宋全云等(2017)研究结果一致。可能是因为较高的金融知识水平有助于提高信贷需求者对信贷市场、信贷产品、信贷服务的了解和对信贷消息的处理能力,因而可能更有效地获得正规银行信贷。吴雨等(2016)、Lusardi 和 Michell (2007)、Kidwell 和 Turrisi (2004) 研究发现金融知识会促进家庭财富积累,并且较高金融知识水平的居民更倾向于保持自身信用良好,进而能够增强正规信贷可得性,在农村地区样本中也是如此。第(3)、第(4)列给出了金融知识对农村地区居民非正规信贷可得性的影响。结果显示金融知识对农村地区居民家庭非正规信贷可得性具有显著负向影响,金融知识(得分加总)边际影响为 -0.011,金融知识(因子分析)边际影响为 -0.013,在 1% 水平上显著。这说明金融知识的提高同样有助于抑制农村地区居民家庭非正规信贷可得性。这可能是因为金融知识的提高能够帮助农村地区信贷需求者清楚地认识和了解到非正规信贷存在的诸多风险和安全隐患，有助于改善信贷需求者对银行正规信贷和非正规信贷之间优劣势的认知，进而减少对非正规信贷的需求。

表 4-17 金融知识与农村地区居民家庭信贷可得性

	(1)	(2)	(3)	(4)	(5)	(6)	(7)	(8)
	正规信贷		非正规信贷		正规信贷总额		非正规信贷总额	
金融知识（因子分析）		0.008*** (0.003)		-0.013*** (0.004)		1.104*** (0.422)		-0.595*** (0.251)
金融知识（得分加总）	0.009** (0.004)		-0.011*** (0.005)		1.651*** (0.504)		-0.584** (0.296)	
户主为男性	-0.006 (0.009)	-0.006 (0.009)	-0.010 (0.013)	-0.010 (0.013)	-1.906 (1.200)	-1.896 (1.200)	-0.650 (0.720)	-0.653 (0.720)
年龄	0.003* (0.002)	0.004* (0.002)	0.006** (0.002)	0.006** (0.002)	0.679** (0.267)	0.684** (0.266)	0.537*** (0.145)	0.537*** (0.145)
年龄平方	-0.000** (0.000)	-0.000** (0.000)	-0.000*** (0.000)	-0.000*** (0.000)	-0.008*** (0.002)	-0.008*** (0.002)	-0.007*** (0.001)	-0.007*** (0.001)
受教育程度	0.010*** (0.003)	0.010*** (0.003)	-0.021*** (0.004)	-0.021*** (0.004)	-0.158 (0.424)	-0.088 (0.426)	-1.227*** (0.257)	-1.196*** (0.257)
户主已婚	0.037*** (0.012)	0.037*** (0.012)	0.007 (0.014)	0.007 (0.014)	2.771* (1.449)	2.748* (1.449)	0.787 (0.823)	0.785 (0.823)
健康水平	-0.016** (0.007)	-0.016** (0.007)	-0.078*** (0.009)	-0.078*** (0.009)	-9.592*** (0.803)	-9.499*** (0.801)	-6.481*** (0.496)	-6.435*** (0.495)
拥有自有住房	0.029 (0.019)	0.028 (0.019)	0.095*** (0.028)	0.095*** (0.028)	0.159 (2.773)	0.114 (2.771)	3.674** (1.478)	3.677** (1.480)
从事农业生产经营	0.036*** (0.007)	0.036*** (0.007)	0.068*** (0.010)	0.068*** (0.010)	1.924** (0.966)	1.892* (0.969)	2.370*** (0.573)	2.360*** (0.573)
从事工商业经营	0.049*** (0.008)	0.049*** (0.008)	0.045*** (0.012)	0.045*** (0.012)	1.575 (1.287)	1.575 (1.287)	1.838*** (0.711)	1.846*** (0.711)
风险偏好	0.033*** (0.013)	0.034*** (0.013)	0.055*** (0.018)	0.055*** (0.018)	4.319** (1.741)	4.627*** (1.727)	4.080*** (1.000)	4.238*** (0.994)

续表

	(1)	(2)	(3)	(4)	(5)	(6)	(7)	(8)
	正规信贷		非正规信贷		正规信贷总额		非正规信贷总额	
风险中立	0.022** (0.011)	0.023** (0.011)	0.024 (0.015)	0.025 (0.015)	2.344 (1.513)	2.842* (1.506)	1.294 (0.900)	1.493* (0.893)
风险厌恶	0.003 (0.009)	0.004 (0.009)	-0.003 (0.012)	-0.003 (0.012)	0.388 (1.205)	0.604 (1.202)	0.442 (0.706)	0.528 (0.705)
家中小孩人数	-0.003 (0.003)	-0.003 (0.003)	0.022*** (0.004)	0.022*** (0.004)	0.262 (0.428)	0.301 (0.427)	1.238*** (0.234)	1.243*** (0.234)
家中老人数量	-0.007* (0.004)	-0.007* (0.004)	-0.020*** (0.005)	-0.020*** (0.005)	0.368 (0.531)	0.366 (0.530)	-0.741** (0.311)	-0.747** (0.311)
家庭规模	0.006*** (0.002)	0.006*** (0.002)	0.003 (0.003)	0.003 (0.003)	0.663** (0.269)	0.676** (0.269)	0.141 (0.149)	0.143 (0.149)
Ln(家庭总资产)	0.028*** (0.003)	0.028*** (0.003)	0.019*** (0.003)	0.019*** (0.003)	1.200*** (0.318)	1.161*** (0.317)	0.455** (0.193)	0.476** (0.193)
观测值	11019							
伪 R^2	0.143	0.143	0.074	0.074				
R^2					0.036	0.035	0.038	0.038

注：同表4-6。

控制变量估计结果显示，户主年龄与信贷可得性呈倒U形关系。受教育水平越高，将有助于促进农村地区居民家庭正规信贷可得性，抑制家庭非正规信贷可得性。拥有自有住房有助于农村地区居民家庭获得非正规信贷、从事农业和工商业经营有助于家庭获得正规信贷和非正规信贷，这是因为他们有了实体抵押物。风险偏好有助于正规信贷和非正规信贷可得性。家庭总资产越多越有可能获得信贷。健康水平越差，农村地区居民家庭越可能选择正规信贷和非正规信贷，这主要是通过信贷行为缓解家庭健康风险。

（2）金融知识与农村地区居民家庭信贷总额。表4-17中的第（5）、第（6）列结果显示，金融知识对农村地区居民家庭正规信贷总额具有显著正向影响，金融知识（得分加总）边际影响为1.651，金融知识（因子分析）边际影响为1.104，在1%水平上显著。这说明金融知识水平的提高有助于农村地区居民家庭获得更多的正规信贷资源。第（7）、第（8）列给出了金融知识对非正规信贷总额的影响。结果显示金融知识对农村地区居民家庭非正规信贷总额具有显著负向影响，金融知识（得分加总）边际影响为 -0.584，金融知识（因子分析）边际影响为 -0.595，在 10% 及以上水平上显著。这说明金融知识的提高使农村地区居民家庭越不可能选择非正规渠道获取信贷资金，即使无可奈何选择了非正规信贷，也将会尽可能降低非正规信贷总额。

控制变量估计结果显示，户主年龄与正规信贷总额和非正规信贷总额呈倒 U 形关系。受教育水平越高，将有助于抑制农村地区居民家庭获取正规信贷资金。拥有自有住房、从事工商业经营有助于农村地区居民家庭获得更多非正规信贷资金，从事农业经营、风险偏好型有助于家庭获得更多正规信贷和非正规信贷资金，这是因为他们有了实体抵押物。家庭总资产越多越有可能获得信贷。健康水平越差，农村地区居民家庭越可能选择正规信贷和非正规信贷，这主要是通过信贷行为缓解家庭健康风险。

（3）内生性问题。选取同一小区除自身外其他家庭的平均金融知识水平为受访者金融知识的工具变量进行两阶段估计。表 4-18 中的第（1）~第（8）列报告了工具变量两阶段最小二乘估计第二阶段回归结果。DWH 外生性检验结果表明，基本在 1% 水平上拒绝了金融知识不存在内生性问题的假设。一阶段估计 F 值均大于 10% 偏误水平下的临界值 16.38，工具变量 t 值均在 1% 水平上显著，排除了弱工具变量问题。第二阶段回归结果显示，金融知识、其他控制变量对农村地区居民家庭信贷可得性和信贷总额的影响基本与表 4-17 一致。

表 4-18　金融知识与农村居民家庭信贷行为内生性问题

	(1)	(2)	(3)	(4)	(5)	(6)	(7)	(8)
	正规信贷		非正规信贷		正规信贷总额		非正规信贷总额	
金融知识（因子分析）		0.148*** (0.067)		-0.170*** (0.053)		2.392** (1.483)		-1.907** (0.851)

续表

	(1)	(2)	(3)	(4)	(5)	(6)	(7)	(8)
	正规信贷		非正规信贷		正规信贷总额		非正规信贷总额	
金融知识（得分加总）	0.188*** (0.075)		-0.130** (0.061)		2.992* (1.658)		-1.704* (0.961)	
观测值	11019							
一阶段估计F值	57.48***	42.95***	57.48***	42.95***	57.48***	42.95***	57.48***	42.95***
工具变量t值	35.70***	33.24***	35.70***	33.24***	35.70***	33.24***	35.70***	33.24***
DWH外生性检验	42.32*** (0.000)	39.56*** (0.000)	24.34*** (0.000)	18.42*** (0.000)	4.78** (0.0289)	4.14** (0.0420)	20.43*** (0.000)	17.24*** (0.0000)
Adj R^2	0.2528	0.2008	0.2528	0.2008	0.2528	0.2008	0.2528	0.2008

注：同表4-6。控制变量未予报告。

（4）稳健性检验。改变金融知识指标衡量方法，采用利率计算问题回答正确、通货膨胀问题回答正确、风险投资问题回答正确三个哑变量测度金融知识。表4-19中的第（1）~第（4）列结果显示，风险投资问题回答正确对提高农村地区居民正规信贷可得性具有显著正向影响，对农村地区居民提高非正规信贷可得性具有显著负向影响。通货膨胀问题回答正确、风险投资问题回答正确对提高农村地区居民正规信贷总额具有显著正向影响，通货膨胀问题回答正确对抑制农村地区居民非正规借贷总额增长具有显著正向影响。利率计算问题回答正确对提高农村地区居民信贷行为无显著影响。

利用受访者对经济金融等方面信息的关注度作为金融知识的代理变量进行稳健性检验。从第（5）~第（8）列中的估计结果可以看出，金融知识代理变量边际效应均显著，且都在10%以上水平显著。因此，基本可以说明受访者对经济金融等方面信息越关注，农村地区居民家庭越可能从正规金融机构获得正规信贷和更多信贷资金，越不可能从非正规金融机构获得非正规信贷资源和更多的信贷资金。通过以上两种稳健性检验结果表明估计结果是稳健和可靠的。

表4-19 金融知识与农村居民家庭信贷行为稳健性检验

	(1)	(2)	(3)	(4)	(5)	(6)	(7)	(8)
	正规信贷	非正规信贷	正规信贷总额	非正规信贷总额	正规信贷	非正规信贷	正规信贷总额	非正规信贷总额
利率计算问题回答正确	-0.004 (0.007)	-0.006 (0.011)	-0.410 (1.085)	-0.305 (0.629)				
通货膨胀问题回答正确	0.012 (0.007)	-0.028*** (0.011)	2.837*** (1.062)	-1.270** (0.632)				
风险投资问题回答正确	0.016*** (0.006)	0.002 (0.009)	2.367*** (0.885)	0.793 (0.524)				
代理变量					0.020** (0.009)	-0.035*** (0.013)	1.383*** (0.306)	-2.382*** (0.751)
观测值	11019	11019	11019	11019	10989	10989	10989	10989
伪R^2	0.143	0.074	0.036	0.038	0.142	0.075	0.035	0.038

注：同表4-6。控制变量未予报告。

5. 金融知识与农村居民新农保参与行为

2018年，我国65岁及以上人口比重达到11.9%，人口老龄化程度持续加深。如何解决人口老龄化背景下的社会养老问题，特别是更为严峻和紧迫的农村养老问题，实现农村居民"老有所养"成为政府和学术界讨论的热点话题。国务院于2009年9月在全国首批320个县启动新型农村社会养老保险试点工作（以下简称新农保），2010年新农保试点县增加到838个县，试点覆盖率为24%，参保人数为1.43亿人，4243万人开始领取新农保（试点：2863万人）；2011年试点县增加到2343个县，覆盖率为60%，参保人数迅速增长到3.58亿人；2012年底试点县增加到2853个县，参保人数增加到4.6亿人。从2014年开始，国务院整合新农保和城镇居民养老保险制度，建立了统一的城乡居民基本养老保险制度，到2016年底新农保参保率已达92%。但是，在实际缴纳过程中大部分居民往往选择100~500元五个档次中的最低标准100元。鉴于新农保缴纳的数额及档次越高，未来获取的政府相应补贴也越多，农村居民应参与新农保并缴纳较高的档次。但是大部分农村居民却没有做出这样的最优选择。那么，是什么原因阻碍了农村居民参与新农保，抑制了他们缴纳更高档次的新农保呢？常芳等（2014）从个体、家庭、社区和县级4个水平综合分析了影响新农保参与行为的因素；黄宏伟等（2012）认为收入水平越高的家庭，新农保参与概率越低，但家庭经济条件好的更倾向于缴纳更高费用；家庭养老负担和教育支出压力成为制约新农保参与和缴纳金额的重要原因。这些因素能在一定程度上解释农村居民新农保参与率低、缴纳金额低的原因，同时也是制约新农保参与行为的重要客观因素。此外，农村居民在新农保参与及缴纳金额决策时往往会对其进行成本收益分析，然后再根据自身情况计算选择最优缴纳档次等问题。这种决策需要依赖个体自身客观金融知识水平，金融知识可能是影响农村居民参与新农保及其缴纳金额的重要因素。基于此，本节探讨金融知识是否能够影响当期和长期农村居民新农保参与行为及其行为变化？

近年来，学者研究新农保主要集中于新农保参与行为的影响因素和评估新农保政策实施后的影响效果。在新农保参与行为的影响因素方面，子女数量、家庭是否供养老人、年龄、受教育程度（常芳等，2014）、性别、健康状况、地理位置、家庭收入水平、成员结构（黄宏伟等，2012）、村域社会资本、政策认知与评价等个体特征、家庭特征、社区等层面都会影响新农保参与行为。研究发现子女数量，特别是男孩数量与新农保参与意愿呈负相关；家庭供养老人与新农保参与呈正相关；年龄与新农保参与呈倒U形关系，年龄在16~39岁新农保参概率较低，在40~59岁新农保参与概率较高；家庭抚养比和参保行为间有负相关关系；家庭收入水平越高，新农保参与概率越低，而收入水平高的家庭倾向于支付更高的缴纳金额，家庭养老负担和教育支出压力也会制约新农村参与概率和缴纳金额。

还有研究集中于新农保政策实施后的影响效果。陈华帅和曾毅（2013）利用固定面板效应模型和PSMDD等方法研究发现，新农保增进了老人福利水平，减轻了子女的养老负担，对家庭代际经济支持具有显著的"挤出效应"。张川川等（2014）采用双重差分（DD）和断点回归（RD）评估了新农保政策效果，研究表明新农保在提高老年人收入水平和主观福利,促进家庭消费,减少贫困发生率和老年人劳动供给,降低老年人与子女转移支付依赖程度,提升农村居民创业活动都具有显著影响。而张川川(2015)研究表明新农保对农村总消费及耐用品消费增长有正向作用,但不显著;新农保政策对农村老年人劳动供给决策、劳动供给时间和抑郁指数无显著影响,他们将其归因于当时新农保养老金水平较低。张晔等(2016)研究发现,新农保政策显著降低了农村居民对家庭养老的依赖和农村地区出生人口性别比,提高了参保老人的养老质量。李江一和李涵(2017)采用断点回归也证实了新农保显著降低了老年人的农业劳动参与率,而这一传导机制是通过收入效应,新农保养老金是老年人退出劳动力市场的催化剂。岳爱等(2013)研究发现新农保提高了家庭日常费用支出,降低家庭预防性储蓄,进一步,马光荣和周广肃(2014)研究发现,对于60岁以下的参保居民,新农保并不能显著降低其储蓄率,而对于60岁以上参保居民,新农保显著降低居民储蓄率,促进了居民消费。沈冰清和郭忠兴(2018)研究发现,新农保制度对于改善低收入家庭脆弱性具有显著正向影响,新农保使处于缴费阶段的低收入家庭更加脆弱,但能降低领取阶段低收入家庭的脆弱性,其贡献率在14%~21%。国外学者利用不同国家数据进行研究也发现,社会养老保险对劳动力供给、家庭储蓄率、家庭结构、转移支付、贫困发生率和家庭福利水平等方面的社会经济变量都会产生显著的影响。

以上文献已认识到新农保参与行为受多方面响因素影响,但这些讨论主要集中于家庭层面和社会层面,事实上,农村居民在做出新农保参与行为决策时,会去了解和搜寻相关信息,并进行筛选、处理和分析,从而优化自身的经济决策。这一过程则要求个体需要具备一定的金融知识。然而新农保参与行为背后更为深层次的影响因素如金融知识还未得到高度关注。新农保参与行为作为一种金融行为,可能与金融知识密切相关,对此未有文献进行相关研究。

本书研究从当期、长期和动态三方面综合考虑了金融知识对新农保参与行为的影响,弥补了现有文献只关注金融知识对当期金融行为的影响的不足(尹志超等,2015;Lusardi et al.,2017)。基于国内微观截面数据,从金融知识视角研究农村居民新农保参与行为,有助于确定新农保等金融产品及金融服务的选择障碍,为以新农保为代表的金融产品在农村地区普及率低的问题提供解释,为农村居民提升金融知识水平,促进其新农保参与和缴纳提供经验证据。

(1)金融知识对新农保参与行为的当期、长期和动态影响。表4-20报告了金融知识对新农保参与行为的当期、长期和动态影响的基本回归结果。从中可以看出,金融知识对新农保参与的当期边际影响为0.020,在1%水平上显著,表明金融知识越高的农村家庭,其当期参与新农保的可能性越大。金融知识对新农保参与的当期边际影响为0.017,在1%水平上显著,表明金融知识水平越高,会增加家庭长期参与新农保的概率;金融知识对新农保参与变化的边际影响为0.012,在10%水平上显著,说明金融知识有助于新农保参与行为的改善。金融知识对当期新农保缴纳金额的估计系数为0.107,在1%水平上显著,说明金融知识显著促进了当期新农保缴纳金额支出。金融知识对长期新农保缴纳金额的估计系数为0.088,在1%水平上显著,说明金融知识对新农保缴纳金额支出具有显著的长期影响。虽然金融知识对新农保缴纳金额变化的估计系数为22.933,但在统计上不显著。以上结果表明,农村家庭新农保参与行为在一定程度上受到个人金融知识方面的约束,金融知识是农村家庭新农保参与行为的重要决定因素。金融知识的提高显著影响当期和长期家庭新农保参与和新农保缴纳金额支出,同时对改善新农保参与也具有显著的正向影响,但对新农保缴纳金额变化无显著影响。金融知识对新农保缴纳金额变化影响不显著的可能原因在于,高金融知识的农村居民尽管会选择一个较高的缴纳金额,低金融知识的居民会选择一个较低的缴纳金额,但在两次新农保金额缴纳期间,农村居民的金融知识并未显著增加,因而导致高金融知识与低金融知识的农村居民在缴纳新农保金额变化上无差异。

除金融知识解释变量外,其他控制变量如户主年龄对新农保参与的当期和长期影响是倒U形的,表明随着户主年龄的增加,家庭参与新农保的

第四章 金融知识、金融行为与农民收入

概率呈先上升后下降的趋势。户主性别对当期新农保参与没有显著影响，这与常芳等（2016）所得到的实证结果基本一致。家庭规模、家庭小孩数量和家庭总资产对当期新农保参与具有显著正向影响。在新农保缴纳金额方面，户主为男性的系数为 -0.119，在 5% 水平上显著；户主年龄对当期新农保缴纳金额支出的影响也是呈倒 U 形；受教育程度、家庭总收入和家庭总资产的系数为正且在 1% 水平上显著，说明受教育水平越高，家庭总收入和总资产越高均会增加家庭当期新农保缴费金额。受访者的风险偏好对新农保参与行为没有显著的当期、长期和动态影响，表明受访者的风险态度对家庭新农保参与行为没有显著的促进或抑制作用。

表 4-20　金融知识对新农保参与的影响

	（1）	（2）	（3）	（4）	（5）	（6）
	当期		长期		动态	
	参与	缴纳金额	参与	缴纳金额	参与变化	缴纳金额变化
金融知识	0.020*** (0.005)	0.107*** (0.026)	0.017*** (0.005)	0.088*** (0.028)	0.012* (0.007)	22.933 (18.508)
户主为男性	-0.010 (0.016)	-0.119** (0.053)	0.072*** (0.017)	-0.105* (0.057)	-0.048** (0.021)	10.160 (25.666)
户主年龄	0.030*** (0.003)	0.023** (0.009)	0.019*** (0.003)	-0.005 (0.010)	-0.022*** (0.006)	9.754** (4.383)
户主年龄平方	-0.000*** (0.000)	-0.000*** (0.000)	-0.000*** (0.000)	-0.000 (0.000)	0.000*** (0.000)	-0.092* (0.055)
受教育程度	-0.023*** (0.005)	0.135*** (0.021)	-0.020*** (0.006)	0.191*** (0.023)	-0.013* (0.007)	-22.103 (28.847)
户主已婚	0.026 (0.017)	0.143*** (0.047)	0.014 (0.019)	0.027 (0.055)	-0.016 (0.026)	-3.891 (11.738)
健康状况	-0.016 (0.012)	0.056 (0.035)	-0.019 (0.013)	0.016 (0.036)	-0.004 (0.015)	9.629 (17.171)
风险偏好	0.025 (0.022)	0.024 (0.081)	0.027 (0.023)	-0.045 (0.082)	0.017 (0.024)	-103.583 (80.587)

续表

	(1)	(2)	(3)	(4)	(5)	(6)
	当期		长期		动态	
	参与	缴纳金额	参与	缴纳金额	参与变化	缴纳金额变化
风险厌恶	-0.009 (0.014)	0.022 (0.051)	0.008 (0.014)	-0.001 (0.055)	-0.007 (0.017)	-105.507 (87.697)
家庭规模	0.013*** (0.003)	0.007 (0.011)	0.005 (0.003)	-0.019* (0.011)	0.002 (0.004)	-1.402 (2.238)
家庭小孩数量	0.013** (0.006)	-0.111*** (0.016)	0.003 (0.006)	-0.093*** (0.017)	0.003 (0.007)	-1.675 (12.444)
家庭老年人数量	0.000 (0.007)	-0.165*** (0.024)	0.036*** (0.007)	-0.206*** (0.024)	-0.011 (0.009)	-19.369 (15.181)
家庭总收入自然对数	-0.010*** (0.004)	0.090*** (0.013)	-0.016*** (0.004)	0.084*** (0.014)	-0.004 (0.005)	13.543 (22.424)
家庭总资产自然对数	0.009*** (0.003)	0.029*** (0.011)	-0.005 (0.003)	0.038*** (0.010)	-0.001 (0.004)	-2.677 (5.580)
观测值	9169	9169	7857	7857	3648	3648
伪 R^2	0.033		0.034		0.011	
R^2		0.092		0.099		0.005

注：*、**、*** 分别表示在10%、5%和1%的水平上显著，括号内为聚类异方差稳健的标准差，表中报告的 Probit 和有序 Probit 模型估计的边际效应（Marginal Effect），所有的估计均控制了省级虚拟变量。OLS 模型的常数项省略。

（2）内生性问题。考虑可能因遗漏变量和反向因果关系等而导致内生性问题。一方面，金融知识本身在一定程度上可能受到新农保参与行为的影响。有些参与新农保的群体可能未必拥有一定的金融知识，但随着持续不断的参与和缴纳新农保费用，自身的计算能力可能会得到一定的提高，对经济、金融知识的积累不断加深，对金融产品等的了解和认识不断深入，同时通过自身在参与过程中的不断学习，相关金融知识可能已经较为丰富，这种反向因果关系则会导致我们高估金融知识对新农保参与行为的影响。另一方面，可能由于遗漏某些无法观测的外生因素，如当地的风俗习惯、人文环境、文化等，这些无法观测的因素导致估计结果是有偏误的。因此,金融知识与新农保参与行为之间的反向因果关系可能存在于当期和动态影响中,需要进一步解决金融知识的内生性问题。参照尹志超等的做法,选取居住在同一村庄(社区)除自身外其他人的平均金融知识水平作为受访者金融知识的工具变量,采用工具变量法进行两阶段估计。受访者可以通过与其他人交往学习和积累一定的金融知识,而其他人的金融知识水平相对于受访者是外生的,是不受受访者所控制的,村庄(社区)平均金融知识相对于受访者的新农保参与行为也是严格外生的,两者之间没有直接相关性。因此,用同一村庄(社区)除自身外其他人的平均金融知识水平作为受访者金融知识的工具变量是合适的。

表4-21报告了两阶段估计的结果,从中可以发现控制内生性问题后,金融知识对新农保参与行为的影响依然成立,不存在显著差异。金融知识对新农保参与依然具有显著正向影响,且在1%水平上显著;金融知识仍与新农保缴费支出显著正相关,且在1%水平上显著。这进一步表明金融知识是新农保参与行为的重要影响因素。第一阶段回归结果显示,一阶段工具变量F值,超过F值等于10的经验值,工具变量与内生解释变量具有显著正向关联,均在1%水平上显著,表明工具变量满足本书的相关性假设,也满足排他性约束假设,工具变量只通过金融知识水平影响受访者新农保参与行为,而非经过其他解释变量或无法观测的变量影响被解释变量,本书所选取的工具变量不存在弱工具变量问题。DWH检验显示p值为0.000,这一结果也表明不存在弱工具变量问题,拒绝了金融知识不存在内生性的原假设。

(3)稳健性检验。为检验前文结论的稳健性,接下来需要对上文估计结果进行稳健性检验。使用金融知识各分项问题回答结果做稳健性检验。受访者对每个问题回答结果所表现出的金融知识是不同的,因此对家庭新农保参与行为的影响也是不同的。选取受访者利率计算问题回答正确、通货膨胀问题回答正确和风险投资问题回答正确三个哑变量考察其对新农保参与行为的影响,稳健性检验结果如表4-22所示。从中可以发现,估计结果基本与基准回归结果一致。

表4-21　金融知识与新农保参与行为内生性检验

	（1）	（2）	（3）	（4）
	当期		动态	
	参与	缴纳金额	参与变化	缴纳金额变化
第二阶段回归结果：				
金融知识	0.315***	0.409***	0.125**	64.779
	（0.042）	（0.085）	（0.060）	（59.702）
观测值	9169	9169	3648	3648
伪 R^2	0.030		0.004	
R^2		0.089		0.003
第一阶段回归结果：				
工具变量 t 值	32.99***	32.99***	34.48***	40.05***
一阶段工具变量 F 值	284.51***	284.51***	104.74***	148.14***
DWH 值（p-value）	44.16	73.42	41.23	32.74
	（0.000）	（0.000）	（0.0009）	（0.0122）

注：同表4-20。控制变量回归结果未予报告。

表4-22　金融知识与新农保参与行为稳健性检验

	（1）	（2）	（3）	（4）	（5）	（6）
	当期		长期		动态	
	参与 Probit	缴纳金额 OLS	参与 Probit	缴纳金额 OLS	参与变化 OProbit	缴纳金额变化 OLS
利率计算问题回答正确	0.023*	0.132***	0.033**	0.149***	0.022**	35.440
	（0.013）	（0.051）	（0.013）	（0.053）	（0.011）	（25.405）
通货膨胀问题回答正确	0.003	0.146*	0.031	-0.123	-0.020	0.897
	（0.020）	（0.074）	（0.021）	（0.077）	（0.022）	（15.113）
风险投资问题回答正确	0.037***	0.179***	0.034***	0.119***	0.022**	26.260
	（0.011）	（0.042）	（0.012）	（0.043）	（0.013）	（22.877）
观测值	9169	9169	7857	7857	3648	3648
伪 R^2	0.033		0.035		0.035	
R^2		0.094		0.100		0.011

注：同表4-20。控制变量回归结果未予报告。

另外，考虑从事金融行业的受访者的金融知识往往比较丰富，他们对于经济、金融方面的基础知识接触和了解较多，特别是对于新农保等相关政策的认识度较深。因此需剔除家中有从事金融行业的样本进行估计。结果发现，金融知识对新农保行为的当期、长期和动态影响基本与表4-20一致，除金融知识的边际效应略有下降，但其结果依然显著（未予报告）。通过以上稳健性检验可以得知，估计结果是稳健的。高金融知识有助于提高家庭当期和长期新农保参与的积极性和新农保缴费档次，同时会改善新农保参与行为。

6. 金融知识与农村居民家庭创业行为

在"大众创业，万众创新"政策引导下，全民创业热情激情澎湃，全国创业氛围愈加浓烈，政策影响力凸显。然而，许多创业者选择创业可能出自于盲目跟风，他们不清楚自己创业的动机在哪里？同时，农村地区特别是农村欠发达地区家庭创业率还处于较低水平。为了提高农村地区居民创业率和创业动机，政府也颁布了一系列金融扶持政策支持、鼓励农村居民创业，为居民创新创业营造一个好的金融环境，从而有效缓解或消除居民创业过程中可能面临的金融约束问题。然而，创业对于受教育水平较低的农村居民来说是一个非常复杂的工程，创业者需要了解各行业的发展情况，寻找创业机会，整合创业资源，开展运营管理，进行技术创新，可以说在创业的每一个环节都考验着创业者的综合分析、信息处理和风险防范能力。那么，这就要求农户应该具备一定的金融知识。只有具备了一定水平的金融知识，创业者才能够有效利用资源、控制风险，做出理性的创业决策，实现家庭财富积累。在第三章中已证实金融知识对全样本居民家庭创业行为的作用，对农村地区居民是否也有效呢？下面将探讨金融知识对农村地区居民家庭创业行为的当期、长期和行为改变的影响。

（1）金融知识对农村居民家庭创业行为的当期影响。表4-23报告了金融知识对农村地区家庭创业选择的当期影响估计结果。第（1）、第（3）列结果显示，金融知识对农村地区家庭创业选择的边际影响分别为0.041和0.032，在1%水平上显著，说明金融知识显著正向影响农村地区家庭当期创业选择,并且当金融知识每提高1个标准差,农村地区家庭创业选择的概率将提升4.1%和3.2%。第(2)、第(4)列结果显示,控制其他控制变量情况下金融知识(因子分析)的边际影响为0.005,金融知识(得分加总)的边际影响为0.006,在10%水平上显著,表明金融知识水平的提高能够显著提高农村地区居民家庭创业选择的可能性。这说明金融知识是制约家庭创业选择的重要决定因素。

考虑金融知识可能存在内生性问题,取同一小区除自身外其他家庭的平均金融知识水平作为受访者金融知识的工具变量进行两阶段估计。表4-23中的第(5)、第(6)列报告了两阶段最小二乘估计第二阶段回归结果。DWH外生性检验结果表明不存在弱工具变量问题,且在10%水平上拒绝了金融知识不存在内生性问题的假设。另外,一阶段估计F值为57.56和43.05,该值大于10%偏误水平下的临界值,工具变量t值为35.84和33.41。这表明两阶段估计结果与基本回归结果存在显著差异。第二阶段回归结果显示,金融知识的边际影响为0.124和0.076,在10%

表4-23 金融知识对农村居民家庭创业选择的当期影响结果

	(1)	(2)	(3)	(4)	(5)	(6)
金融知识(因子分析)			0.032*** (0.003)	0.005* (0.003)		0.076* (0.045)
金融知识(得分加总)	0.041*** (0.003)	0.006* (0.004)			0.124* (0.074)	
控制变量	不控制	不控制	不控制	控制	控制	控制
观测值	11051	11050	11051	11051	11051	11051
伪R^2	0.048	0.196	0.045	0.196		
DWH外生性检验					4.82** (0.0281)	3.35* (0.0517)
工具变量t值					35.84***	33.41***
一阶段估计F值					57.56*** (0.000)	43.05*** (0.000)

注:同表4-20。控制变量回归结果未予报告。

水平上显著。这进一步表明较高金融知识将有助于提高农村地区家庭创业选择的概率。

表4-24报告了金融知识对农村居民家庭创业动机的当期影响估计结果。第（1）、第（3）列结果显示，只考虑金融知识变量时，金融知识（得分加总）和金融知识（因子分析）的边际效应影响分别为0.026和0.024，在10%水平上显著。第（2）、第（4）列结果显示，同时考虑了金融知识和其他控制变量时，金融知识（得分加总）和金融知识（因子分析）的边际效应影响分别为0.024和0.018，在10%水平上显著。这表明金融知识的提高同样有助于农村地区居民创业机遇的发掘，并显著提高家庭当期主动创业动机。第（5）、第（6）列在考虑到金融知识的内生性问题后，选取同一小区除自身外其他家庭的平均金融知识水平作为受访者金融知识的工具变量进行两阶段估计。DWH外生性检验结果表明金融知识对农村居民家庭创业动机的影响存在内生性，一阶段估计F值大于10%偏误水平下的临界值，工具变量t值均在1%水平显著。这表明两阶段估计结果与基本回归结果存在显著差异。两阶段估计结果表明金融知识能够显著促进农村居民家庭当期主动创业。

以上结果表明，金融知识水平的提高能够显著提高当期农村居民家庭创业选择和主动创业的概率，从而使家庭更容易成为主动创业者，这一结果与尹志超等（2015）研究一致。

表4-24　金融知识对农村居民家庭创业动机的当期影响

	（1）	（2）	（3）	（4）	（5）	（6）
金融知识（因子分析）			0.024* (0.013)	0.018* (0.010)		0.101** (0.049)
金融知识（得分加总）	0.026* (0.015)	0.024* (0.013)			0.076** (0.032)	
控制变量	不控制	控制	不控制	控制	控制	控制
观测值	1197	1197	1197	1197	1197	1197

续表

	(1)	(2)	(3)	(4)	(5)	(6)
伪 R^2	0.048	0.083	0.049	0.083		
DWH 外生性检验					7.24*** (0.0083)	8.23*** (0.0061)
工具变量 t 值					5.21*** (0.000)	4.77*** (0.000)
一阶段估计 F 值					11.06***	10.21***

注：同表 4-20。控制变量回归结果未予报告。

（2）金融知识对农村居民家庭创业行为的长期影响。表 4-25 报告了金融知识对农村居民家庭创业行为的长期影响。从第（1）、第（3）、第（5）、第（7）列估计结果可以看出金融知识显著提高了农村居民家庭创业选择概率和主动创业动机。金融知识（得分加总）对家庭创业选择和创业动机的边际影响分别为 0.033 和 0.012，金融知识（因子分析）对家庭创业选择和创业动机的边际影响分别为 0.027 和 0.014，都在 5% 及以上水平上显著。其他列结果中加入了所有控制变量，模型拟合度 Pseudo R^2 得到了显著提高，同时金融知识对农村居民家庭创业行为影响仍然显著，金

表 4-25　金融知识对农村居民家庭创业行为的长期影响

	(1)	(2)	(3)	(4)	(5)	(6)	(7)	(8)
	家庭创业决策				家庭创业动机			
金融知识（因子分析）			0.027** (0.003)	0.007* (0.003)			0.014** (0.008)	0.012* (0.008)
金融知识（得分加总）	0.033** (0.004)	0.007* (0.004)			0.012** (0.006)	0.008* (0.004)		
控制变量	不控制	控制	不控制	控制	不控制	控制	不控制	控制
观测值	9531	9531	9531	9531	725	708	725	708
伪 R^2	0.045	0.124	0.044	0.124	0.035	0.085	0.038	0.088

注：同表 4-20。控制变量回归结果未予报告。

融知识（得分加总）对农村居民家庭创业选择和创业动机的边际影响分别为 0.007 和 0.008，金融知识（因子分析）对农村居民家庭创业选择和创业动机的边际影响分别为 0.007 和 0.012，都在 10% 及以上水平上显著，只是金融知识边际效应系数有所变化。这表明金融知识水平的增强有助于长期提高农村居民家庭创业选择和主动创业动机的概率。

（3）金融知识对农村居民家庭创业行为的动态影响。表 4-26 报告了利用有序 Probit 模型估计金融知识对农村家庭创业行为的改善效果。第（1）、第（3）列表示单一金融知识对农村居民家庭创业选择和创业动机的改善效果，从中可以看出，金融知识能够显著改善农村居民家庭创业选择行为和主动创业动机，即金融知识的提高能够推动农村居民家庭创业行为向好的方向发展。第（2）、第（4）列将所有控制变量加入回归模型中，结果显示金融知识仍然对农村居民家庭创业行为具有显著正向改善作用，且在 10% 水平上显著。

表 4-26　金融知识对农村居民家庭创业行为的动态影响

	(1)	(2)	(3)	(4)	(5)	(6)
家庭创业决策变化						
金融知识 （因子分析）			0.005** (0.002)	0.003* (0.002)		0.088** (0.030)
金融知识 （得分加总）	0.004* (0.002)	0.003* (0.002)			0.063* (0.030)	
控制变量	不控制	控制	不控制	控制	控制	控制
观测值	9583	9583	9583	9583	9583	9583
伪 R^2	0.011	0.025	0.011	0.025		
一阶段 估计 F 值					46.92*** (0.000)	35.47*** (0.000)
DWH 外 生性检验					6.13*** (0.0216)	10.09*** (0.0059)
工具变量 t 值					32.35***	30.16***

续表

	(1)	(2)	(3)	(4)	(5)	(6)
			家庭创业动机变化			
金融知识（因子分析）			0.008* (0.005)	0.009** (0.005)		0.451* (0.245)
金融知识（得分加总）	0.008* (0.005)	0.003* (0.002)			0.567* (0.290)	
控制变量	不控制	控制	不控制	控制	控制	控制
观测值	513	513	513	513	503	503
伪 R^2	0.080	0.122	0.081	0.122		
一阶段估计F值					2.85*** (0.000)	2.06** (0.000)
DWH外生性检验					2.20* (0.0732)	2.45** (0.05037)
工具变量t值					6.33***	6.04***

注：同表4-20。控制变量回归结果未予报告。

考虑金融知识的内生性问题，选取同一小区除自身外其他家庭的平均金融知识水平作为受访者金融知识的工具变量进行两阶段估计，结果分别列示在第（5）、第（6）列。DWH外生性检验结果表明金融知识对农村居民家庭创业动机改善效果存在内生性，一阶段估计F值大于10%偏误水平下的临界值，工具变量t值均在1%水平显著。这表明两阶段估计结果与基本回归结果存在显著差异，两阶段估计结果表明金融知识能够显著改善农村居民家庭创业行为。以上结果表明，金融知识水平的提高有助于显著正向改善农村居民家庭创业行为，推动农村居民家庭向创业决策和主动创业方向发展。

（4）稳健性检验。表4-27中的第（1）、第（2）列报告了加入利率计算问题是否回答正确、通货膨胀问题是否回答正确、风险投资问题是否回答正确三个哑变量来衡量金融知识，从中可以发现，利率计算问题和通货膨胀问题回答正确对当期农村居民家庭创业行为无显著影响，风险投资问题回答正确可以显著提高当期农村居民家庭创业选择和主动创业动机的概率。这表明农村地区金融知识的普及也应该具备一定的针对性和普适性。第（3）、第（4）列是采用金融知识代理变量进行稳健性估计的结果。从中可以看出，对经济金融方面信息越关注，农村居民家庭当期创业选择和主动创业动机的概率也越高。以上结果表明，金融知识的增加会提高当期农村居民家庭创业选择和主动创业动机的可能性。

表4-27 金融知识与农村居民家庭创业行为稳健性检验—当期影响

	（1）家庭创业决策	（2）家庭创业动机	（3）家庭创业决策	（4）家庭创业动机
利率计算问题回答正确	0.005 (0.007)	-0.004 (0.031)		
通货膨胀问题回答正确	0.002 (0.008)	0.000 (0.035)		
风险投资问题回答正确	0.010* (0.006)	0.014* (0.008)		
金融知识代理变量			0.016** (0.009)	0.086** (0.041)
观测值	11050	1191	11020	1188
伪R^2	0.196	0.083	0.195	0.086

注：同表4-20。控制变量回归结果未予报告。

表4-28报告了金融知识对农村居民家庭创业行为长期影响的稳健性检验结果。从第（1）、第（2）列结果可以看出，风险投资问题回答正确能够显著长期推动农村居民家庭创业活动和促进家庭主动创业动机。第（3）、第（4）列使用金融知识代理变量的估计结果显示，对经济金融方面信息越关注，越能够对农村居民家庭创业活动和主动创业动机产生长期正向影响。以上结果表明，金融知识的增加能够长期推动农村居民家庭创业活动和家庭主动创业动机。

表4-28　金融知识与农村居民家庭创业行为稳健性检验—长期影响

	（1）家庭创业决策	（2）家庭创业动机	（3）家庭创业决策	（4）家庭创业动机
利率计算问题回答正确	0.010 (0.007)	0.004 (0.025)		
通货膨胀问题回答正确	-0.001 (0.008)	0.011 (0.026)		
风险投资问题回答正确	0.013* (0.007)	0.021*** (0.009)		
金融知识代理变量			0.008** (0.004)	0.010*** (0.003)
观测值	9531	708	9504	706
伪 R^2	0.124	0.087	0.123	0.087

注：同表4-20。控制变量回归结果未予报告。

表4-29报告了金融知识对农村居民家庭创业行为动态影响的稳健性检验结果。从第（1）、第（2）列结果可以看出，利率计算问题回答正确能够显著改善农村居民家庭主动创业动机，而风险投资问题回答正确能够显著改善农村居民家庭创业活动和家庭主动创业动机。第（3）、第（4）列使用金融知识代理变量的估计结果显示，对经济金融方面信息越关注，越能够对农村居民家庭创业活动和主动创业动机产生显著的正向改善效果。以上结果表明，金融知识的增加显著改善农村居民家庭创业活动和家庭主动创业动机。

表4-29　金融知识与农村居民家庭创业行为稳健性检验—动态影响

	（1）家庭创业决策	（2）家庭创业动机	（3）家庭创业决策	（4）家庭创业动机
利率计算问题回答正确	-0.002 (0.005)	0.019* (0.012)		
通货膨胀问题回答正确	0.004 (0.006)	0.007 (0.014)		

续表

	（1）	（2）	（3）	（4）
	家庭创业决策	家庭创业动机	家庭创业决策	家庭创业动机
风险投资问题回答正确	0.011** (0.004)	0.016* (0.010)		
金融知识代理变量			0.012* (0.006)	0.0012* (0.007)
观测值	9583	513	2223	9556
伪 R^2	0.025	0.123	0.048	0.025

注：同表 4-20。控制变量回归结果未予报告。

综上，金融知识不仅能够对当期和长期农村居民家庭创业活动和创业动机产生显著的正向影响，还能够显著改善农村居民家庭创业行为，且这一结果稳健。

（三）研究结论与政策建议

金融知识能够显著增加农村居民家庭制订养老计划的可能性，对拥有公务员社会保障和城镇职工社会保障的农村居民家庭更为明显。同时，金融知识还有助于农村居民家庭养老方式选择多样化，金融知识水平的提高能够显著增加农村居民家庭对"自己储蓄、投资"，"商业养老保险"两类养老方式的选择。如何有效缓解我国农村地区面临严重的人口老龄化问题是青年人需要考虑和面对的现实问题。政府及相关部门应积极鼓励和倡导青年人尽早主动制订完善的养老计划和选择合理养老方式来降低未来不确定风险对老年生活幸福感的损失。加强农村地区金融知识教育培训以提高我国农村居民整体金融素养水平，鼓励家庭将"自己储蓄、投资"，"社会养老保险"，"离退休工资"，"商业养老保险"等养老方式有机组合，积极尝试新型养老模型，从而提高老年生活幸福感。

提高金融知识水平能够显著增加农村地区居民家庭参与股票市场和风险金融市场的概率，同样也使农村地区居民家庭增加在风险金融资产尤其是股票资产上的配置比重。考虑金融知识内生性问题采用两阶段工具变量法进行内生性处理后，该结论依然成立。金融知识也是影响农村地区家庭金融市场参与和风险金融资产选择的重要因素。政府应加强农村地区居民金融知识教育培训特别是农村地区，努力提高我国农村地区居民整体金融知识水平，进而推动家庭参与金融市场，增加风险金融资产投资比重。同时，政府还应进一步制定相关法律法规优化我国农村地区金融市场环境，降低进入金融市场门槛，完善金融市场体制机制，缩小城乡差距，推动我国农村金融市场健康稳定繁荣发展。

金融知识水平的提高对农村地区居民家庭股票投资组合多样性也具有显著的正向影响，金融知识越高，农村地区居民家庭越倾向于持有更多只股票。金融知识对农村地区居民家庭风险金融资产投资组合多样性也存在显著正向影响，较高金融知识水平的农村地区居民家庭，将会持有更多种类的风险金融资产，同时会注重优化各类风险金融资产的配置比例。金融知识对城镇家庭和农村家庭金融资产投资组合多样性存在异质性影响。家庭总资产与家庭金融资产越多，投资者越倾向持有更多种类风险金融资产，投资行为表现更为稳健。因此，当务之急应着力开展农村地区金融知识教育培训，努力提高农村居民整体金融知识水平。同时，正确引导农村地区投资者理性参与金融市场，树立正确投资观念，制订科学的理财规划，合理配置家庭金融资产，规避金融市场风险，进而实现家庭资产保值增值。完善我国农村地区金融市场体制机制，严厉打击农村地区非法集资、放高利贷等金融活动，为营造良好的金融市场投资环境共同努力。

金融知识水平的提高有助于提高农村地区居民家庭正规信贷可得性，有助于降低农村地区居民家庭非正规信贷可能性。进一步研究发现金融知识水平的提高还有助于农村地区居民家庭从正规金融机构获得更多正规信贷资金，降低农村地区居民家庭从非正规金融机构获取非正规信贷的可能性及信贷资金。金融知识也是影响农村地区居民家庭信贷行为的重要决定因素，研究结果为政策当局制定相关政策提供了经验证据，对缓解农村地区信贷约束问题具有一定的现实意义。

金融知识有助于推动农村居民当期和长期参与新农保，促进参保居民当期和长期选择更高新农保缴费档次，并改善居民新农保参与行为。具体而言，金融知识的提高对改善居民新农保参与行为、增加居民当期和长期新农保参与积极性和提升居民缴费档次具有显著正向影响，但对新农保缴纳金额变化却无显著影响。新农保政策作为农民一项重要的养老保障制度，各级地方政府及金融机构应予以高度关注。①加大新农保政策在农村地区的宣传力度和广度，同时普及相关的金融知识，让农村居民能够利用所学的金融知识有效地分析新农保政策对自身带来的好处，激发对新农保的需求。②加强金融教育项目培训和金融知识宣传力度，努力提高农村居民金融知识水平，增强金融教育实施效果。考虑将金融知识教育纳入中小学义务教育体系中，金融知识教育应在中小学时期给予重视。③各级政府及金融机构应加强农村地区长期性、针对性的金融教育培训和社会保障政策专业性解读，鼓励人们积极参与金融教育项目培训，引导人们在培训中和政策解读中主动学习、主动思考、积极提问，同时将金融教育工作作为一项常态化工作，并动态监测和反馈效果，及时调整培训方案，以期全面提升居民对金融知识水平和养老保障政策的了解。④应加大对农村地区优质教育资源投入，提高农村地区整体受教育程度，促进农村居民人力资本积累，提升家庭收入水平，并以此作为改善农村地区居民新农保参与行为的根本和长效机制。

三、金融知识与农民家庭收入

中国自改革开放以来，经济迅猛增长，农民收入不断增加。根据国家统计局数据显示，截至 2015 年底全国人口规模达 13.74 亿人，其中农村人口有 6.03 亿人，占全国总人口的 43.88%，江西农村人口总数 4566 万人,农村人口占全省总人口的50.15%。2015年全国居民人均可支配收入为21966.19元,城镇居民人均可支配收入为31195元,而江西农村家庭人均可支配收入仅有11139.08元,城乡收入差距较大。

如何增加农民收入?在实践层面,近年来政府颁布了一系列政策措施,如"两减免、三补贴"等惠农政策,同时也投入了大量的物质资本、人力资本来支持三农发展,但农民家庭收入增加依然缓慢(朱德莉,2014)。在理论层面,从农村土地制度方面考虑,冒佩华和徐骥(2015)指出鼓励和推进土地经营权流转是实现农民增收的一个途径。从金融发展角度考虑,由于金融发展与农民收入有着密不可分的联系,学者积极呼吁应加快农村金融发展,特别是正规金融发展。另外,有学者从金融知识角度考虑,吴雨等(2016)研究发现,金融知识能够促进家庭资产配置,从而增加家庭收入,具备一定的金融知识是实现家庭资产合理配置的前提。但在现实中,具有较高金融知识农户的家庭资产配置并未得到改善,但家庭依然具有较高的收入。这是什么原因呢?金融知识对农民家庭收入的影响必定有另外一种途径。

学者认为,金融知识有助于家庭收入增加和财富积累,其机理在于金融知识优化了家庭资产配置。但是通过我们对调查数据的统计分析发现,农户金融知识越高,家庭收入越高,但是极少农户家庭参与金融市场特别是股票、基金等风险市场。金融知识对农户家庭收入另一影响机理会是什么呢?为此,基于2016年农村家庭问卷调查数据从江西实际情况出发,实地收集农户家庭微观数据研究金融知识对农户家庭收入的影响效果模型设定。

(一)数据来源

使用2016年江西农村家庭问卷调查数据,问卷调查采用PPS的抽样方法,共收集江西11个市(区)1590户农村家庭微观数据,调查对象主要针对农村家庭,调查收集了家庭基本情况(如人口学特征变量,家庭资产、负债、收入、支出等)、金融知识情况(如主观金融知识、客观金融知识)、家庭金融行为(如各项养老保险、医疗保险等参与情况,家庭借贷及储蓄行为)、农村金融教育情况等各方面的信息。进一步对问卷进行了信度和效度检验,信度检验结果显示,每个维度的 α 信度系数均大于 0.8,说明该量表信度较好,符合问卷调查;采用因子分析进行结构效度检验,结果显示 KMO 值大于 0.6,Bartlett 球形检验 p 值为 0,说明该问卷结构效度良好。这些数据较好的适用于本书研究金融知识和农户家庭收入的影响。

(二)模型设定

农户家庭人均收入($Income$)是排序数据,不适用 OLS 模型进行估计,采用有序 Probit 模型(Ordered Probit)估计金融知识对农户家庭收入的影响。建立以下模型:

$$Y_i(Income) = F(\beta Financail\_Literacy_i + \varphi_i X_i + u_i) \tag{4.7}$$

其中,Y_i($Income$)代表农户家庭人均收入,被划分为三个等级,分别是低等、中等和高等收入水平;$Financial\_Literacy$ 为本节关注的解释变量,即表示金融知识水平,采用主观金融知识和客观金融进行实证分析;X 代表反映户主个体及其家庭特征的控制变量;u_i 为随机误差项,假定服从标准正态分布。F(·)函数的表现形式为:

$$F(Y_i^* Income) = \begin{cases} 1 & Y_i^* < \mu_1 \\ 2 & \mu_1 < Y_i^* < \mu_2 \\ \vdots & \vdots \\ r & Y_i^* > \mu_{r-1} \end{cases} \tag{4.8}$$

其中,Y^* 是 Y 的潜在变量,$\mu_1 < \mu_2 < \cdots < \mu_{r-1}$ 为切点。同时 Y^* 满足:

$$Y_i^*(Income) = \beta Financail\_Literacy_i + \varphi_i X_i + u_i \tag{4.9}$$

(三)变量说明

1. 金融知识

在设计问卷时我们参照了中国家庭金融调查(CHFS)问卷中关于衡

量受访者金融知识的问题。从主观因素上考虑，访问受访者自身感觉金融知识如何作为受访者的主观金融知识水平。从客观因素上考虑，与以往的文献一样，提取受访者在"利率计算"、"通货膨胀问题计算"及"投资风险认知"问题上的回答情况作为衡量客观金融知识水平。

在主观金融知识上，把受访者对自身金融知识水平的感受分为四个等级（没有、一般、较好和非常好），分别对其进行赋值为1~4。从调查的结果来看，大部分农户对自身金融知识评价都比较低，43.77%的受访者认为自身没有金融知识，40.00%的受访者认为自身金融知识水平一般，认为自身金融知识较好和非常好的受访者数量分别仅占全样本的12.88%和3.40%。另外，从积累百分比来看，认为金融知识一般及没有的受访者占到样本总数的83.77%，超过样本总数的4/5（见表4-30）。

表4-30　农户主观金融知识　　　　　　　　　　　　　　　　单位:%

问题	占比	累积占比
没有（赋值为1）	43.77	43.77
一般（赋值为2）	40.00	83.77
较好（赋值为3）	12.88	96.60
非常好（赋值为4）	3.40	100.00
样本总数	100	

由表4-31可知，农户对于三个问题都回答正确的家庭有1.53%，所有家庭平均正确回答问题的个数只有0.57个，存在问题算不出来农户比例达68.68%，由此可见江西农村家庭金融知识水平普遍较低，金融知识严重缺乏。

表4-31　利率、通货膨胀和投资风险问题回答情况　　　　　　单位:%

	0	1	2	3	平均值
回答正确	45.92	40.55	12.00	1.53	0.57
回答错误	43.77	38.11	16.23	1.89	0.76
没有听说过/算不出来	31.32	28.39	27.17	13.21	1.22

关于受访者客观金融知识的衡量。首先，采用因子分析法（Rooij et al.，2011；Lusardi & Mitchell，2011）对每个问题构建了两个哑变量从理解能力和计算能力两个层次测算受访者金融知识水平，分别表示为问题是否回答正确和是否直接回答（若受访者回答没有听说过或算不出来为间接回答）。根据问卷中这三个问题六个变量采用迭代主因子法进行因子分析。表4-34中的KMO检验和SMC检验结果表明，样本数据适合做因子分析。同时进一步进行Bartlett球形检验，结果显示p值为0，说明样本数据可做因子分析，具体详细检验结果如表4-32所示。根据特征值大于1的原则，选取因子1表示金融知识，根据表4-33中因子载荷采用Bartlett球形检验（1937）的方法计算出金融知识指标，并将该指标记为金融知识（因子分析）。

表4-32 金融知识因子分析结果

因子	特征值	比重	累计
因子1	1.86349	0.7855	0.7855
因子2	0.78158	0.3294	1.1149
因子3	0.28112	0.1185	1.2334
因子4	-0.12117	-0.0511	1.1823
因子5	-0.17785	-0.0750	1.1074
因子6	-0.25470	-0.1074	1

表4-33 Bartlett球形检验

Chi-square	459.012
Degrees of freedom	15
p-value	0.00

注：若p值为0，表明变量之间不存在共线。

我们还用受访者正确回答问题个数来衡量金融知识水平（Guiso & Jappelli，2008），若受访者正确回答1题记1分，否则不计分。同时将此方法计算出的金融知识指标记为金融知识（得分加总）。从问卷调查的结果显示，仅有1.53%受访者将所有问题回答正确，大部分受访者正确回答问题的个数只有1个或没有回答正确的，样本的平均值只有0.57。

表4-34 因子分析 KMO 检验、SMC 检验及因子载荷

	KMO 检验结果	SMC 检验结果	因子载荷
利率计算问题回答正确	0.5583	0.3330	0.7823
利率计算问题算不出来	0.6547	0.3156	0.5782
通货膨胀问题回答正确	0.6121	0.2288	0.6825
通货膨胀问题算不出来	0.6228	0.4271	0.4546
风险投资问题回答正确	0.5362	0.6247	0.2979
风险投资问题算不出来	0.5518	0.6433	0.2783
全样本	0.5893		

2. 被解释变量及控制变量

选取家庭人均年收入作为家庭收入指标，也就是本部分的被解释变量。考虑农户对于家庭收入这一信息的隐蔽性，在设计问卷时避免了询问具体的收入值，而是给予5个范围选择（1000元及以下、1001~3000元、3001~5000元、5001~7000元、7001元及以上），因此我们将3000元及以下、3001~7000元和7001元及以上的收入分别赋值为1~3，分别代表低等、中等和高等收入水平。参照以往的文献，选取的控制变量主要有家庭人口学控制变量和家庭金融行为控制变量。其中，人口统计学控制变量主要包括户主特征变量（年龄、年龄的平方、性别、政治面貌、婚姻状况、受教育水平等），家庭特征变量（家庭规模、劳动力人数、家庭健康水平、户主父亲的政治面貌、老年人个数、小孩个数等）。将户主性别为男性赋值为1，女性赋值为0；已婚或同居赋值为1，否则为0；户主为中共党员赋值为1，否则为0；问卷中将受教育水平设置为初中以下、初中、高中或中专、大学（专科或本科）、研究生学历，依次赋值为1~5；户主的父亲为中共党员则赋值为1，否则赋值为0。家庭金融行为变量主要有

是否参与养老保险、医疗保险和是否有银行信贷,如果受访者回答是或有则赋值为1,否则为0。考虑到农户家庭整体的健康水平可能会影响家庭收入,构建一个家庭健康水平变量,如家庭成员中至少有一人健康状况不佳,则用0表示该家庭健康水平,否则赋值为1。在剔除样本变量存在缺漏值的样本后,最终共获得有效样本数为1590户。

表4-35 样本变量描述性统计

变量	观测值	均值	标准差	最小值	最大值
主观金融知识	1590	1.758	0.803	1	4
客观金融知识(因子分析)	1590	7.22e-17	0.572	-0.981	1.121
客观金融知识(得分加总)	1590	1.011	0.813	0	3
户主性别	1590	0.906	0.293	0	1
户主年龄	1590	45.980	9.306	15	78
户主年龄平方	1590	2200.196	869.632	225	6084
户主受教育程度	1590	2.317	0.824	1	4
已婚	1590	0.958	0.200	0	1
户主是否为党员	1590	0.136	0.343	0	1
家庭规模	1590	5.321	1.846	1	15
劳动力数量	1590	2.754	1.293	0	7
老年人个数(年龄≥60岁)	1590	1.279	1.050	0	6
小孩个数(年龄≤15岁)	1590	2.071	1.040	1	7
家庭健康水平	1590	0.589	0.493	0	1
父母是否为党员	1590	0.219	0.414	0	1
家庭年均人收入	1590	1.819	0.568	1	3
参与养老保险	1590	0.464	0.499	0	1
参与医疗保险	1590	0.625	0.484	0	1
有银行贷款	1590	0.071	0.257	0	1

从表4-35可知,样本中户主的平均年龄在46岁左右,户主的受教育程度主要处于初中水平,说明农村家庭整体受教育水平较低;58.9%农村家庭中有存在身体状况不佳成员,家庭人均年收入主要集中在3000~5000

元,也就是在中等和低等收入之间,农户家庭收入依然较低。参加过金融知识培训的农户仅占样本数据的21.9%,说明江西对农村家庭金融知识普及和教育的力度有待进一步提升。农户自身感觉金融知识还较少,因子分析法得到金融知识指标的最小值为-0.981,最大值为1.121,平均值为$7.22e-17$,标准误为0.572,不同家庭之间金融知识水平存在较为明显的差异。医疗保险参与率为62.5%,而养老保险参与率只有46.4%,说明农村养老保障水平较低。农村家庭选择正规信贷需求比例仅有7.1%,这可能是因为缺乏一定的金融知识(宋全云等,2017)。

(四) 实证结果与分析

表4-36中的第(1)~第(3)列分别采用主观金融知识、金融知识(因子分子)和金融知识(得分加总)指标对农户家庭收入进行有序Probit回归。从中可以看出,主观金融知识的边际效应为0.324,金融知识(因子分析)的边际效应为0.168,金融知识(得分加总)的边际效应为0.332,均在1%置信水平上显著,说明主观金融知识、金融知识(因子分析)、金融知识(得分加总)对家庭收入增长的可能性具有显著正影响。受访者个体可能既有主观金融知识也有客观金融知识,因此在第(4)~第(6)列同时考虑了受访者主观和客观金融知识同时具备情况下得出的估计结果。结果显示同时考虑主观金融知识和金融知识(因子分析)、主观金融知识和金融知识(得分加总)、主观金融知识和客观金融知识后,金融知识边际效应依然为正且显著,进一步说明金融知识对农户家庭收入增长具有正向推动作用。

此外,模型中还加入了其他控制变量进行估计,从第(1)~第(6)列可以看出,户主年龄、户主受教育程度、家庭规模、家庭健康水平指标的边际效应均为正,并且在1%水平上显著。经过测算户主年龄在41.3岁时家庭收入水平最高。同时,户主受教育程度的提升、家庭规模的增大和家庭健康水平的增强均有利于促进家庭收入增长的可能性。户主为党员指标边际效应为负,户主父母中有党员指标边际效应为正,说明户主为党员对家庭收入的影响为负，可能的原因是户主将更多的时间和精力放在为人民服务中。户主父母中有党员与家庭收入增长的可能性呈正向关系，这也验证了父母的政治地位和社会关系在一定程度上都会影响子女收入水平。家庭老年人数变量边际效应为负，在1%水平上显著，说明家庭老年人数已成为农村家庭的经济负担，会制约家庭收入增长可能性，因此有必要逐步提高农村社会保障水平，减轻子女在积累家庭财富过程中的负担。家庭参与养老保险、医疗保险对家庭收入无显著影响。

表 4-36　金融知识对农户家庭收入的影响

	（1）	（2）	（3）	（4）	（5）	（6）
主观金融知识	0.324*** (0.051)			0.325*** (0.052)	0.317*** (0.051)	0.312*** (0.053)
金融知识（因子分析）		0.168** (0.071)			0.138* (0.072)	0.280*** (0.077)
金融知识（得分加总）			0.332*** (0.058)	0.332*** (0.059)		0.395*** (0.062)
户主性别	5.815 (118.874)	6.167 (117.565)	5.686 (135.435)	5.600 (136.193)	5.917 (118.321)	5.697 (119.361)
户主年龄	0.118*** (0.039)	0.134*** (0.039)	0.108*** (0.040)	0.098** (0.040)	0.120*** (0.039)	0.098** (0.040)
户主年龄平方	-0.001** (0.000)	-0.001** (0.000)	-0.001 (0.000)	-0.001 (0.000)	-0.001** (0.000)	-0.001 (0.000)
户主受教育程度	0.725*** (0.058)	0.734*** (0.058)	0.770*** (0.060)	0.767*** (0.061)	0.728*** (0.059)	0.780*** (0.061)
已婚	4.891 (165.184)	5.096 (164.328)	4.810 (189.326)	4.742 (190.064)	4.954 (164.743)	4.754 (167.658)
户主为党员	-0.275** (0.121)	-0.251** (0.121)	-0.413*** (0.124)	-0.414*** (0.126)	-0.257** (0.122)	-0.404*** (0.127)
家庭规模	0.207*** (0.030)	0.252*** (0.029)	0.211*** (0.029)	0.177*** (0.030)	0.215*** (0.030)	0.188*** (0.031)

续表

	(1)	(2)	(3)	(4)	(5)	(6)
家庭劳动力	0.013 (0.039)	-0.021 (0.038)	0.014 (0.039)	0.046 (0.040)	0.011 (0.039)	0.048 (0.040)
家庭老人个数	-0.165*** (0.043)	-0.156*** (0.042)	-0.127*** (0.043)	-0.141*** (0.044)	-0.168*** (0.043)	-0.144*** (0.044)
家庭小孩个数	-0.039 (0.042)	-0.057 (0.041)	-0.040 (0.042)	-0.028 (0.043)	-0.045 (0.042)	-0.039 (0.043)
家庭健康水平	0.981*** (0.104)	1.031*** (0.100)	0.882*** (0.104)	0.845*** (0.108)	0.992*** (0.104)	0.842*** (0.108)
户主父亲为党员	0.029 (0.099)	0.103 (0.097)	0.088 (0.098)	0.004 (0.101)	0.029 (0.099)	0.004 (0.102)
参与医疗保险	0.058 (0.085)	0.062 (0.084)	0.056 (0.085)	0.053 (0.087)	0.059 (0.086)	0.054 (0.087)
参与养老保险	0.039 (0.084)	0.053 (0.082)	0.031 (0.083)	0.019 (0.085)	0.041 (0.084)	0.019 (0.085)
有银行贷款	-0.263 (0.162)	-0.285* (0.160)	-0.251 (0.161)	-0.248 (0.164)	-0.280* (0.163)	-0.278* (0.165)
观测值	1590	1590	1590	1590	1590	1590
伪 R^2	0.5223	0.5091	0.5197	0.5345	0.5236	0.5395
LR chi2	1407.83	1372.22	1400.89	1440.91	1411.52	1454.34

注：表中估计的是边际效应，括号内为稳健性标准误，*、**、***分别表示在10%、5%和1%置信水平上显著。截断点估计结果省略。

进一步，金融知识如何影响农户家庭收入？在农村地区，家庭收入主要源于农业收入和外出务工，同时家庭基本将收入存入银行，没有进行资产配置，如购买股票、基金、债券等金融产品。许多学者都认为，金融知识主要是通过优化家庭资产配置从而达到财富积累效应，显然，本部分使用家庭资产配置进行研究农村地区金融知识对农户家庭收入影响的内在动因没有较强的说服力。有学者研究表明，惠农政策显著促进居民的转移性收入，使居民收入向上移动，并且这种影响是直接的。惠农政策能否对家庭收入增长起到作用,关键在于农户能够对惠农政策进行关注和利用,这就要求要具备一定的金融知识(Van Rooij et al.,2012)。同时,在问卷中设计了"您会关注和利用惠农政策增加家庭收益吗?"选项有会和不会两个,如果受访者回答"会"则赋值为1,否则为0。采用Probit模型,研究金融知识对该问题的影响。

表4-37 金融知识对惠农政策关注和利用的影响

	(1)	(2)	(3)	(4)	(5)	(6)
主观金融知识	0.343*** (0.052)			0.350*** (0.052)	0.335*** (0.054)	0.335*** (0.054)
金融知识(因子分析)		0.142** (0.070)		0.165** (0.071)		0.114* (0.077)
金融知识(得分加总)			0.516*** (0.060)		0.511*** (0.063)	0.514*** (0.064)
观测值	1590	1590	1590	1590	1590	1590
伪R^2	0.0875	0.1173	0.1163	0.0911	0.1452	0.1452
Wald chi2	101.83	120.57	120.74	104.50	135.48	135.55

注:同表4-36。控制变量回归结果未予报告。

从表4-37中的第(1)~第(3)列的估计结果来看,主观金融知识和客观金融知识边际效应均为正,主观金融知识和金融知识(得分加总)在1%水平上显著,金融知识(因子分析)在5%水平上显著。金融知识(得分加总)边际效应最大,每提高1个标准就会使关注和利用惠农政策的概率提高0.516。从第(4)~第(6)列来看,同时考虑主观金融知识和客观金融知识后,金融知识边际效应为正且显著。与第(6)列中的金融知识相比,第(1)~第(3)列只考虑单个金融知识指标对惠农政策关注和利用的边际效应均较大,说明金融知识水平应该包括主观金融知识和客观金融知识,如果只考虑单独某一指标可能会高估受访者金融知识水平。第(1)~第(6)列的金融知识边际效应均为正,说明较高金融知识水平的家庭能够更好地关注和利用惠农政策来增加家庭收益。深入分析金融知识对农户家庭收入的影响路径，可能是因为金融知识的提高增加家庭对惠农政策的关注和利用，从而促进了家庭收入的增加，主要表现为具有较高金融知识的家庭能够更为关注和利用惠农政策。

（五）内生性问题

考虑到金融知识可能存在的内生性问题：首先，农户在工龄的增加及获取收入的过程中可能伴随金融知识的不断积累。同时，随着收入的增加可能会参与金融市场，因此一定程度上提升了自身的金融知识水平，导致金融知识与家庭收入可能存在反向因果关系。其次，可能还存在一些不可观测或问卷中可能忽略设计的问题所带来的内生性问题。为此，有必要采用工具变量法解决可能出现的内生性问题。工具变量的选择要对受访者金融知识有一定的影响但是对受访者家庭收入没有直接影响，吴雨等（2016）利用其他家庭的金融知识平均值作为工具变量较好地解决了内生性问题。因此，本部分将按家庭所在市、教育和年龄分组，取组内除自身在外的其他家庭金融知识水平平均值作为金融知识的工具变量。个体金融知识水平受到所在地受教育水平和出生年代的影响，但其他家庭金融知识平均值对家庭经济收入影响相关性较低，使用该工具变量是合适的。进一步考虑到内生工具变量问题，采用 Amemiya（1978）方法对模型进行工具变量外生性过度识别检验。

在处理 IV 有序 Probit 模型内生性问题时将采用 Heckman（1978）两阶段估计法进行参数估计。在一阶段中将金融知识内生变量对工具变量和其他控制变量进行 OLS 回归，得到潜在金融知识拟合值，如下：

$$Financail\_Literacy_i^* = \phi\mathbb{R}_i + \mu\mathbb{Z}_i + \varepsilon_i \tag{4.10}$$

$$\widehat{Financail\_Literacy_i^*} = \widehat{\phi}\mathbb{R}_i + \widehat{\mu}\mathbb{Z}_i \tag{4.11}$$

其中，$\widehat{\phi}$、$\widehat{\mu}$ 为对应该变量的参数估计值，$\widehat{Financail\_Literacy_i^*}$ 为该变量的拟合值，$\mathbb{R}_i$ 为控制变量向量，$\mathbb{Z}_i$ 为工具变量向量。

在二阶段中，将 $Financail\_Literacy_i$ 对潜在变量拟合值、残差和控制变量进行有序 Probit 回归，如下：

$$Y_i(Income) = H(\beta^* \widehat{Financail\_Literac\ y_i^*} + \mu_i X_i + u_i) \quad (4.12)$$

通过两阶段回归得到 β^* 的一致估计。

首先，进行 IV 有序 Probit 模型一阶段回归，其结果如表 4-38 所示。一阶段金融知识内生变量对工具变量和控制变量进行的 OLS 回归。从结果来看，户主为男性、户主年龄对客观金融知识有正向影响，且在 1% 水平上显著。就主观金融知识而言，家庭规模、老年人数量、健康水平和户主父母中有党员系数均为正且显著，说明有利于主观金融知识水平的提升。就客观金融知识而言，控制变量对金融知识（因子分析）和金融知识（得分加总）的影响系数同方向，说明工具变量和控制变量对客观金融知识具有同向影响效应。

表 4-38　IV 有序 Probit 模型一阶段回归估计结果

	（1）主观金融知识	（2）金融知识（因子分析）	（3）金融知识（得分加总）
工具变量	0.326***	0.060*	0.730***
	(6.960)	(1.670)	(18.159)
观测值	1590	1590	1590
一阶段 F 值	26.61	26.61	73.85
R^2	0.2234	0.0968	0.4440
adj. R^2	0.2150	0.0871	0.4380

注：同表 4-36。控制变量未予报告。

通过家庭所在地、教育和年龄进行分组，取除自身外其他家庭金融知识水平均值为金融知识的工具变量，其系数为正，同时说明了同一个组别的金融知识水平会影响家庭金融知识水平且为正向影响，在 10% 及以上水平上显著，一阶段工具变量 F 值为 26.61，因此拒绝存在弱工具变量假设。

其次，进行 IV 有序 Probit 模型二阶段回归。回归估计结果如表 4-39 所示。从回归结果中可以看出，所有金融知识拟合值 * IV 的系数均为正且在1%水平上显著,说明无论是主观金融知识还是客观金融知识均对农户家庭收入有正面影响。另外,通过工具变量的外生性检验,过度识别检验p值均大于0.1,说明所选取的工具变量不存在外生性,使用该工具变量较好地解决了内生性问题。

表4-39 IV有序Probit模型二阶段回归估计结果

	(1)	(2)	(3)	(4)
主观金融知识拟合值*IV		2.105*** (0.218)		1.152*** (0.186)
金融知识(因子分析)拟合值*IV			1.548*** (0.182)	1.081*** (0.171)
金融知识(得分加总)拟合值*IV	1.493*** (0.134)			1.424*** (0.128)
观测值	1590	1590	1590	1590
伪R^2	0.5612	0.5507	0.5488	0.5779
LR chi2	1512.89	1484.52	1479.34	1557.82

注:同表4-36。控制变量未予报告。

(六)稳健性检验

关于利率计算问题回答正确、通货膨胀问题回答正确和风险投资问题回答正确对农户家庭收入和对惠农政策关注与利用的影响。从表4-40可以看出,三个问题的系数均为正且显著,进一步验证了客观金融知识对农户家庭收入具有显著正影响,金融知识越高的家庭,惠农政策的关注和利用的可能性越大。从第(1)~第(3)列的边际效应来看,通货膨胀问题的边际效应最大,风险投资问题边际效应最小,对于农户来讲,通货膨胀问题最难,对家庭收入影响最大。从第(5)~第(6)列的边际效应来看,风险投资问题边际效应最大,利率计算问题边际效应最小。因此,在对农村家庭普及金融知识培训教育时,不仅要加强提高农户计算能力,同时也要兼顾普及投资理财的理念以及对政策的解读能力,让农户金融知识水平得到全面提升,并能在参与金融市场上获得收入。

表4-40 金融知识与农户家庭收入稳健性检验

	(1)	(2)	(3)	(4)	(5)	(6)
	家庭人均收入			关注和利用惠农政策		
利率计算问题回答正确	0.188** (2.204)			0.149* (0.087)		
通货膨胀问题回答正确		0.469*** (5.500)			0.517*** (0.084)	
风险投资问题回答正确			0.096* (1.284)			0.574*** (0.089)
观测值	1590	1590	1590	1590	1590	1590
伪R^2	0.5088	0.5184	0.5074	0.0567	0.0822	0.0855
LR chi2	1371.47	1397.54	1367.75	76.94	111.53	115.92

(七) 结论与政策建议

研究发现:①江西农村家庭普遍缺乏金融知识,自我感觉金融知识水平在一般及以下的受访者数量占样本总数的83.77%,能够全部正确回答利率计算、通货膨胀和风险投资问题的受访者仅占样本数的1.53%。②金融知识对农户家庭收入增加具有显著的正向推动作用。其原因在于金融知识的增加会提高农户对惠农政策的关注和利用,而对惠农政策的关注和利用有助于增加家庭收入。考虑金融知识内生性问题,采用两阶段工具变量法的回归结果进一步支持本节的结论;金融知识的缺乏在一定程度上会制约农户家庭收入增长。因此,各级政府、金融机构、家庭应逐渐意识到金融知识的重要性。首先,各级政府应通过各种渠道普及金融知识,建立长效机制。在制定相关惠农政策时应充分考虑农民金融知识的局限性。其次,金融机构加大对农村地区开展金融教育培训相关活动的力度,通过专业的金融教育培训使农村地区整体金融知识水平得到全面的提升。最后，农户在具备一定金融知识后，应更加关注和利用惠农政策，逐渐参与到金融市场中，合理调整家庭资产配置，实现家庭增收和财富积累。

四、金融知识与农民家庭收入流动性

目前许多处于中、下收入阶层的农村地区居民家庭似乎深陷在自身的收入陷阱中难以实现收入层级向上突破，这不仅严重阻碍了农村地区实现收入增长的步伐，在一定程度上也妨碍了个体发展和社会稳定。那么，又是什么因素阻碍了农村地区居民收入层级向上移动的呢？基于此，学者从各方面角度进行了探索，如考虑了教育、家庭人口，家庭非农收入等。本节将利用第三章所使用的数据、模型和变量探讨农村地区居民金融知识水平的高低是否会影响家庭收入流动性。尝试探讨具备高金融知识的家庭能否通过这一比较优势实现家庭收入向上流动。

（一）实证结果与分析

1. 金融知识对农村地区居民家庭收入的当期影响

表4-41提供了金融知识与农村地区居民家庭总收入回归估计结果。由第（1）、第（2）列可以看出，金融知识系数均在1%水平上统计显著为正，表明金融知识能够显著促进农村地区居民当期家庭总收入水平的提升。即在其他因素保持不变的情况下，金融知识（得分加总）水平增加1单位将会使家庭总收入水平增加0.268个百分点，金融知识（因子分析）水平增加1单位将会使家庭总收入水平增加0.206个百分点。第（1）、第（3）列只考虑了单一金融知识对农村地区居民家庭总收入的影响，结果表明金融知识能够显著正向影响农村居民家庭总收入，并且金融知识（得分

加总)每提高1个标准差,农村居民家庭总收入提高0.542个百分点,金融知识(因子分析)每提高1个标准差,农村居民家庭总收入提高0.417个百分点。第(2)、第(4)列将所有控制变量加入模型,可以看到金融知识依然显著,且模型的拟合度得到显著提升。

表4-41 金融知识对农村地区居民家庭收入的当期影响

	(1)	(2)	(3)	(4)	(5)	(6)
金融知识(得分加总)	0.542*** (0.032)	0.268*** (0.032)			0.797*** (0.113)	
金融知识(因子分析)			0.417*** (0.026)	0.206*** (0.027)		0.465*** (0.080)
控制变量	不控制	控制	不控制	控制	控制	控制
观测值	10745	10745	10745	10745	10745	10745
F 值	104.2***	93.6***	91.0***	91.5***		
R^2	0.031	0.114	0.031	0.114	0.0954	0.1064
Wald chi_2					1451.47***	1448.50***
一阶段估计F值					287.23***	224.23***
工具变量t值					34.67***	41.64***

注:*、**、***分别表示在10%、5%和1%水平上显著,表中报告的是系数,括号内为稳健性标准误。所有回归结果均控制了省份虚拟变量。

考虑到可能存在内生性问题,选取除自身家庭外社区平均金融知识水平作为金融知识的工具变量进行两阶段估计,表4-41中的第(5)、第(6)列报告了两阶段最小二乘估计第二阶段回归结果。DWH检验结果表明在5%水平上拒绝不存在内生性的假设,金融知识与当期农民家庭收入之间存在内生性。一阶段估计F值均大于10%偏误水平下的临界值,工具变量t值分别为34.67,且均在1%水平上显著。以上检验说明不存在弱工具变量问题,选取除自身家庭外社区平均金融知识水平作为金融知识的工具变量是合适的。从二阶段回归结果中可以看出,金融知识的系数为正且均在1%水平上统计显著。

表4-42汇报了高金融知识对当期农村地区居民家庭收入的影响。将正确回答两个及以上问题和金融知识（因子分析）值在75分位及以上定义为高金融知识水平。结果显示高金融知识有助于提高家庭总收入。即在其他因素保持不变的情况下，金融知识（得分加总）水平增加1单位将会使农村居民家庭总收入增加0.344个百分点，金融知识（因子分析）水平增加1单位将会使农村居民家庭总收入增加0.332个百分点，且系数大于表4-41中的金融知识系数，进一步验证了高金融知识更能够显著提高农村地区居民家庭收入。

值得注意的是，在一些研究中受教育程度被作为金融知识的代理变量。我们推断低金融知识—低受教育程度更不利于家庭收入水平提升。为了检验该假设，产生了四组虚拟变量，分别是高金融知识—高受教育水平、高金融知识—低受教育水平、低金融知识—高受教育水平、低金融知识—低受教育水平。将具有大学及以上教育经历的家庭定义为高受教育水平，而高中及以下教育经历则定义为低受教育水平。表4-42中的第（3）~第（6）列为金融知识（得分加总）的估计结果，第（7）~第（10）列为金融知识（因子分析）的估计结果。结果显示，低金融知识—低受教育水平会显著抑制农村地区居民家庭当期总收入。高金融知识—低受教育水平、低金融知识—高受教育水平能够显著促进农村居民家庭收入增长，均在1%水平上显著。以上结果表明，低金融知识—低受教育水平会显著降低农村居民家庭收入水平，受教育程度和金融知识在一定程度上存在互补效应，当金融知识缺乏时，高受教育水平能够弥补低金融知识的缺陷；当受教育水平较低时，高金融知识能够弥补低受教育水平的缺陷。在高受教育水平组中，高金融知识的系数高于低金融知识的系数，在高金融知识组中，高受教育水平的系数高于低受教育水平的系数，表明金融知识与受教育水平能够相互促进，共同促进农村居民家庭收入水平增长。

为了进一步检验以上假设是否成立。以低金融知识—低受教育水平组为参照组，将所有组别同时加入模型中进行估计。表4-43结果显示，高金融知识—高受教育水平、高金融知识—低受教育水平、低金融知识—高

第四章 金融知识、金融行为与农民收入

表4-42 高金融知识与当期农村居民家庭收入

	(1)	(2)	(3)	(4)	(5)	(6)	(7)	(8)	(9)	(10)
			得分加总					因子分析		
高金融知识（得分加总）	0.344*** (0.066)									
高金融知识（因子分析）		0.332*** (0.065)								
高金融知识—高受教育水平			0.913*** (0.205)				0.244** (0.113)			
高金融知识—低受教育水平				-0.34*** (0.072)				-0.59*** (0.053)		
低金融知识—高受教育水平					0.902*** (0.176)				0.970*** (0.229)	
低金融知识—低受教育水平						-0.52*** (0.057)				-0.36*** (0.067)
观测值	10745	10745	10745	10745	10745	10745	33271	10745	10745	10745
F值	89.6***	106.9***	83.7***	83.8***	83.8***	91.6***	362.6***	94.6***	82.8***	82.6***
R^2	0.111	0.128	0.102	0.102	0.102	0.107	0.157	0.111	0.102	0.103

注：同表4-41。控制变量未予报告。

受教育水平依然能够显著促进农村地区居民家庭收入的增长，且在1%水平上显著。这进一步表明低金融知识—低受教育水平不利于促进家庭收入增长，受教育程度和金融知识在一定程度上存在互补效应，当金融知识缺乏时高受教育水平能够弥补低金融知识的缺陷，当受教育水平较低时高金融知识能够弥补低受教育水平的缺陷。

表4-43　金融知识—受教育水平与当期农村居民家庭收入——同时加入

	（1）	（2）
	因子分析	得分加总
参照组：低金融知识—低受教育水平		
高金融知识—高受教育水平	0.613***	0.604***
	(0.199)	(0.212)
高金融知识—低受教育水平	0.608***	0.557***
	(0.063)	(0.093)
低金融知识—高受教育水平	0.669***	0.635***
	(0.232)	(0.187)
观测值	10745	10745
F值	82.244***	79.633***
R^2	0.111	0.108

注：同表4-41。控制变量未予报告。

2. 金融知识对居民家庭收入的长期影响

表4-44提供了金融知识对农村地区居民家庭总收入长期影响的回归结果。第（1）～第（4）列结果显示，金融知识的系数均在1%水平上统计显著为正，表明金融知识能够显著促进农村居民家庭收入水平的长期提升。在只考虑金融知识情况下，金融知识能够显著提高农村居民家庭收入水平。即在其他因素保持不变的情况下，金融知识（得分加总）水平增加1单位将会使家庭总收入增加0.113个百分点。金融知识（因子分析）水平增加1单位将会使家庭总收入增加0.138个百分点。

表4-44　金融知识与农村居民家庭收入——长期影响

	（1）	（2）	（3）	（4）
金融知识（得分加总）	0.346*** (0.020)	0.113*** (0.020)		
金融知识（因子分析）			0.382*** (0.018)	0.138*** (0.019)
控制变量	不控制	控制	不控制	控制
观测值	9083	9083	9083	9083
F值	86.35***	95.76***	124.8***	98.32***
R^2	0.033	0.164	0.048	0.166

注：同表4-41。控制变量未予报告。

同样，产生四组虚拟变量，检验其对居民家庭收入增长是否存在长期影响。估计结果列示在表4-45中。结果显示，除系数有所变化外，显著性和显著水平无较大改变，说明金融知识与受教育水平对居民家庭收入的影响具有长期互补效应。低金融知识—低受教育水平对居民家庭收入具有长期抑制作用。

表4-45　金融知识—受教育水平对农村地区居民家庭收入的长期影响

	（1）	（2）	（3）	（4）	（5）	（6）	（7）	（8）
	得分加总				因子分析			
高金融知识—高受教育水平	0.785*** (0.130)				0.888*** (0.202)			
高金融知识—低受教育水平		0.200*** (0.048)				-0.252*** (0.035)		
低金融知识—高受教育水平			0.607*** (0.203)				0.697*** (0.150)	
低金融知识—低受教育水平				-0.357*** (0.036)				0.269*** (0.046)
观测值	9083	9083	9083	9083	9083	9083	9083	9083
F值	90.70***	88.55***	87.26***	97.83***	87.96***	93.15***	89.02***	90.43***
R^2	0.152	0.153	0.152	0.159	0.152	0.156	0.152	0.154

注：同表4-41。控制变量未予报告。

进一步以低金融知识—低受教育水平组为参照组,将所有组别同时加入模型中进行估计。估计结果如表4-46所示。结果显示相比于低金融知识—低受教育水平组,其他组别能够显著促进农村地区居民家庭收入长期增长。

表4-46 金融知识—受教育水平对农村地区居民家庭收入的长期影响——同时加入

	(1)	(2)
	因子分析	得分加总
参考值:低金融知识—低受教育水平		
高金融知识—高受教育水平	0.842***	0.508***
	(0.197)	(0.135)
高金融知识—低受教育水平	0.209***	0.118*
	(0.036)	(0.061)
低金融知识—高受教育水平	0.669***	0.322
	(0.151)	(0.206)
观测值	9083	9083
F值	82.84***	84.83***
R^2	0.159	0.160

注:同表4-41。控制变量未予报告。

3. 金融知识对农村地区居民家庭收入流动性的影响

(1)金融知识对农村地区居民家庭收入增长率的影响。研究金融知识与农村地区居民家庭收入流动性关系之前,需考察金融知识与居民家庭收入增长率之间的关系。表4-47结果显示,金融知识对农村地区居民家庭收入增长率具有显著的正向影响。这一显著正向影响为研究家庭收入流动性奠定了基础。

以上结果证实了金融知识对农村地区居民家庭收入增长率具有显著正向影响,表明金融知识水平越高,农村地区居民家庭收入增长速度越快。然而,本书更为关注的是具有较高金融知识水平的家庭能够帮助农村地区居民家庭收入实现"向上移动"。为此，将 2015~2017 年家庭收入层级是否发生向上移动作为因变量进行考察。

表 4-47　金融知识对农村地区居民家庭收入增长率的影响

	（1）	（2）	（3）	（4）
	收入增长率			
	金融知识		高金融知识	
金融知识（得分加总）	6.194* (3.598)		8.962** (4.362)	
金融知识（因子分析）		6.992* (4.072)		12.895** (5.989)
观测值	8627	8627	8627	8627
F 值	11.35***	11.36***	11.37***	11.35***
R^2	0.103	0.103	0.093	0.110

注：同表 4-41。控制变量未予报告。

（2）金融知识对农村地区普通家庭收入流动性的影响。从表 4-48 中的第（1）、第（4）列可以发现，金融知识显著正向影响了家庭收入流动性，即金融知识水平的提高能够促进农村地区居民家庭收入层级向上移动。只考虑单一变量对农村居民家庭收入流动性的影响时，模型拟合度非常低。第（3）列为控制变量对家庭收入流动性的估计结果，模型拟合度得到显著提高。在第（2）、第（5）列的回归中加入了所有控制变量，模型的拟合度较第（1）、第（4）列的拟合度得到显著提高，金融知识的边际效应系数依然显著，且均在 10% 以上水平显著，然而受教育程度这一变量的边际效应系数较第（3）列有所变化，第（2）列受教育程度边际影响下降，第（5）列受教育程度边际影响有所下降，说明教育所提供的综合性知识对农村居民家庭收入流动性的影响与金融知识的影响存在区别，金融知识作为与现代资本市场结合较为紧密的一种专门知识，对于家庭收入流动性的影响至关重要（王正位等，2016）。家庭期初收入水平越高，家庭收入向上移动的可能性越大,这与 Hertz 和 Tom(2006)研究结果一致。受教育程度越高,家庭收入向上移动的概率越大。家庭从事工商业经营以及家庭期初财富越高,家庭更容易实现收入的向上移动。

表 4-48　金融知识与农村地区普通家庭收入流动性

	(1)	(2)	(3)	(4)	(5)
金融知识(得分加总)	0.011** (0.006)	0.018*** (0.006)			
金融知识(因子分析)				0.014*** (0.005)	0.012** (0.006)
户主为男性		-0.036** (0.015)	-0.036** (0.015)		-0.036** (0.015)
年龄		0.004 (0.003)	0.003 (0.003)		0.004 (0.003)
年龄平方		-0.000*** (0.000)	-0.000** (0.000)		-0.000*** (0.000)
户主已婚		0.042** (0.016)	0.042** (0.016)		0.042** (0.016)
受教育程度		0.028*** (0.005)	0.029*** (0.005)		0.027*** (0.005)
健康水平		0.031*** (0.009)	0.031*** (0.009)		0.031*** (0.009)
拥有工作		0.018 (0.013)	0.018 (0.013)		0.017 (0.013)
风险偏好		0.036* (0.019)	0.037** (0.019)		0.033* (0.019)
风险厌恶		0.006 (0.010)	0.006 (0.010)		0.006 (0.010)
从事工商业经营		-0.002 (0.012)	-0.002 (0.012)		-0.002 (0.012)
2015年收入层级		0.158*** (0.003)	0.157*** (0.003)		0.158*** (0.003)

续表

	(1)	(2)	(3)	(4)	(5)
家庭规模		0.011*** (0.003)	0.011*** (0.003)		0.011*** (0.003)
Ln（家庭总资产）		0.054*** (0.004)	0.055*** (0.004)		0.054*** (0.004)
观测值	9083	9083	9083	9083	9083
伪 R^2	0.001	0.143	0.143	0.001	0.143

注：同表4-41。控制变量未予报告。

（3）金融知识对农村地区低收入家庭向高收入移动的影响。前文已经证实了金融知识越高越能够帮助农村居民家庭收入层级向上移动。那么，金融知识能否促进低收入家庭收入向高收入层级移动呢？为此，选取农村地区家庭期初总收入排序在后50%的家庭观察其收入层级在2017年是否发生变化。如果家庭在2017年的收入水平进入前50%，则说明家庭收入发生了向上流动，取值为1，否则为0。在控制了所有控制变量后，表4-49中的第（1）、第（3）列只考察了单一金融知识这一解释变量对农村居民家庭收入流动性的影响，发现金融知识显著正向影响了低收入家庭收入流动性，即金融知识水平的提高能够促进农村地区低收入家庭收入层级向上移动。在第（2）、第（4）列的回归中加入所有控制变量，模型的拟合度较第（1）、第（3）列的拟合度得到显著提高，金融知识的边际效应系数依然显著，且在1%水平上显著，证实了金融知识能够显著促进农村地区低收入家庭跃至高收入层级。

接下来，继续考察高金融知识与普通农村居民家庭和低收入家庭收入流动性的关系。表4-50结果显示，高金融知识的边际效应系数无论是对普通农村地区居民家庭收入流动性，还是低收入家庭收入流动性都有显著正向影响，均在10%及以上水平上显著，进一步验证高金融知识在农村地区居民家庭收入向上移动中的重要地位，特别是对农村地区低收入家庭向上移动的效果尤为显著。

表4-49 金融知识对农村地区低收入家庭向高收入移动的影响

	(1)	(2)	(3)	(4)
金融知识（得分加总）	0.074*** (0.004)	0.028** (0.011)		
金融知识（因子分析）			0.083*** (0.004)	0.043*** (0.010)
控制变量	不控制	控制	不控制	控制
观测值	9083	2805	9083	2805
伪 R^2	0.041	0.078	0.059	0.081

注：同表4-41。控制变量未予报告。

表4-50 高金融知识与普通居民家庭和低收入家庭收入流动性

	(1)	(2)	(3)	(4)
	普通居民家庭收入流动性		低收入向高收入移动	
高金融知识（得分加总）2个及以上回答正确	0.025* (0.013)		0.047** (0.023)	
高金融知识（因子分析）75分位以上		0.016* (0.010)		0.067* (0.020)
观测值	9083	9083	2805	2805
伪 R^2	0.143	0.143	0.077	0.079

注：同表4-41。控制变量未予报告。

总体来看，金融知识作为一种专业性和实用性较强的知识，对个体及家庭行为和最终成果都有着非常重要的影响。高金融知识水平能够显著影响农村地区居民家庭收入增长率，并促进家庭收入层级向更高层级移动，特别是显著促进了低收入家庭向更高收入层级移动。

（二）内生性问题

考虑金融知识与家庭收入流动性之间可能存在内生性问题，选取同一小区除自身外其他家庭的平均金融知识水平作为受访者金融知识的工具变量进行两阶段估计。表4-51结果显示，DWH外生性检验结果表明不存在弱工具变量问题，且在1%水平上拒绝了金融知识不存在内生性问题的假设。另外，一阶段估计F值均大于10%偏误水平下的临界值16.38，工具变量t值在1%水平上显著。第（1）～第（4）列是金融知识与农村地区普通居民家庭和低收入家庭收入流动性的内生性检验第二阶段回归结果，结果显示金融知识的边际影响均在10%水平上显著。

表4-51 金融知识与农村居民家庭收入流动性内生性问题

	（1）	（2）	（3）	（4）
	普通居民家庭收入流动性		低收入向高收入移动	
金融知识（得分加总）	0.244*** (0.059)		0.195** (0.087)	
金融知识（因子分析）		0.226*** (0.049)		0.173** (0.074)
观测值	9083	9083	2805	2805
DWH chi2	1311.9***	1316.55***	12.11***	10.67***
一阶段估计F值	155.40***	218.81***	43.78***	61.39***
工具变量t值	34.82***	39.49***	19.85***	22.12***

注：同表4-41。控制变量未予报告。

（三）进一步研究

遵从以上思路，在研究金融知识与农村地区居民家庭收入流动性的基础上进一步讨论加入不同受教育水平，金融知识与受教育水平相互组合对农村地区居民家庭收入流动性的影响，有助于充分认识金融知识与教育之间所提供知识的差别，也能够让我们对金融知识在提高农村地区居民家庭收入水平，促进家庭收入水平向上移动中的作用有更为全面的认知。

表 4-52 汇报了金融知识—受教育水平与农村地区普通居民家庭收入流动性的关系。结果显示，相比于低金融知识—低受教育水平组，高金融知识—高受教育水平组、高金融知识—低受教育水平组、低金融知识—高受教育水平组都有助于推动农村地区居民家庭收入向更高层级移动，且高金融知识—高受教育水平组对农村居民家庭收入流动的边际影响最大，其他组的边际影响显著为正。这充分说明当低金融知识及低受教育水平同时存在时将不利于或显著抑制农村地区家庭收入层级向上移动，高金融知识和高受教育水平之间具有互补作用，进而共同推动农村居民家庭收入向更高收入阶层跃迁。

表 4-52 金融知识—受教育水平与农村地区普通家庭收入流动性

	（1）	（2）	（3）	（4）	（5）
Table A：金融知识（得分加总）；第（5）列参考值：低金融知识—低受教育水平					
高金融知识—高受教育水平	0.143*** (0.053)				0.141*** (0.054)
高金融知识—低受教育水平		0.026* (0.014)			0.124*** (0.019)
低金融知识—高受教育水平			0.151*** (0.051)		0.105** (0.052)
低金融知识—低受教育水平				-0.053*** (0.011)	
观测值	9083	9083	9083	9083	9083
伪 R^2	0.140	0.140	0.140	0.142	0.142
Table B：金融知识（因子分析）；第（5）列参考值：低金融知识—低受教育水平					
高金融知识—高受教育水平	0.258*** (0.096)				0.249*** (0.096)
高金融知识—低受教育水平		0.036*** (0.010)			0.033*** (0.010)
低金融知识—高受教育水平			0.122*** (0.055)		0.117** (0.055)

续表

	(1)	(2)	(3)	(4)	(5)
低金融知识—低受教育水平				-0.028* (0.014)	
观测值	9083	9083	9083	9083	9083
伪 R^2	0.140	0.141	0.140	0.140	0.141

注：同表 4-41。控制变量未予报告。

表 4-53 汇报了金融知识—受教育水平与农村地区低收入家庭收入流动性的关系。该估计结果基本与表 4-52 一致，只是边际效应系数有所不同。这进一步表明当低金融知识和低受教育水平同时存在时将不利于或显著抑制农村地区低收入家庭的收入层级向上移动，并且高金融知识和高受教育水平之间具有互补作用，进而共同推动农村地区低收入家庭收入向更高收入阶层跃迁。

表 4-53　金融知识—受教育水平与农村地区低收入家庭收入流动性

	(1)	(2)	(3)	(4)	(5)
Table A：金融知识（得分加总）；第(5)列参考值：低金融知识—低受教育水平					
高金融知识—高受教育水平	0.173** (0.082)				0.193** (0.084)
高金融知识—低受教育水平		0.127*** (0.025)			0.056* (0.032)
低金融知识—高受教育水平			0.197** (0.083)		0.155* (0.084)
低金融知识—低受教育水平				-0.095*** (0.019)	
观测值	2805	2805	2805	2805	2805
伪 R^2	0.068	0.068	0.069	0.074	0.076
Table B：金融知识（因子分析）；第(5)列参考值：低金融知识—低受教育水平					

续表

	(1)	(2)	(3)	(4)	(5)
高金融知识—高受教育水平	0.105*** (0.020)				0.095*** (0.021)
高金融知识—低受教育水平		0.092** (0.037)			0.075* (0.047)
低金融知识—高受教育水平			0.060** (0.025)		0.052** (0.025)
低金融知识—低受教育水平				-0.075*** (0.021)	
观测值	2805	2805	2805	2805	2805
伪 R^2	0.068	0.074	0.068	0.069	0.075

注：同表4-41。控制变量未予报告。

综上，虽然教育所提供的是一种综合性知识，与金融知识这一种专业性和实用性较强的知识存在一定差别，但是它们两者都能显著促进农村地区家庭收入层级向上移动，特别是农村地区低收入家庭向上移动，并且金融知识与教育两者之间能够相互互补，当受访者金融知识水平较低时受教育程度能够作为补充，当受访者受教育水平较低时金融知识能够弥补受教育水平的不足，当受访者既具备高金融知识又具有高受教育水平时，其边际影响最大。

（四）稳健性检验

1. 金融知识对农村地区居民家庭收入当期和长期影响

改变金融知识指标衡量方法。采用利率计算问题回答正确、通货膨胀问题回答正确、风险投资问题回答正确三个哑变量测度金融知识。表4-54中的第（1）列结果显示，通货膨胀问题回答正确，利率计算问题回答正确、风险投资问题回答正确都能显著提高当期农村地区居民家庭总收入。第（4）列结果显示，利率计算问题回答正确、风险投资问题回答正确也同样能显著提高长期农村地区居民家庭总收入。这表明利用利率计算问题回答正确、通货膨胀问题回答正确、风险投资问题回答正确三个哑变量测度金融知识的稳健性检验结果与前文估计结果基本一致。

表4-54 金融知识对农村地区居民家庭收入当期影响的稳健性检验

	(1)	(2)	(3)	(4)	(5)	(6)
	当期影响			长期影响		
	测度方法	剔除金融行业从业家庭		测度方法	剔除金融行业从业家庭	
利率计算问题回答正确	0.272*** (0.062)			0.074 (0.049)		
通货膨胀问题回答正确	0.164* (0.087)			-0.032 (0.057)		
风险投资问题回答正确	0.445*** (0.055)			0.239*** (0.036)		
金融知识（得分加总）		0.268*** (0.032)			0.114*** (0.020)	
金融知识（因子分析）			0.205*** (0.027)			0.138*** (0.019)
观测值	10745	10736	10736	9083	9075	9075
F值	85.5***	93.3***	91.2***	86.5***	95.3***	97.9***
R^2	0.116	0.114	0.113	0.166	0.164	0.166

注：同表4-41。控制变量未予报告。

考虑从事金融行业的农村地区家庭可能对金融机构相关业务、理财产品等更为了解，因此在金融知识水平、家庭收入水平等方面均可能与普通家庭存在较大差异。为此，剔除家庭有从事金融行业的样本重新进行估计。表4-54中的第（2）、第（3）列为剔除金融从业的样本后，金融知识对农村地区居民家庭收入当期影响的稳健性检验结果，从中可以发现，金融知识的边际影响略有下降，但是依然显著为正，且均在1%水平上显著，说明剔除金融从业样本后，金融知识依然能够对当期农村地区居民家庭收入具有显著正向影响。表4-54中的第（5）、第（6）列为剔除金融从业的样本后，金融知识对农村地区居民家庭收入长期影响的稳健性检验结果，稳健性检验结果基本与前文基准回归结果一致。

通过以上两种稳健性检验结果表明，估计结果是稳健和可靠的。金融知识能够对当期和长期农村地区居民家庭收入产生显著正向影响。

2. 金融知识对农村地区居民家庭收入流动性影响

同样，采用以上两种方法。从表4-55的估计结果可以发现，金融知识依然能够显著推动农村地区普通家庭和低收入家庭跃迁至高收入阶层。

表4-55　金融知识对农村地区居民家庭收入流动性影响的稳健性检验

	（1）	（2）	（3）	（4）	（5）	（6）
	普通农村家庭			农村地区低收入家庭		
	测度方法	剔除金融业从业家庭		测度方法	剔除金融业从业家庭	
金融知识（得分加总）		0.008* (0.005)			0.028** (0.011)	
金融知识（因子分析）			0.012** (0.006)			0.043*** (0.010)
利率计算问题回答正确	0.008 (0.015)			0.021 (0.027)		
通货膨胀问题回答正确	-0.012 (0.017)			-0.030 (0.031)		
风险投资问题回答正确	0.020* (0.011)			0.070*** (0.019)		
观测值	9083	9075	9075	2805	2801	2801
伪 R^2	0.143	0.143	0.143	0.080	0.077	0.080

注：同表4-41。控制变量未予报告。

将家庭收入中位数值之前的家庭划分为低收入家庭，这种划分容易导致的估计结果由期初收入中位数附近的家庭的微小变动而引起。为更准确地检验金融知识对农村地区低收入家庭收入层级跃迁至高收入层级的影响，进一步选择期初收入水平在后20%的样本，考察期末收入水平跃迁至前20%的情况，即考察金融知识能否促进底部家庭收入水平"逆袭"，这一做法有助于增强结论稳健性。估计结果如表4-56所示。从中可以发现，金融知识依然对农村地区低收入家庭收入向上移动具有显著正向影响，从经济意义上看，金融知识每提高1个标准差，家庭逆袭的概率将提升1.7%和2.1%，进一步验证了结论是稳健的。

表4-56 金融知识与农村地区低收入家庭"逆袭"（收入排序后20%）

	（1）	（2）	（3）	（4）
金融知识（得分加总）	0.034*** （0.003）	0.007* （0.004）		
金融知识（因子分析）			0.039*** （0.003）	0.010** （0.005）
观测值	9083	6132	9083	6132
伪 R^2	0.031	0.120	0.043	0.120

注：同表4-41。控制变量未予报告。

（五）结论与政策建议

研究发现，①金融知识的提高能够显著促进当期和长期农村居民家庭收入增长，低金融知识—低受教育水平会抑制家庭收入增长，金融知识和受教育水平之间互补共同促进家庭收入增长。②在高金融知识家庭中低收入层级能够突破贫困陷阱，进而向高收入层级跃迁的比例更大。金融知识能够显著正向促进农村居民家庭收入层级向更高层级跃迁，特别是对于低收入家庭的收入移动更为显著。金融知识与教育水平之间存在互补关系共同推动农村地区居民家庭收入向上移动。③进一步检验期初收入水平处于后20%的家庭在期末"逆袭"至前20%收入水平的极端情况，发现结果依然稳健。为此，我国政府应充分认识到我国农村地区人们金融知识严重缺乏这一现状，特别是农村地区。积极开展金融知识教育普及工作，努力提高农村地区居民金融素养，人们只有拥有了足够多的金融知识储备才会参与金融市场，也更有可能把握和识别新的投资机会，提升家庭收入层级。各级政府也应进一步规范和完善农村地区金融机构，提高金融服务水平，确保人们都能公平享有参与金融市场的机会。

五、本章小结

本章重点关注了金融知识、金融行为与农民收入之间的关系。在金融知识与农村居民金融行为的研究上发现：①金融知识能够显著增加农村居民家庭制订养老计划、参与股票市场、风险金融市场、获得家庭正规信贷的可能性，有助于农村居民家庭养老方式选择多样化、增加在风险金融资产尤其是股票资产配置比重、提高家庭投资组合多样性、从正规金融机构获得更多正规信贷资金。②金融知识的提高能够显著推动农村居民家庭当期和长期家庭创业选择，促进家庭主动创业动机，并能够对家庭创业活动和主动创业动机产生显著的改善效果。③金融知识有助于推动农村居民当期和长期参与新农保，改善居民新农保参与行为，新农保参与后，较高金融知识的农村居民会显著增加当期和长期新农保缴费额。在金融知识与农民收入及流动性研究上发现，金融知识对农户家庭收入增加具有显著的正向推动作用。其原因在于金融知识的增加会提高农户对惠农政策的关注和利用；金融知识的提高能够显著促进当期和长期农村居民家庭收入增长，低金融知识—低受教育水平会抑制家庭收入增长。通过收入转移矩阵考察金融知识对农村居民家庭收入流动性之间的关系发现，在高金融知识家庭中低收入层级能够突破贫困陷阱，进而向高收入层级跃迁的比例更大。

第五章
金融教育、金融行为与居民家庭收入

一、引言

现有文献特别是国内研究,虽然大部分认为金融教育在提高居民金融知识方面具有重要意义,然而这只是局限于定性分析,定量评估金融教育有效性研究甚寡。对此,就会产生一个疑问,金融教育是否有效呢?

基于此,本章利用2015年和2017年CHFS数据评估金融教育在改善居民金融行为、提高居民家庭收入、促进居民家庭收入层级流动中的效果。本章评估了金融教育对家庭养老计划、家庭资产选择、家庭资产投资组合多样性、信贷行为以及新农保参与行为的有效性;评估了金融教育对居民家庭收入及收入流动性影响的效果。

二、金融教育与金融行为

已有文献研究表明，金融教育项目能提高公众金融知识，改变公众的不良金融行为（Lusardi & Mitchell，2010）。进一步，Lusardi 等（2007）认为通过信息手册、视觉交互工具、书面叙述和视频故事等新型金融教育计划能有效提高个体金融知识水平，改善其金融行为。Sayinzoga 等（2015）发现，通过金融知识教育培训，参与者能提高金融知识，改变储蓄与借贷行为，并且有助于创业行为。然而，短期的金融教育培训对于参与者收入的提高并不显著。国内学者虽然已认识到金融教育的重要性，但大多数研究集中于定性分析，相关实证文献甚寡。为此，本节有必要进行全面评估金融教育对居民金融行为的有效性，特别是评估农村地区居民金融教育有效性。

（一）模型与变量

1. 模型设定

评估金融教育对居民金融行为的影响所用的计量模型与第四章相对应。

为验证金融教育对居民家庭金融行为的影响是否稳健，使用倾向得分匹配（PSM）的方法构造反事实状态（Rosenbaum & Rubin，1985），从而在拟实验（自然）环境下去估计金融教育的价值。假设 $T=1$ 为受处理状态，即受访者参与金融教育；$T=0$ 为受控制状态，即受访者没有接受或参与金融教育；Y_1 表示受访者参与金融教育情况下的居民家庭金融行为；Y_0 表示受访者没有参与金融教育情况下的居民家庭金融行为。金融教育作为受访者的一种自选择行为，本节关注的参与金融教育情况下居民家庭金融

行为的平均处理效应($ATT = E(Y_{i1}|T=1) - E(Y_{i0}|T=1)$)。但我们无法观测到没有参与金融教育情况下受访者金融行为所产生的结果,若贸然假定$E(Y_{i0}|T=0) = E(Y_{i1}|T=1)$,必然导致估计结果是有偏的。另一选择结果则需要通过反事实推断得到。使用这一方法的最大优点在于能够有效消除模型中变量的内生问题,避免因遗漏某些无法观测的变量和自选择行为造成估计结果有偏问题。其计量模型如下:

首先,需构建一个接受或参与金融教育培训的概率模型。采用Logit模型估计家庭接受金融教育的概率。

$$PS(X) = \Pr[pro-par=1|X] = E[pro-par|X]$$
$$= \frac{\exp(\beta X_i)}{1+\exp(\beta X_i)} \tag{5.1}$$

其中,X表示影响受访者是否接受或参与金融教育的因素,即匹配变量或共同影响因素,包括的变量与式(5.1)相同,β为相关系数。PS表示受访者是否接受或参与金融教育的概率,即倾向得分(Propensity Score)。根据以上回归方程,可以计算得出每一个受访者的倾向得分值,作为匹配的基础。

其次,根据Becker和Ichino(2002)的方法,可以计算出金融教育对居民家庭金融行为的平均处理效应(ATT),其计算公式如下:

$$ATT = E[Y_{1i} - Y_{0i}|pro-par_i=1] = E\{E[Y_{1i}-Y_{0i}]|pro-par_i=1, PS(X)\}$$
$$= E\{E[Y_{1i}]|pro-par_i=1, PS(X)\}$$
$$- E\{E[Y_{0i}]|pro-par_i=0, PS(X)|pro-par_i=1\} \tag{5.2}$$

其中,Y_{1i}和Y_{0i}分别表示参与金融教育与未参与金融教育项目受访者金融行为。

2. 变量定义①

金融教育:受访者是否接受或参加经济或金融类课程(含临时性金融教育培训)的金融教育是一种自选择的结果。如果受访者接受或参与过金

---

① 家庭养老计划、家庭资产选择、家庭资产投资组合多样性、信贷行为、家庭创业决策以及新农保参与行为等变量构建与第四章一致。

融教育则赋值为1，反之为0。通过对样本描述性统计发现，全样本中参与金融教育项目培训的家庭占8%，农村地区参与为2.2%，城镇地区家庭为10.6%，标准差为0.272，说明我国居民参与金融教育培训的积极性较低，特别是农村地区。

（二）实证结果与分析

1. 金融教育与家庭养老计划

通过研究已经证实，金融知识水平的提高能够显著促进家庭制订养老计划，且金融知识对不同社会保障水平家庭制订养老计划的显著促进作用存在异质性，其中金融知识对拥有公务员社会保障和城镇职工社会保障的家庭更为明显。同时，金融知识还有助于家庭养老方式的多样化选择。那么参与金融教育是否能够提升金融知识水平进而促进家庭制订养老计划，推动家庭选择多样化养老方式呢？为此，将利用2015年CHFS评估金融教育在推动居民家庭养老计划中的价值。

（1）金融教育与家庭养老计划决策。表5-1报告了金融教育对全样本和农村居民家庭养老计划决策的影响。第（1）、第（4）列为基准回归结果，第（2）、第（5）列加入了家庭社会保障控制变量，第（3）、第（6）列进一步加入了金融教育与家庭社会保障的交互项，以此评估金融教育对不同社会保障水平下的家庭养老计划决策的影响。第（1）、第（4）列结果表明，金融教育培训能够显著增强家庭制订养老计划的可能性。第（2）列加入了以无社会保障家庭为参照组的社会保障虚拟变量，结果表明，相比于无社会养老保障覆盖的家庭，拥有普通居民社会养老保障的家庭更倾向于制订养老计划。相比于无社会保障家庭，普通居民家庭作为一个较大的群体，社会保障水平比无社会保障家庭好，但没有比公务员和城镇职工家庭更好的社会保障，他们老年生活也同样需要面临诸多的不确定性和各种风险，因此更需要和倾向于制订养老计划。第（3）列结果显示，金融教育及金融教育与社会保障的交互项显著为正，且均在5%水平上显著，表明金融教育能够促进不同社会保障水平家庭制订养老计划。同时，金融教育项目培训对拥有公务员社会保障和城镇职工社会保障家庭制订养老计划的边际影响更大，可能是因为社会保障更好的家庭在面临未来的不确定性时，拥有较多时间、精力和成本尽早考虑和规划未来养老问题，因此金融教育能够对拥有公务员社会保障和城镇职工社会保障家庭制订养老计划的影响更大。这说明社会保障水平差异限制了家庭养老计划的制订，而开展金融教育项目培训在一定程度上缓解了社会保障水平差异对家庭养老计划的制订。

表5-1 金融教育与家庭养老计划决策

	（1）	（2）	（3）	（4）	（5）	（6）
	全样本			农村样本		
金融教育	0.072*** (0.012)	0.073*** (0.012)	0.106** (0.054)	0.097*** (0.037)	0.096*** (0.037)	0.176*** (0.047)
参照值：金融教育×无社会保障						
金融教育×公务员社会保障			0.048** (0.020)			0.368*** (0.115)
金融教育×城镇职工社会保障			0.047** (0.026)			0.202 (0.173)
金融教育×普通居民社会保障			0.024** (0.008)			0.292** (0.150)
参照值：无社会保障						
公务员（参公）社会保障		-0.004 (0.019)	0.002 (0.020)		0.104* (0.060)	0.071 (0.063)
城镇职工社会保障		0.014 (0.016)	0.019 (0.016)		0.031 (0.045)	0.040 (0.046)
普通居民社会保障		0.031** (0.015)	0.032** (0.015)		0.038 (0.034)	0.040 (0.034)
观测值	22819			6945		
伪 R^2	0.020	0.020	0.021	0.027	0.027	0.028

注：*、**、***分别表示在10%、5%和1%水平上显著，表中报告的是平均边际效应，括号内为边际效应的稳健性标准差。所有回归结果均控制了省份虚拟变量。控制变量未予报告。

上文分析了金融教育对居民家庭养老计划的全样本平均影响。考虑到我国城乡二元结构的存在,将进一步分析金融教育对农村居民家庭养老计划的影响,结果如表 5-1 中的第（4）~第（6）列所示。第（4）列结果显示,金融教育对农村地区居民家庭养老计划可能性的边际影响为 0.097,在 1% 水平上显著。这表明金融教育对农村地区居民制订养老计划具有显著的促进作用。第（5）列结果显示,相比于无社会养老保障覆盖的家庭,拥有公务员（参公）社会保障的农村地区家庭更倾向于制订养老计划。第（6）列结果显示,金融教育对只拥有公务员（参公）社会保障和普通居民社会保障农村地区家庭养老计划制订的影响更大。

为了考察金融教育对居民家庭养老计划可能性的影响以及金融教育对不同社会保障水平家庭养老计划是否存在显著城乡差异,表 5-2 中的第（1）~第（3）列结果显示,农村地区虚拟变量对居民家庭养老计划可能性的影响为正且在 5% 及以上水平上显著,第（4）~第（6）列结果显示,金融教育与农村地区交互项的系数显著为正且均在 5% 水平上显著。此时,金融教育均依然正向显著,金融教育与社会保障的交互项也显著。这表明金融教育项目培训可以显著促进农村地区和城镇地区居民家庭养老计划,且金融教育项目培训对农村地区家庭的居民家庭养老计划的促进作用显著高于城镇地区家庭。

表 5-2　金融教育与家庭养老计划决策异质性分析

	（1）	（2）	（3）	（4）	（5）	（6）
金融教育	0.072***	0.073***	0.106**	0.067***	0.069***	0.105*
	(0.012)	(0.012)	(0.054)	(0.013)	(0.013)	(0.054)
参照值：金融教育×无社会保障						
金融教育×公务员社会保障			0.048**			0.047**
			(0.020)			(0.020)
金融教育×城镇职工社会保障			0.047**			0.046*
			(0.026)			(0.026)

续表

	(1)	(2)	(3)	(4)	(5)	(6)
金融教育×普通居民社会保障			0.005 (0.058)			0.010 (0.029)
金融教育×农村地区				0.045** (0.019)	0.044** (0.019)	0.023** (0.013)
农村地区	0.005** (0.003)	0.011*** (0.003)	0.011*** (0.003)	0.006* (0.003)	0.012*** (0.003)	0.011*** (0.003)
参照值：无社会保障						
公务员（参公）社会保障		-0.004 (0.019)	0.001 (0.020)		-0.004 (0.019)	0.001 (0.020)
城镇职工社会保障		0.013 (0.016)	0.018 (0.016)		0.013 (0.016)	0.018 (0.016)
普通居民社会保障		0.033** (0.015)	0.034** (0.015)		0.033** (0.015)	0.034** (0.015)
观测值	22819					
伪 R^2	0.020	0.021	0.021	0.020	0.021	0.021

注：同表 5-1。控制变量未予报告。

（2）金融教育与家庭养老方式选择。表 5-3 给出了金融教育对家庭不同养老方式选择的估计结果。第（1）～第（6）列结果表明，金融教育培训能够显著提高家庭选择"自己储蓄、投资养老"，"离退休工资"等养老方式。这说明随着我国市场经济不断发展、金融市场和投资环境不断优化以及社会养老保障体系不断完善，金融教育有助于推动居民家庭选择这些养老方式。第（7）列结果显示，金融教育项目培训能够显著增加居民选择更多种类的养老方式，金融教育的边际效应为 0.177，在 1% 水平上显著。这表明参与金融教育项目培训能够显著促进家庭养老方式选择多样性，进而增强家庭养老保障强度。以上分析表明，金融教育项目培训能够显著提高家庭制订养老计划并促进家庭选择多样化的养老方式。金融教育培训是改善和优化不同社会保障水平家庭制订养老计划和选择多样化养老方式的重要决定因素之一。

表 5-3 金融教育与家庭养老方式选择—全样本

	(1)自己储蓄养老	(2)子女养老	(3)养老保险	(4)退休工资养老	(5)商业养老保险	(6)配偶支持养老	(7)养老方式数量
金融教育	0.065*** (0.020)	0.011 (0.020)	0.055*** (0.012)	0.044*** (0.008)	0.009 (0.008)	0.065*** (0.020)	0.177*** (0.044)
参照值：无社会保障							
公务员（参公）社会保障	-0.038 (0.033)	0.035 (0.034)	0.208*** (0.022)	-0.014 (0.016)	0.019 (0.015)	-0.038 (0.033)	0.325*** (0.061)
城镇职工社会保障	-0.031 (0.028)	0.167*** (0.029)	0.152*** (0.020)	-0.006 (0.014)	0.008 (0.013)	-0.031 (0.028)	0.279*** (0.048)
普通居民社会保障	0.030 (0.027)	0.114*** (0.028)	-0.069*** (0.020)	0.003 (0.013)	0.005 (0.013)	0.030 (0.027)	0.164*** (0.043)
观测值	7996	7996	7886	7843	7743	7996	7996
伪 R^2	0.063	0.025	0.266	0.149	0.050	0.063	
R^2							0.087

注：同表 5-1。控制变量未予报告。

从农村地区样本看，表 5-4 中的第（1）~第（6）列结果表明，金融教育能够显著提高农村地区家庭选择"自己储蓄、投资养老"，"离退休工资"等养老方式。这说明在农村地区，随着我国市场经济不断发展、金融市场和投资环境不断优化以及社会养老保障体系不断完善，金融教育将有助于推动农村地区居民家庭选择这些养老方式。第（7）列结果显示，金融教育项目培训能够显著增加农村地区居民家庭选择更多种类的养老方式，金融教育的边际效应为 0.215，在 1% 水平上显著。这表明金融教育项目培训能够显著促进农村地区家庭养老方式选择多样性，进而增强家庭养老保障强度。

表5-4 金融教育与家庭养老方式选择—农村地区样本

	(1)自己储蓄养老	(2)子女养老	(3)养老保险	(4)退休工资养老	(5)商业养老保险	(6)配偶支持养老	(7)养老方式数量
金融教育	0.059** (0.029)	-0.021 (0.059)	-0.006 (0.019)	0.031* (0.018)	-0.001 (0.024)	0.039 (0.059)	0.215** (0.098)
参照值：无社会保障							
公务员（参公）社会保障	-0.139 (0.104)	0.252** (0.104)	0.142*** (0.034)	0.019 (0.037)	0.044 (0.038)	-0.139 (0.104)	-0.180 (0.170)
城镇职工社会保障	-0.062 (0.081)	0.358*** (0.087)	0.091*** (0.032)	0.015 (0.037)	-0.054 (0.044)	-0.062 (0.081)	-0.256 (0.159)
普通居民社会保障	0.010 (0.065)	0.265*** (0.073)	0.018 (0.030)	-0.004 (0.031)	-0.003 (0.028)	0.010 (0.065)	0.591*** (0.166)
观测值	2350	2350	1768	1561	1988	2350	2350
伪 R^2	0.062	0.042	0.333	0.164	0.075	0.062	
R^2							0.064

注：同表5-1。控制变量未予报告。

（3）稳健性检验。采用倾向得分匹配法（PSM）进行稳健性检验，使用半径匹配、最近邻匹配和核匹配三种匹配方法进行稳健性检验。表5-5报告了三种匹配方法的ATT全样本、农村地区样本的估计结果。

表5-5 金融教育对居民家庭养老计划影响的ATT估计结果

匹配方法	应变量	处理组	控制组	ATT	标准误	T值
全样本	最近邻匹配	1835	1505	0.080	0.022	3.581***
	半径匹配	1791	20255	0.075	0.012	6.067***
	核匹配	1835	20280	0.085	0.012	7.340***
农村地区样本	最近邻匹配	155	145	0.103	0.065	1.585*
	半径匹配	143	6091	0.120	0.042	2.824***
	核匹配	155	6329	0.127	0.040	3.136***

注：同表5-1。

结果显示，采用最近邻匹配法、半径匹配法和核匹配法进行估计的 ATT 值分别为 0.080、0.075、0.085，在 1% 水平上正向显著。通过以上三种匹配方法的 ATT 全样本估计结果可以发现，PSM 估计结果基本与基准估计结果一致，说明金融教育培训对家庭制订养老计划具有显著正向影响。采用最近邻匹配法、半径匹配法、核匹配法评估金融教育对农村地区家庭养老计划的影响，且正向影响均稳健成立。这说明金融教育有助于提高农村地区家庭制订养老计划的可能性。

2. 金融教育与家庭资产选择

研究已发现，提高金融知识水平能够显著增加家庭参与股票市场和风险金融市场的概率，同时也使家庭增加在风险金融资产尤其是股票资产上的配置比重。这一结果无论是对农村地区居民家庭还是全样本数据都稳健成立。鉴于此，进一步评估金融教育对居民家庭金融资产选择的影响。

（1）金融教育对家庭金融市场参与的影响。利用 Probit 模型评估金融教育对家庭股票市场参与和风险金融市场参与的影响，估计结果如表 5 – 6 所示。第（1）列结果显示，在控制其他变量后金融教育能够显著促进家庭参与股票市场，金融教育的边际效应为 0.044，在 1% 水平上显著。第（2）列结果显示，在控制其他变量后金融教育对家庭的风险金融市场参与也具有显著正向影响，金融教育的边际效应为 0.061，在 1% 水平上显著。这表明金融教育能够显著促进全样本家庭参与金融市场，金融教育项目培训的缺失在一定程度上会制约家庭金融市场参与。

从控制变量的估计结果来看，以第（1）、第（2）列为例，女性户主更倾向于参与股票市场和风险金融市场，户主年龄与家庭金融市场参与呈倒 U 形关系，随着年龄增加，家庭参与股票市场和风险金融市场的可能性呈先上升后下降趋势。受教育水平的提高可以增加家庭金融市场参与的可能性，表明受教育水平越高，家庭参与金融市场的可能性越大。风险偏好型和风险中立型家庭更可能参与金融市场，而风险厌恶型家庭为了规避金融市场风险不可能参与股票市场和风险金融市场。家庭总资产与家庭金融市场参与的可能性呈正向关系。拥有自有住房对家庭金融市场参与无显著影响，这与尹志超等（2014）、吴卫星和齐天翔（2007）所得结果不一致。

第（3）、第（4）列汇报了农村地区样本居民金融教育对家庭金融市场参与的影响。结果显示，金融教育对农村地区家庭股票市场和风险金融市场参与的边际效应分别为 0.032 和 0.040，在 1% 水平上显著。这表明金融教育对农村地区居民家庭的家庭金融市场参与均具有显著的促进作用。

表 5-6 金融教育对家庭金融市场的影响

	（1）	（2）	（3）	（4）
	股票市场参与	风险金融市场参与	股票市场参与	风险金融市场参与
	全样本		农村地区样本	
金融教育	0.044*** （0.006）	0.061*** （0.008）	0.032*** （0.011）	0.040*** （0.011）
控制变量	控制	控制	控制	控制
观测值	20439	20439	2303	3540
伪 R^2	0.276	0.268	0.314	0.206

注：*、**、*** 分别表示在 10%、5% 和 1% 水平上显著，表中报告的是平均边际效应，括号内为边际效应的稳健性标准差。同时控制了省份虚拟变量。控制变量与第三章研究金融知识与家庭资产选择一致。估计结果未予报告。

（2）金融教育对家庭股票资产占比和风险金融资产占比的影响。利用 Tobit 模型评估金融教育对全样本家庭股票资产占比和风险金融资产占比的影响，估计结果如表 5-7 所示。第（1）列给出了金融教育对家庭股票资产占比的影响，在控制其他变量后金融教育不仅能够显著促进家庭股票市场参与，还会使家庭增加其股票资产占比，金融教育的边际效应为 0.088，在 1% 水平上显著。第（2）列给出了金融教育对家庭风险金融资产占比的影响，在控制其他变量后金融教育不仅促进了家庭风险金融市场参与，还推动了家庭增加风险金融资产比重，且在 1% 水平上显著。

第（3）、第（4）列汇报了农村地区居民金融教育对家庭股票资产占比和风险金融资产占比的影响。结果显示，金融教育对农村地区家庭股票资产占比和风险金融资产占比的边际效应分别为 0.404 和 0.196，在 1% 水平上显著。这表明金融教育对优化农村地区居民家庭金融资产配置显著影响，金融教育能够有效改善家庭股票资产占比和风险金融资产占比。

表 5-7 金融教育对家庭股票资产占比和风险金融资产占比的影响

	(1)	(2)	(3)	(4)
	股票资产占比	风险金融资产占比	股票资产占比	风险金融资产占比
	全样本		农村地区样本	
金融教育	0.088***	0.111***	0.404***	0.196***
	(0.025)	(0.021)	(0.038)	(0.020)
观测值	20490	20490	4326	4326
伪 R^2	0.241	0.228	0.453	0.281

注：同表 5-6。控制变量未予报告。

综上，参与金融教育项目培训能够显著推动家庭参与股票市场和风险金融市场，并能够促进家庭将更多的金融资产投向风险资产，优化家庭资产配置，提升家庭金融福利水平。

（3）稳健性检验。考虑基准回归可能存在内生问题而导致估计结果不稳健，用 PSM 中的半径匹配、最近邻匹配和核匹配三种匹配方法进行稳健性检验估计结果如表 5-8 所示。以股票市场参与作为被解释变量，采用最近邻匹配法、半径匹配法和核匹配法进行估计的 ATT 值分别为 0.068、0.251、0.108，在 1% 水平上正向显著。以风险金融市场参与作为被解释变量，最近邻匹配法、半径匹配法和核匹配法估计的 ATT 值分别为 0.082、0.295、0.128，在 1% 水平上正向显著。以家庭股票资产占比作为被解释变量，最近邻匹配法、半径匹配法和核匹配法估计的 ATT 值在 1% 水平上正向显著；以家庭风险金融资产占比作为被解释变量，最近邻匹配法、半径匹配法和核匹配法估计的 ATT 值在 1% 水平上正向显著。通过以上三种匹配方法的 ATT 全样本估计结果可以发现，金融教育对家庭金融资产选择具有显著正向影响，参与金融教育项目培训的家庭倾向参与金融市场，特别是参与股票市场，并且使家庭将更多资产投资于风险资产中。

表5-8 金融教育对全样本家庭金融资产选择影响的ATT估计结果

匹配方法	应变量	处理组	控制组	ATT	标准误	T值
最近邻匹配	股票市场参与	2102	1728	0.068	0.017	3.984***
	风险金融市场参与	2102	1728	0.082	0.019	4.343***
	股票资产占比	2102	1728	0.022	0.008	2.591***
	风险金融资产占比	2102	1728	0.020	0.012	1.632***
核匹配	股票市场参与	2069	18001	0.251	0.011	22.795***
	风险金融市场参与	2069	18001	0.295	0.011	25.767***
	股票资产占比	2069	18001	0.068	0.005	13.034***
	风险金融资产占比	2069	18001	0.124	0.007	17.484***
半径匹配	股票市场参与	2102	18040	0.108	0.011	9.644***
	风险金融市场参与	2102	18040	0.128	0.011	11.980***
	股票资产占比	2102	18040	0.022	0.005	4.112***
	风险金融资产占比	2102	18040	0.047	0.007	6.621***

注：同表5-6。

从表5-9可以看出，无论是采用最近邻匹配法、半径匹配法，还是核匹配法进行估计，金融教育对农村地区家庭金融市场参与、股票资产占比和风险金融资产占比的正向影响均稳健成立。这一结果与表5-6和表5-7的估计结果一致。金融教育有助于提高农村地区家庭金融市场参与的积极性，促进家庭增加在股票资产等风险金融资产中的配置比重。

表5-9 金融教育对农村地区家庭金融资产选择影响的ATT估计结果

匹配方法	应变量	处理组	控制组	ATT	标准误	T值
最近邻匹配	股票市场参与	150	141	0.040	0.030	1.321
	风险金融市场参与	150	141	0.087	0.039	2.204**
	股票资产占比	150	141	0.036	0.012	2.890***
	风险金融资产占比	150	141	0.032	0.017	1.857*

续表

匹配方法	应变量	处理组	控制组	ATT	标准误	T值
核匹配	股票市场参与	137	3519	0.048	0.020	2.360**
	风险金融市场参与	137	3519	0.078	0.026	2.968***
	股票资产占比	137	3519	0.012	0.003	4.000***
	风险金融资产占比	137	3519	0.016	0.008	2.000**
半径匹配	股票市场参与	150	3947	0.050	0.021	2.415**
	风险金融市场参与	150	3947	0.078	0.026	2.983***
	股票资产占比	150	3947	0.022	0.008	2.75***
	风险金融资产占比	150	3947	0.022	0.011	2.00**

注：同表5-6。

3. 金融教育与家庭投资组合多样性

通过前文研究发现，金融知识水平的提高对家庭股票投资组合多样性有显著的正向影响，金融知识越高，家庭越倾向持有更多只股票。金融知识对家庭风险金融资产投资组合多样性也存在显著正向影响，较高金融知识水平的家庭，持有更多种类的风险金融资产，同时会注重优化各类风险金融资产的配置比例。这一影响无论是对于全样本数据还是农村地区样本数据基本成立。鉴于此，我们将利用2015年CHFS数据进一步评估金融教育对居民家庭投资组合多样性的影响。

（1）金融教育与股票投资多样性。表5-10汇报了金融教育对家庭股票投资多样性的影响。第（1）列结果显示，在控制其他变量后金融教育对股票只数的OLS估计结果显著为正，在10%水平上显著。第（2）列结果显示，在控制其他变量后金融教育对股票只数进行有序Probit模型估计，结果显著为正，在5%水平上显著。这表明参与或接受金融教育项目培训有助于促进家庭分散投资降低风险，并提高家庭股票投资多样性。这主要是因为通过金融教育能够让投资者在一定程度上了解股票市场中的风险，提高受训者金融知识水平，进而促使家庭采用分散化投资以降低投资风险。而金融知识水平的提高，投资者的信息收集、分析和处理能力也会随之提高,这将有利于投资者进行多样化投资。第(3)列结果表明,金融教育对股票投资多样性指数显著为正,在5%水平上显著,进一步表明参与金融教育项目培训投资者的股票投资多样性越强,并注重优化股票投资比例,金融教育项目培训能够显著提高居民家庭股票投资多样性。

表5-10 金融教育与家庭股票投资组合多样性

	(1)	(2)	(3)	(4)	(5)	(6)
	股票只数	股票只数	股票投资多样性指数	股票只数	股票只数	股票投资多样性指数
	OLS	Probit	OLS	OLS	Probit	OLS
	全样本			农村地区样本		
金融教育	0.406* (0.268)	0.016** (0.005)	0.007** (0.003)	0.355 (0.379)	0.328*** (0.125)	0.003* (0.002)
控制变量	控制	控制	控制	控制	控制	控制
观测值		20386			4302	
伪 R^2		0.199			0.432	
R^2	0.005		0.077	0.019		0.026

注:*、**、***分别表示在10%、5%和1%水平上显著,表中报告的是平均边际效应,括号内为边际效应的稳健性标准差。所有回归结果均控制了省份虚拟变量。控制变量与第三章研究金融知识与家庭投资组合多样性一致,估计结果未予报告。

此外,女性户主更加注重股票投资多样性。户主年龄与股票投资多样性呈U形非线性关系,说明随着户主年龄增加,其股票投资经验越丰富,对分散化投资对降低股票投资风险的作用也越了解。受教育程度对居民家庭股票投资多样化有显著正向影响,这是因为教育有助于克服投资决策失误(Abreu等,2010)。风险偏好对股票只数的边际效应系数显著为正;风险厌恶边际效应系数也显著为负。这说明风险偏好型投资者倾向于持有更多只股票,并且注重优化各股票在证券资产中的占比,而风险中立和风险厌恶型投资者则更倾向于将所有金融资产投资于单一股票中,风险态度不同的投资策略也不同。家庭金融资产越多,家庭总资产越多,投资者有更多资本进行多样化投资。

第（4）~第（6）列汇报了农村地区居民金融教育对家庭股票投资多样性影响。结果显示金融教育对农村地区家庭股票持有只数的边际影响为0.328，在1%水平上显著；金融教育对农村地区家庭股票投资多样性指数的边际影响为0.003，在10%水平上显著。这表明金融教育对农村地区居民家庭的股票投资组合多样性均具有显著的促进作用。

为了考察金融教育对居民家庭股票投资组合多样性的影响是否存在显著城乡差异，在表5-11中的第（1）~第（3）列加入农村地区虚拟变量，第（4）~第（6）列加入了金融教育与农村地区的交互项。第（1）~第（3）列结果显示，农村地区虚拟变量对股票持有只数和股票多样性指数显著为正且在1%水平上显著，第（4）~第（6）列中的金融教育与农村地区交互项的系数显著为正且均在5%水平上显著为正。这表明参与金融教育项目培训可以显著促进农村地区家庭股票投资组合多样性，且金融教育对农村地区家庭的股票投资组合多样性的促进作用显著高于城镇地区家庭。

表5-11　金融教育与城乡家庭股票投资组合多样性异质性分析

	(1)	(2)	(3)	(4)	(5)	(6)
	股票只数	股票只数	股票多样性指数	股票只数	股票只数	股票多样性指数
	OLS	Probit	OLS	OLS	Probit	OLS
金融教育	0.405 (0.368)	0.017*** (0.005)	0.007** (0.003)	0.500 (0.396)	0.017*** (0.005)	0.008*** (0.003)
农村地区	0.247 (0.361)	0.118*** (0.011)	0.007*** (0.001)	0.292 (0.373)	0.117*** (0.011)	0.006*** (0.001)
金融教育×农村地区				1.179** (0.471)	0.012*** (0.002)	0.018*** (0.004)
观测值	20386					
伪 R^2		0.207			0.207	
R^2	0.005		0.078	0.005		0.078

注：同表5-10。控制变量未予报告。

第五章 金融教育、金融行为与居民家庭收入

（2）金融教育与风险金融资产投资组合多样性。表5-12汇报了金融教育对家庭风险金融资产投资组合多样性的影响。第（1）列结果显示，在控制其他变量后金融教育对风险金融资产种类的OLS估计结果显著为正，金融教育边际影响系数为0.162，在1%水平上显著为正。第（2）列结果显示，在控制其他变量后金融教育对风险金融资产多样性指数进行有序Probit模型估计，结果显著为正，金融教育边际影响系数为0.048，且在1%水平上显著。这表明金融教育有助于促进家庭持有更多种类的风险金融资产。第（3）列结果表明，金融教育对风险金融资产投资多样性指数显著为正，金融教育边际影响系数为0.055，且在1%水平上显著为正，表明参与金融教育项目培训的投资者更倾向于持有更多种类的风险金融资产，同时注重优化各类风险金融资产投资比例。这主要因为金融教育项目培训增进了受训者对金融产品的了解，同时也提高了受训者金融知识水平，进而提高了投资者金融市场投资分析能力，使投资者在面对投资时能够做出合理的投资策略。

表5-12　金融教育与家庭风险金融资产投资组合多样性

	（1）	（2）	（3）	（4）	（5）	（6）
	风险资产种类	风险资产种类	风险资产多样性指数	风险资产种类	风险资产种类	风险资产多样性指数
	OLS	Probit	OLS	OLS	Probit	OLS
	全样本			农村地区样本		
金融教育	0.162***	0.048***	0.055***	0.056*	0.013*	0.024**
	(0.017)	(0.006)	(0.009)	(0.031)	(0.008)	(0.010)
观测值	20386			4302		
伪R^2		0.277			0.325	
R^2	0.291		0.235	0.103		0.073

注：同表5-10。控制变量未予报告。

表5-12中的第（4）~第（6）列结果显示，金融教育对农村地区家

庭风险资产持有种类的边际影响为 0.056 和 0.013，在 10% 水平上显著；金融教育对农村地区家庭风险资产投资多样性指数的边际影响为 0.024，在 5% 水平上显著。这表明金融教育对农村地区居民家庭的风险金融资产投资组合多样性均具有显著的促进作用。

为了考察金融教育对居民家庭风险金融资产投资组合多样性的影响是否存在显著城乡差异，表 5-13 结果表明，参与金融教育项目培训可以显著促进农村地区家庭风险金融资产投资组合多样性，且金融教育项目培训对农村地区家庭的风险金融资产投资组合多样性的促进作用显著高于城镇地区家庭。

表 5-13　金融教育与城乡家庭资产投资组合多样性异质性分析

	（1）	（2）	（3）	（4）	（5）	（6）
	风险资产种类	风险资产种类	风险资产多样性指数	风险资产种类	风险资产种类	风险资产多样性指数
	OLS	Probit	OLS	OLS	Probit	OLS
金融教育	0.162*** (0.017)	0.048*** (0.006)	0.055*** (0.009)	0.185*** (0.018)	0.048*** (0.006)	0.065*** (0.010)
农村地区	0.052*** (0.007)	0.143*** (0.010)	0.034*** (0.004)	0.041*** (0.007)	0.142*** (0.010)	0.029*** (0.004)
金融教育×农村地区				0.281*** (0.036)	0.011** (0.006)	0.123*** (0.023)
观测值	20386	20386	20386	20386	20386	20386
伪 R^2		0.286			0.286	
R^2	0.292		0.236	0.293		0.237

注：同表 5-10。控制变量未予报告。

（3）稳健性检验。采用 PSM 中的半径匹配、最近邻匹配和核匹配三种匹配方法进行稳健性检验。表 5-14 和表 5-15 分别报告了三种匹配方法的 ATT 全样本和农村地区样本。

从表 5-14 可以发现，通过以上三种匹配方法的 ATT 全样本估计结果与表 5-10、表 5-11 中的结果相吻合,说明金融教育对家庭风险金融资产配置种类的多样性具有显著正向影响,参与金融教育项目培训的家庭越倾向投资更多种类的金融产品,特别是对家庭股票投资组合多样性的显著影响是稳健的。

表 5-14　金融教育对全样本家庭资产投资组合多样性影响的 ATT 估计结果

匹配方法	应变量	处理组	控制组	ATT	标准误	T 值
最近邻匹配	风险资产种类	2090	1704	0.107	0.030	3.610***
	风险资产多样性指数	2090	1704	0.034	0.017	2.018**
	股票只数	2090	1704	0.733	0.266	2.756***
	股票投资多样性指数	2090	1704	0.014	0.005	2.80***
半径匹配	风险资产种类	2090	17917	0.185	0.018	10.146***
	风险资产多样性指数	2090	17917	0.068	0.010	6.785***
	股票只数	2090	17917	0.630	0.289	2.180**
	股票投资多样性指数	2090	17917	0.018	0.005	3.461***
核匹配	风险资产种类	2054	17869	0.443	0.019	23.474***
	风险资产多样性指数	2054	17869	0.196	0.010	19.367***
	股票只数	2054	17869	1.010	0.404	2.500***
	股票投资多样性指数	2054	17869	0.027	0.003	9.908***

注:同表 5-10。

从表 5-15 可以看出,无论是采用最近邻匹配法、半径匹配法,还是核匹配法进行估计,金融教育对农村地区居民家庭风险金融资产投资组合多样性和股票投资组合多样性的正向影响稳健成立。这一结果与基准回归结果一致。金融教育有助于提高农村地区家庭风险资产配置种类和股票资产配置指数多样性,促进家庭风险金融资产保值增值。

通过以上检验基本可以确定,金融教育对全样本和农村居民家庭股票投资组合多样性和风险金融资产投资组合多样性的影响是稳健成立的。

表 5-15　金融教育对农村地区样本家庭资产投资组合多样性影响的 ATT 估计结果

匹配方法	应变量	处理组	控制组	ATT	标准误	T 值
最近邻匹配	风险资产种类	149	143	0.000	0.057	0.000
	风险资产多样性指数	149	143	0.005	0.032	0.149
	股票只数	149	143	0.027	0.008	3.371***
	股票投资多样性指数	149	143	0.005	0.005	1.042
半径匹配	风险资产种类	136	3604	0.078	0.026	2.965***
	风险资产多样性指数	136	3604	0.044	0.020	2.148**
	股票只数	136	3604	0.061	0.027	2.259**
	股票投资多样性指数	136	3604	0.013	0.003	4.310***
核匹配	风险资产种类	149	4029	0.047	0.026	1.812*
	风险资产多样性指数	149	4029	0.030	0.014	2.140**
	股票只数	149	4029	0.367	0.137	2.276***
	股票投资多样性指数	149	4029	0.013	0.003	4.063***

注：同表 5-10。

4. 金融教育与家庭信贷行为

在第三章和第四章已证实，金融知识能够有效缓解全样本居民和农村地区居民家庭信贷约束。即金融知识水平的提高有助于提高全样本居民和农村地区居民家庭正规信贷可得性，降低居民家庭非正规信贷可能性，还有助于居民家庭从正规金融机构获得更多正规信贷资金，降低居民家庭从非正规金融机构获取非正规信贷的可能性及信贷资金。基于此，我们将利用 2015 年 CHFS 数据进一步评估金融教育对居民家庭信贷行为的影响。

（1）金融教育与家庭信贷可得性。表 5-16 中的第（1）~第（4）列报告了金融教育对家庭信贷可得性影响的 Probit 模型估计结果。第（1）、第（2）列结果显示，金融教育对家庭正规信贷可得性具有显著正向影响，金融教育边际影响为 0.014，在 5% 水平上显著，而金融教育对居民非正规信贷可得性具有显著负向影响。这说明金融教育有助于提高家庭正规信贷可得性，抑制家庭非正规信贷可得性。这可能是因为金融教育培训有助于提高居民金融知识水平,增加对信贷产品和信贷服务的了解,同时金融知识的提升有助于提高信贷需求者对信贷市场、信贷产品、信贷服务的了解和对信贷消息的处理能力,因而能更有效获得正规银行信贷。许多文献已证实,如吴雨等(2016)、Lusardi 和 Michell(2007)、Kidwell 和 Turrisi(2004)研究发现金融知识会促进家庭财富积累,并且较高金融知识水平的居民更倾向于保持自身信用良好,进而能够增强正规信贷可得性。从第(3)、第(4)列结果可以看出,金融教育对农村地区居民家庭正规信贷可得性具有显著促进作用,而对非正规信贷可得性具有显著抑制作用,金融教育的边际影响分别为 0.044 和 -0.051,在 1% 和 10% 水平上显著,说明金融教育有助于提高农村地区居民家庭正规信贷可得性,抑制家庭非正规信贷可得性。

表 5-16 金融教育与居民家庭信贷可得性

	(1)	(2)	(3)	(4)	(5)	(6)	(7)	(8)
	全样本		农村地区样本		全样本		农村地区样本	
	正规信贷可得性	非正规信贷可得性	正规信贷可得性	非正规信贷可得性	正规信贷总额	非正规信贷总额	正规信贷总额	非正规信贷总额
金融教育	0.014**	-0.011*	0.044***	-0.051*	3.142***	-2.088**	2.852*	-2.012**
	(0.006)	(0.007)	(0.017)	(0.027)	(1.020)	(0.808)	(1.676)	(1.076)
观测值	33710	33710	11008	11008	33710	33710	11008	11008
伪 R^2	0.167	0.101	0.143	0.074	0.029	0.050	0.035	0.038

注:同表 5-10。控制变量未予报告。

(2)金融教育与家庭信贷总额。表 5-16 中的第(5)~第(8)列报告了金融教育对家庭信贷总额影响的 Tobit 模型估计结果。第(5)、第(6)列结果显示,金融教育对家庭正规信贷总额具有显著正向影响,金融教育边际影响为 3.142,在 1% 水平上显著,同时金融教育对居民非正规信贷总额具有显著负向影响,金融教育边际影响为 -2.088,在 5% 水平上显著。从第(7)、第(8)列结果可以看出,金融教育对农村地区居民家庭正规信贷总额具有显著促进作用,而对非正规信贷总额具有显著抑制作用,金融教育的边际影响分别为2.852和-2.012,在10%和5%水平上显著,说明金融教育有助于提高农村地区居民家庭正规信贷可得性,抑制家庭非正规信贷可得性。

(3) 异质性分析。表5-17中考察了金融教育对居民家庭信贷行为城乡异质性影响,第(1)~第(4)列加入农村地区虚拟变量,在第(5)~第(8)列加入金融教育与农村地区的交叉项。结果显示农村地区对家庭信贷行为具有显著正向影响,且均在1%水平上显著。金融教育与农村地区交叉项对正规信贷可得性和正规信贷总额的系数显著为正且在1%水平显著,金融教育与农村地区交叉项对非正规信贷可得性和非正规信贷总额的系数显著为负且在5%以上水平显著,表明金融教育有助于提高居民正规信贷行为,抑制家庭非正规信贷行为,且参与金融教育对农村地区家庭信贷行为的促进作用显著高于城镇地区。

表5-17 金融教育对家庭信贷行为影响的异质性分析

	(1) 正规信贷可得性	(2) 非正规信贷可得性	(3) 正规信贷总额	(4) 非正规信贷总额	(5) 正规信贷可得性	(6) 非正规信贷可得性	(7) 正规信贷总额	(8) 非正规信贷总额
金融教育	0.014** (0.006)	-2.000*** (0.608)	3.121*** (1.020)	-2.107** (0.807)	0.011* (0.006)	-1.009* (0.609)	3.237*** (1.081)	-1.854** (0.904)
农村地区	0.031*** (0.005)	0.039*** (0.005)	1.985*** (0.719)	2.330*** (0.455)	0.030*** (0.005)	0.037*** (0.005)	2.013*** (0.724)	2.228*** (0.457)
金融教育×农村地区					0.030*** (0.011)	-0.057*** (0.022)	2.981*** (1.112)	-4.137** (1.949)
观测值	33710							
伪R^2	0.168	0.103	0.029	0.050	0.168	0.103	0.029	0.050

注:同表5-10。控制变量未予报告。

(4) 稳健性检验。考虑金融教育与居民家庭信贷行为之间可能存在内生问题而导致估计结果不稳健,采用倾向得分匹配半径匹配、最近邻匹配和核匹配三种匹配方法进行稳健性检验。从表5-18可知,通过以上三种匹配方法的ATT全样本估计结果发现,估计结果基本与基准回归结果相吻合,说明参与或接受金融教育培训会提升居民家庭正规信贷可得性并增加家庭正规信贷总额,金融教育有助于抑制对居民家庭非正规信贷可得性并降低家庭非正规信贷总额。居民家庭参与或接受金融教育培训后,家庭将能够从正规金融机构获得更多信贷资金,从而能够缓解家庭金融约束。

表5-18 金融教育对全样本居民家庭信贷行为影响的ATT估计结果

	应变量	ATT值	S.E.	T值
最近邻匹配	正规信贷可得性	0.024	0.014	1.714*
	非正规信贷可得性	-0.023	0.011	-2.091**
	正规信贷总额	0.198	0.092	2.154**
	非正规信贷总额	-0.021	0.012	-1.75*
半径匹配	正规信贷可得性	0.135	0.009	14.524***
	非正规信贷可得性	-0.045	0.007	-6.617***
	正规信贷总额	0.258	0.061	4.214***
	非正规信贷总额	-0.375	0.063	-5.929***
核匹配	正规信贷可得性	0.048	0.009	5.213***
	非正规信贷可得性	-0.018	0.007	-2.571***
	正规信贷总额	0.169	0.064	2.660***
	非正规信贷总额	-0.020	0.007	-2.857***

注:*、**、***分别表示在10%、5%和1%水平上显著。

从表5-19可以看出,无论是采用最近邻匹配法、半径匹配法,还是核匹配法进行估计,金融教育对农村地区居民家庭正规信贷可得性和正规信贷总额的正向影响稳健成立,对农村地区居民家庭非正规信贷可得性和非正规信贷总额的显著负向影响也稳健成立。这一结果与基准回归估计结果所得结论一致。金融教育有助于提高农村地区家庭正规信贷可得性,缓解家庭信贷约束。

表 5-19　金融教育对农村地区样本居民家庭信贷行为影响的 ATT 估计结果

	应变量	ATT 值	S. E.	T 值
最近邻匹配	正规信贷可得性	0.090	0.047	1.916*
	非正规信贷可得性	-0.070	0.038	-1.842*
	正规信贷总额	0.396	0.235	1.685*
	非正规信贷总额	-0.666	0.226	-2.947***
半径匹配	正规信贷可得性	0.125	0.030	4.119***
	非正规信贷可得性	-0.088	0.034	-2.571***
	正规信贷总额	0.317	0.099	3.202***
	非正规信贷总额	-0.578	0.335	-1.725*
核匹配	正规信贷可得性	0.122	0.028	4.298***
	非正规信贷可得性	-0.077	0.030	-2.569***
	正规信贷总额	0.242	0.196	1.235
	非正规信贷总额	-0.510	0.309	-1.650*

注：同表 5-10。

5. 金融教育与新农保参与行为

金融教育项目能提高公众金融知识，改变公众的不良金融行为（Lusardi & Mitchell，2010）。进一步，Lusardi 等（2007）认为通过信息手册、视觉交互工具、书面叙述和视频故事等新型金融教育计划能有效提高个体金融知识水平，改善其金融行为。Sayinzoga 等（2015）发现，通过金融知识教育培训，参与者能提高金融知识，改变他们的储蓄与借贷行为，并且有助于创业行为。然而，短期的金融教育培训对于参与者收入的提高并不显著。国内学者虽然已认识到金融教育的重要性，但大多数研究集中于定性分析，相关实证文献甚寡。

第四章已经证实，金融知识对新农保参与行为具有显著影响，那么金融教育能否显著提高农村居民的金融知识，并是否对当期、长期新农保参与行为及其变化具有显著的积极作用？为此，利用 2015 年和 2017 年 CHFS 微观数据研究金融教育对农村居民当期、长期新农保参与行为及其变化的影响。从金融教育角度出发探讨其在新农保参与行为中的作用，将有助于扩展国内金融教育的相关研究范畴,从而为各级政府和金融机构普及金融教育提供切实可行的政策依据。

金融教育对新农保参与行为的当期、长期和动态影响。表5-20报告了利用核匹配法获得匹配后的当期、长期与动态的ATT值,考察金融教育对新农保参与及缴纳金额的影响。以新农保参与为被解释变量,其当期ATT值为0.030,未出现显著变化;被解释变量为新农保缴纳金额时,其当期ATT值为0.202,也无显著影响。考察长期ATT值发现新农保参与作为被解释变量,其长期ATT值为-0.038,没有出现显著变化。而当被解释变量为新农保缴纳金额时,其长期ATT值为0.372,在5%水平上显著,说明金融教育对新农保缴纳金额的增加具有显著的长期影响。考察动态ATT值以新农保参与变化作为被解释变量,其动态ATT值为0.042,无显著变化。当被解释变量为新农保缴纳金额变化时,ATT值为58.479,在10%水平上显著。此外,采用最近邻匹配方法、半径匹配法作为稳健性检验,研究结果与核匹配法基本一致。

表5-20 金融知识对新农保参与行为PSM估算的ATT值

	被解释变量	处理组	控制组	ATT值	S. E.	T值
当期	新农保参与	182	8084	0.030	0.037	0.811
	新农保缴纳金额	182	8084	0.202	0.163	1.237
长期	新农保参与	157	7011	-0.038	0.039	-0.983
	新农保缴纳金额	157	7011	0.372	0.154	2.408**
动态	新农保参与变化	78	3445	0.042	0.054	0.783
	新农保缴纳金额变化	78	3445	58.479	31.803	1.839*

注:同表5-10。

从检验结果可以看出,金融教育对当期、长期新农保参与及其变化均无显著影响,对当期新农保缴纳金额也无显著影响,但对长期新农保缴纳金额以及新农保缴纳金额变化具有显著影响,说明金融教育对新农保参与的实施效果还有待提升。此外,尽管金融教育对增加新农保缴纳金额的影响存在时滞，但从长期和动态视角看，金融教育还取得一定的效果。而金融教育对增加新农保缴纳金额有显著影响的可能原因是，对于已经参与新农保的农村居民而言，他们比没有参与新农保的农村居民更积极、主动地去关注相关信息，致使金融教育有利于提升居民的相关金融知识，进而增加新农保缴纳金额。

6. 金融教育与家庭创业行为

（1）金融教育对家庭创业行为的当期影响。表 5-21 利用 Probit 模型报告了金融教育对家庭创业选择的当期影响估计结果。第（1）列在只考虑单一金融教育变量情况下，金融教育对全样本家庭创业决策的边际影响为 0.061，在 1% 水平上显著，说明金融教育显著正向影响了家庭当期创业决策。第（2）列在同时考虑了金融教育和控制变量情况下，金融教育对提高当期居民家庭创业决策具有显著正向影响，表明参与或接受金融教育有助于提高居民家庭创业决策，这主要是因为金融教育培训增加受访者金融知识水平。第（3）列在只考虑单一金融教育变量情况下，金融教育对家庭创业动机的边际影响分别为 0.132，在 1% 水平上显著，说明金融教育显著正向影响了家庭当期创业动机。第（4）列同时考虑了金融教育和控制变量情况下，金融教育对提高当期居民家庭主动创业动机具有显著正向影响，说明金融教育能够促进居民家庭主动创业动机。以上结果表明，参与金融教育培训有助于推动家庭参与创业活动，显著促进居民家庭主动创业，进而实现企业家精神。

从控制变量估计结果看，随着户主年龄增长，家庭创业决策的可能性逐渐降低。户主受教育程度越高，家庭创业选择的可能性越低，家庭主动创业动机越强。户主健康状况越好则越有利于家庭创业决策，而对创业动机无显著影响。风险偏好型家庭愿意承担创业风险或风险承担能力较强而更愿意创业。家庭规模越大，能够推动家庭创业决策。家庭老人数量和身体健康差的数量越多，则不利于家庭创业决策和主动创业动机，可能是因为家庭往往需要花费大量资源照顾老人和资源医疗费用，造成家庭资金不足而无法创业。家庭总资产越多，家庭创业选择的概率越大，表明家庭资产充裕度越高能够为家庭创业提供更多资金支持。家庭拥有自有住房和家庭小孩数量越多越有利于家庭创业活动和主动创业动机[①]。

表 5-21 金融教育对家庭创业行为的当期影响结果

	(1)	(2)	(3)	(4)	(5)	(6)	(7)	(8)
	家庭创业决策		家庭创业动机		家庭创业决策		家庭创业动机	
	全样本				农村地区样本			
金融教育	0.061*** (0.007)	0.032*** (0.007)	0.132*** (0.022)	0.045* (0.023)	0.112*** (0.018)	0.035** (0.016)	0.080 (0.067)	0.019 (0.068)
观测值	33790	33782	5453	5451	11040	11039	1193	1189
控制变量	不控制	控制	不控制	控制	不控制	控制	不控制	控制
伪 R^2	0.018	0.164	0.033	0.070	0.036	0.196	0.048	0.083

注：*、**、***分别表示在10%、5%和1%水平上显著，表中报告的是平均边际效应，括号内为边际效应的标准差。控制了省份虚拟变量，控制变量未予报告。

第(5)~第(8)列给出了金融教育对农村地区居民家庭创业行为的影响。从中可以看出，金融教育对农村家庭创业动机决策存在显著正向影响，而对家庭主动创业动机无显著影响。这说明参与金融教育对农村地区当期家庭的创业精神存在显著影响，金融教育能够提高农村地区当期家庭创业决策，增强城镇地区家庭主动创业动机。

（2）金融教育对家庭创业行为的长期影响。表5-22利用Probit模型报告了金融教育对居民家庭创业行为的长期影响。第(1)、第(3)列表示单一金融教育对全样本居民家庭创业决策和创业动机的估计结果，从中可以看到，金融教育显著提高了家庭长期创业决策概率，但对家庭创业动机不存在长期影响效果。第(2)、第(4)列是加入所有控制变量后，金融教育对家庭创业决策和创业动机的影响结果，可以发现，模型拟合度伪R^2得到了显著提高，但此时金融教育对家庭创业决策和创业动机不具有长

[①] 篇幅限制，控制变量估计结果未予报告。

期影响效应。这表明参与短期金融教育培训对家庭创业行为无长期显著影响。第(5)~第(8)列给出了金融教育对农村地区居民家庭创业行为的长期影响,参与金融教育对农村地区家庭创业决策和创业动机均无显著长期影响效果。

表5-22 金融教育对居民家庭创业行为的长期影响

	(1)	(2)	(3)	(4)	(5)	(6)	(7)	(8)
	家庭创业决策		家庭创业动机		家庭创业决策		家庭创业动机	
	全样本				农村地区样本			
金融教育	0.047*** (0.009)	0.003 (0.009)	0.017 (0.017)	0.013 (0.018)	0.077*** (0.018)	0.024 (0.018)	0.064 (0.061)	0.071 (0.058)
控制变量	不控制	控制	不控制	控制	不控制	控制	不控制	控制
观测值	24398	24397	3251	3251	9523	9523	725	708
伪 R^2	0.016	0.112	0.037	0.052	0.034	0.124	0.036	0.088

注:同表5-21。

(3)金融教育对家庭创业行为的动态影响。表5-23报告了利用有序Probit模型估计金融教育对家庭创业行为的改善效果。第(1)、第(3)列表示单一金融教育对全样本居民家庭创业决策和创业动机的改善效果,可以看到金融教育能够显著改善家庭主动创业动机,即参与或接受金融教育培训能够推动家庭主动创业动机向好的方向改善。第(2)、第(4)列将金融教育和所有控制变量加入回归模型中,结果显示金融教育对全样本居民家庭创业行为无显著改善效果。第(5)~第(8)列为金融教育对农村地区居民家庭创业行为的动态的影响,从中可以看出,参与金融教育对农村地区家庭创业决策和创业动机也均无显著改善效果。

通过以上分析发现,金融教育对居民家庭创业行为的影响主要体现在当期,对居民家庭创业行为无显著的长期和动态影响,特别是农村地区。究其原因,一方面是以中国人民银行为主的在农村地区所开展的金融教育培训项目或送知识下乡等活动还只是流于形式,在农村人口较为集中的公共场所悬挂横幅、派发传单，或局限于对有主动前来咨询问题的农户进行解答，缺乏专门针对新农保的金融教育培训；另一方面，农村居民受教育水平普遍偏低，学习的积极性及主动性缺乏，同时农村地区居民对于金融教育培训项目也未能予以足够重视，导致其参与的积极性严重不足，致使金融教育的实施效果不明显。

表5-23 金融教育对居民家庭创业行为的动态影响结果

	(1)	(2)	(3)	(4)	(5)	(6)	(7)	(8)
	家庭创业决策		家庭创业动机		家庭创业决策		家庭创业动机	
	全样本				农村地区样本			
金融教育	0.006 (0.005)	0.000 (0.006)	0.017*** (0.006)	0.005 (0.007)	0.009 (0.015)	0.002 (0.015)	-0.033 (0.023)	-0.036 (0.023)
控制变量	不控制	控制	不控制	控制	不控制	控制	不控制	控制
观测值	24398	24397	2225	2225	9575	9575	513	513
伪 R^2	0.004	0.013	0.029	0.048	0.011	0.025	0.080	0.125

注：同表5-21。

（4）稳健性检验。考虑金融教育可能存在内生问题而导致估计结果不稳健，采用倾向得分匹配半径匹配、最近邻匹配和核匹配三种匹配方法进行稳健性检验。表5-24和表5-25分别报告了三种匹配方法的ATT全样本、农村地区样本估计结果（当期影响），表5-26和表5-27分别报告了三种匹配方法的ATT全样本、农村地区样本估计结果（长期影响）。表5-28和表5-29分别报告了三种匹配方法的ATT全样本、农村地区样本估计结果（动态影响）。

评估金融教育当期影响时。从表5-24可知，通过三种匹配方法的ATT全样本估计结果（当期影响）可以发现，估计结果与表5-21中的结果相吻合，说明金融教育对当期居民家庭创业决策和主动创业动机的正向影响是稳健成立的。从表5-25可以看出，无论是采用最近邻匹配法、半径匹配法，还是核匹配法进行估计，金融教育对农村地区居民家庭创业的正向影响均稳健成立。

表 5-24　金融教育对全样本居民家庭创业行为当期影响的 ATT 估计结果

匹配方法	应变量	ATT	标准误	T 值
最近邻匹配	创业决策	0.012	0.005	2.400**
	创业动机	0.035	0.014	2.500**
半径匹配	创业决策	0.048	0.009	5.327***
	创业动机	0.062	0.018	3.444***
核匹配	创业决策	0.035	0.009	3.930***
	创业动机	0.065	0.017	3.812***

注：同表 5-21。

表 5-25　金融教育对农村地区居民家庭创业行为当期影响的 ATT 估计结果

匹配方法	应变量	ATT	标准误	T 值
最近邻匹配	创业决策	0.035	0.014	2.5**
	创业动机	0.094	0.145	0.648
核匹配	创业决策	0.138	0.030	4.560***
	创业动机	0.142	0.099	1.434
半径匹配	创业决策	0.154	0.032	4.863***
	创业动机	0.156	0.102	1.558

注：同表 5-21。

评估金融教育长期影响时。从表 5-26 可知，采用最近邻匹配法估计发现，金融教育对全样本居民家庭创业行为无显著影响，这一结果与基准回归结果一致。进一步采用半径匹配法和核匹配法发现，金融教育对居民家庭创业决策和创业动机的 ATT 估计结果依然不显著，由此可以说明，金融教育对居民家庭创业行为不具有长期影响效应是稳健成立的。从表 5-27 可以看出，无论是采用最近邻匹配法、半径匹配法，还是核匹配法进行估计，金融教育对农村地区居民家庭创业行为的长期影响均不显著，参与短期金融教育培训对居民家庭创业行为无显著长期影响。

表5-26 金融教育对全样本居民家庭创业行为长期影响的ATT估计结果

匹配方法	应变量	ATT	标准误	T值
最近邻匹配	创业决策	0.006	0.018	0.349
	创业动机	-0.002	0.024	-0.091
半径匹配	创业决策	0.019	0.015	1.266
	创业动机	0.017	0.019	0.895
核匹配	创业决策	0.018	0.013	1.385
	创业动机	0.011	0.015	0.785

注：同表5-21。

表5-27 金融教育对农村地区居民家庭创业行为长期影响的ATT估计结果

匹配方法	应变量	ATT	标准误	T值
最近邻匹配	创业决策	0.017	0.052	0.320
	创业动机	0.058	0.086	0.677
半径匹配	创业决策	0.046	0.030	1.533
	创业动机	0.043	0.101	0.426
核匹配	创业决策	0.049	0.032	1.531
	创业动机	0.036	0.030	1.215

注：同表5-21。

在评估金融教育的动态影响时，从表5-28可知，采用最近邻匹配法估计发现，金融教育对居民家庭创业行为无显著影响，进一步采用半径匹配法和核匹配法发现，金融教育对居民家庭创业决策和创业动机的ATT估计结果依然不显著，说明金融教育对居民家庭创业行为不具有显著改善效应是稳健成立的。从表5-29可以看出，无论是采用最近邻匹配法、半径匹配法，还是核匹配法进行估计，金融教育对农村地区居民家庭创业行为的改善效果均不显著，参与金融教育培训对居民家庭创业行为无显著改善效果。

综上，通过倾向得分匹配稳健性检验发现，稳健性检验结论与基准回归结果一致，基准估计结果是稳健可靠的。

表 5-28 金融教育对居民家庭创业行为动态影响的 ATT 估计结果

匹配方法	应变量	ATT	标准误	T 值
最近邻匹配	创业决策	0.003	0.017	0.164
	创业动机	0.025	0.057	0.441
半径匹配	创业决策	0.003	0.010	0.314
	创业动机	0.008	0.030	0.267
核匹配	创业决策	0.006	0.011	0.541
	创业动机	0.053	0.032	1.648

注：同表 5-21。

表 5-29 金融教育对农村地区居民家庭创业行为动态影响的 ATT 估计结果

匹配方法	应变量	ATT	标准误	T 值
最近邻匹配	创业决策	-0.006	0.048	-0.117
	创业动机	0.253	0.200	1.265
半径匹配	创业决策	-0.014	0.031	-0.461
	创业动机	-0.116	0.211	-0.550
核匹配	创业决策	-0.014	0.032	-0.426
	创业动机	0.123	0.093	1.324

注：同表 5-21。

（三）研究结论与政策建议

在利用 2015 年 CHFS 数据研究金融教育对居民养老计划的影响时发现，金融教育能够显著促进家庭制订养老计划的可能性，且金融教育也能够对不同社会保障水平家庭制订养老计划的显著促进作用存在异质性，其中金融教育项目培训对拥有公务员（参公）社会保障和城镇职工社会保障的家庭养老计划的改善更为明显。同时，金融教育项目培训还有助于家庭养老方式的多样化，金融教育能够显著增加家庭对"自己储蓄、投资"，"离退休工资"，"社会保险"，"配偶或亲属支持"等养老方式的选择。以上结果无论是对全样本还是农村地区样本均成立。政府及相关部门应积极鼓励和倡导年轻人尽早主动制订完善的养老计划和选择合理养老方式来降低未来不确定风险对老年生活幸福感的损失。同时，加强金融教育培训，推动家庭因地制宜制订和完善养老计划和合理选择有效的养老方式，鼓励家庭将"自己储蓄、投资"，"社会养老保险"，"离退休工资"，"商业养老保险"等养老方式有机组合，并积极尝试新型养老模式，从而提高老年生活幸福感。

利用2015年CHFS数据评估了金融教育对家庭金融资产选择的影响。研究发现，金融教育能够显著增加家庭参与股票市场和风险金融市场的概率，同时也使家庭增加在风险金融资产尤其是股票资产上的配置比重。采用倾向得分匹配法（PSM）估计后发现，该结论依然成立。进一步分样本分析发现，金融教育对农村地区家庭金融市场参与和家庭金融资产选择的影响依然显著为正。政府应积极开展金融教育项目培训，特别是针对农村地区，增加提高金融教育项目培训频度和广度，注重培训质量的提高及受训者的有效参与率。居民应积极参与金融教育项目培训，积极反馈和提出问题，以提高金融知识水平。同时，政府应进一步制定相关法律法规优化我国金融市场环境，降低进入金融市场门槛，完善金融市场体制机制，推动我国金融市场健康稳定繁荣发展。

基于2015年CHFS数据评估了金融教育对家庭股票投资组合多样性和风险金融资产投资组合多样性的影响。研究结果表明，金融教育对家庭股票投资组合多样性和家庭风险金融资产投资组合多样性均有显著的正向影响，参与金融教育项目培训的家庭倾向持有更多只股票和倾向持有更多种类的风险金融资产，注重优化各类风险金融资产的配置比例。城乡异质性分析发现，金融教育对农村地区家庭股票投资组合多样性和家庭风险金融资产投资组合多样性的促进作用更大。因此，当务之急应着力开展金融教育项目培训，在促进农村地区受教育水平提高的同时还应加强农村地区金融教育项目培训以更好地推动家庭金融资产合理配置，实现保值增值；科学引导城乡投资者理性参与金融市场、树立正确投资观念、制订科学的理财规划；完善我国金融市场体制机制，防范金融市场风险，加强打击非法集资、放高利贷等金融活动,为投资者营造一个良好的金融市场投资环境。

利用 2015 年 CHFS 数据从金融教育这一微观视角出发评估金融教育对居民家庭信贷可得性和信贷总额获取的有效性影响。研究发现,参与金融教育有助于提高家庭正规信贷可得性及降低非正规信贷可能性。金融教育还有助于家庭从正规金融机构获得更多正规信贷资金,降低家庭非正规信贷的可能性及信贷资金。城乡异质性分析发现,参与金融教育有助于提高正规信贷行为,抑制家庭非正规信贷行为,且对农村地区家庭信贷行为的促进作用显著高于城镇地区。政策启示有:首先,在面对信贷约束时,政府应深化金融体制改革,建立健全金融机构信贷机制,加快金融市场发展,完善我国信贷生态建设,有效降低金融机构服务门槛和交易成本,简政放权,简化信贷审批程序,提高信贷效率,降低信贷违约率。其次,积极开展金融教育培训项目,特别是增加农村地区金融教育项目培训的频率,提高金融教育培训质量,提升我国居民整体金融知识水平。开展金融教育培训可改善居民对金融机构正规信贷的认知偏差,防范金融风险,进而提高居民正规金融服务的可得性。最后,严厉打击和取缔非法网络借贷、民间借贷、合会、地下钱庄等平台和组织,加强金融市场监管,净化信贷市场环境,从根本上有效缓解家庭面临的信贷约束问题,让更多的信贷资源流向真正有需要的地方。

基于 2015 年和 2017 年 CHFS 数据评估了金融教育对新农保参与行为的当期、长期和动态影响。研究结果显示,金融教育对当期和长期农村居民新农保参与及新农保参与状况的改善无显著影响,但金融教育对长期新农保缴纳金额和新农保缴纳金额变化具有积极的促进作用。这表明金融教育对新农保参与行为的作用效果还有待提高。

基于 2015 年和 2017 年 CHFS 微观数据利用 Probit 和有序 Probit 模型研究了金融教育对居民家庭创业行为的当期、长期和动态影响。研究发现,参与金融教育培训能够显著推动居民家庭当期家庭创业选择,对促进家庭主动创业动机具有显著正向影响,而对家庭创业活动和主动创业动机产生不具有长期和显著的改善效果。分样本分析发现，金融教育能够促进农村地区居民家庭当期创业决策和当期主动创业动机的产生，对居民创业行为均无显著长期影响和动态改善效果。考虑可能存在自选择偏误，采用PSM重新评估发现ATT估计结果与基准估计结论保持一致。

三、金融教育与居民家庭收入及收入流动性

第四章探讨了金融知识对居民家庭收入及收入流动性的影响。发现了金融知识的提高能够显著促进当期和长期居民家庭（全样本）收入增长，在高金融知识家庭中，低收入层级突破贫困陷阱，进而向高收入层级跃迁的比例更大。同时，探讨了金融知识农户家庭收入及其流动性的影响。研究金融知识对农户家庭收入增加具有显著的正向推动作用，金融知识的提高能够显著促进当期和长期农村居民家庭收入增长，在高金融知识家庭中，低收入层级能够突破贫困陷阱，金融知识能够显著正向促进农村居民家庭收入层级向更高层级跃迁，特别是对于低收入家庭的收入移动更为显著。本节基于2015和2017年CHFS数据利用第四章的模型和变量进一步评估金融教育对居民家庭收入的当期、长期和流动性的影响。

（一）实证结果与分析

1. 金融教育对居民家庭收入的当期影响

表5-30提供了金融教育与居民家庭总收入的回归估计结果。从第（1）列结果可以看出，在未考虑其他控制变量情况下，金融教育的系数在1%水平上统计显著为正，表明参与金融教育项目培训能够显著促进当期家庭收入水平的提升。即参与或接受金融教育项目培训将会使家庭总收入增加1.255个百分点。从第（2）列结果可以看出，在考虑了其他控制变

量情况下，金融教育的系数也均在1%水平上统计显著为正，表明金融教育项目培训能够显著促进当期家庭收入水平的提升。即在其他控制变量不变情况下，金融教育项目培训将使家庭总收入增加0.290个百分点。

第（3）、第（4）列报告了金融教育与农村地区居民家庭总收入的回归估计结果。从第（3）列结果可以看出，在未考虑其他控制变量情况下金融教育的系数在1%水平上统计显著为正，表明参与金融教育项目培训能够显著促进当期农村地区家庭收入水平的提升。由第（4）列结果可以看出，在考虑了其他控制变量情况下金融教育的系数也均在1%水平上统计显著为正，表明金融教育能够显著促进当期农村地区家庭收入水平的提升。

表5-30　金融教育对当期和长期居民家庭收入的影响

	（1）	（2）	（3）	（4）	（5）	（6）	（7）	（8）
	全样本		农村地区样本		全样本		农村地区样本	
	当期影响				长期影响			
金融教育	1.255*** (0.044)	0.290*** (0.044)	1.126*** (0.160)	0.437*** (0.150)	1.027*** (0.038)	0.213*** (0.036)	0.656*** (0.132)	0.375*** (0.125)
控制变量	不控制	控制	不控制	控制	不控制	控制	不控制	控制
观测值	33251		10734		23616		9075	
R^2	0.022	0.165	0.004	0.107	0.044	0.240	0.009	0.161

注：*、**、***分别表示在10%、5%和1%水平上显著，表中报告的是系数，括号内为稳健性标准误。控制地区虚拟变量。

2. 金融教育对居民家庭收入的长期影响

表5-30提供了金融教育对居民家庭总收入长期影响的回归估计结果。从第（5）列可以看出，未考虑控制变量时金融教育的系数在1%水平上统计显著为正，表明金融教育项目培训能够显著促进家庭收入水平的长期提升，并且参与金融教育将会使家庭总收入增加1.027个百分点。第（6）列考虑了控制变量，可以看到模型的拟合度得到显著提高，金融教育

仍然显著。

从第（7）列结果可以看出，在未考虑其他控制变量情况下金融教育的系数在1%水平上显著为正，表明参与金融教育项目培训能够显著促进农村地区家庭收入水平的长期提升。由第（8）列结果可以看出，在考虑了其他控制变量情况下金融教育的系数也在1%水平上统计显著为正，表明在其他控制变量不变的情况下，参与金融教育项目培训能够显著促进长期农村地区家庭收入水平的长期提升。以上结果表明金融教育项目培训能够对农村地区居民长期家庭收入产生显著正向影响。

3. 金融教育对居民家庭收入流动性的影响

（1）金融教育对居民家庭收入增长率影响。评估金融教育对居民家庭收入流动性有效性之前，需考察金融教育与居民家庭收入增长率之间的关系。收入增长率计算公式为：$Income\_Rate = (Income_{2017} - Income_{2015})/Income_{2015}$，表5-31结果显示，金融教育对居民家庭收入增长率具有显著的正向影响。这一显著影响为下一步评估金融教育与家庭收入流动性之间的关系提供了基础。

表5-31 金融教育对居民家庭收入增长率的影响

	（1）	（2）	（3）	（4）
	全样本		农村地区样本	
金融教育	387.893* (209.678)	415.893** (206.322)	1.1e+03*** (421.007)	1.1e+03** (457.066)
控制变量	不控制	控制	不控制	控制
观测值	23616	23616	9075	9075
R^2	0.010	0.012	0.011	0.013

注：同表5-21。

虽然金融教育对家庭收入增长率具有显著正向影响，然而，我们更关注金融教育能够帮助其实现收入层级的"向上移动"。为此，对2015~2017年家庭收入层级是否发生向上移动进行考察。控制变量主要有户主特征变量、家庭特征变量、地区虚拟变量,此外还加入了家庭2015年收入层级,采用Probit模型进行估计,估计结果如表5-32所示。

表5-32 金融教育与普通家庭收入流动性

	(1)	(2)	(3)	(4)
	全样本		农村地区样本	
金融教育	0.062***	0.031***	0.047*	0.026*
	(0.013)	(0.012)	(0.026)	(0.014)
Rank2015		0.168***		0.156***
		(0.002)		(0.003)
控制变量	不控制	控制	不控制	控制
观测值	23616	23616	9075	9075
伪R^2	0.001	0.193	0.000	0.146

注:同表5-21。

(2)金融教育对普通家庭收入流动性的影响。表5-32中的第(1)、第(2)列为全样本估计,从第(1)列可以发现,金融教育显著正向影响了家庭收入流动性,即金融教育能显著促进家庭收入层级向上移动,参与金融教育项目培训将会使家庭收入向上移动的可能性增加0.08%。加入其他控制变量时,模型拟合度较低。在第(2)列中加入所有控制变量可以发现,伪R^2较第(1)列得到显著提高,金融教育的边际效应系数依然显著,且在1%水平上显著。家庭期初收入水平越高,家庭收入向上移动的可能性越大,这与Hertz和Tom(2006)的研究结果一致。

第(3)、第(4)列为农村地区样本估计结果,从中可以发现,当只考察单一金融教育对农村地区居民家庭收入流动性的影响时,金融教育显著正向影响了农村地区居民家庭收入流动性,即金融教育也能显著促进农村地区居民家庭收入层级向上移动。由第(4)列估计结果可以发现,伪R^2较第(3)列得到显著提高,金融教育的边际效应系数在10%水平上显著,说明金融教育显著提高农村地区居民家庭收入层级向上移动的可

第五章 金融教育、金融行为与居民家庭收入

能性。

（3）金融教育对低收入家庭向高收入移动的影响。以上已证实，金融教育能够帮助家庭收入层级向上移动。那么，是否能够提高低收入家庭收入向高收入层级移动的可能性呢？为此，选取家庭期初总收入排序在后50%的家庭观察其收入层级在2017年是否发生变化。如果家庭在2017年的收入水平进入前50%，则说明家庭收入发生了向上流动，取值为1，否则为0，回归结果如表5-33所示。第（1）、第（2）列为全样本估计，第（1）列中只考察金融教育这一变量对低收入家庭收入流动性的影响，从中可以发现，金融教育显著正向影响了低收入家庭收入流动性，即参与金融教育项目能够促进低收入家庭收入层级向上移动，金融教育将能使家庭收入向上移动的可能性增加0.4%。第（2）列回归中加入所有控制变量，从中可以发现，伪R^2较第（1）列得到显著提高，同时金融教育的边际效应系数在1%水平上显著，这证实了金融教育能够显著促进低收入家庭跃至高收入层级。

表5-33 金融教育对低收入家庭向高收入移动的影响

	（1）	（2）	（3）	（4）
	全样本		农村地区样本	
金融教育	0.339*** (0.013)	0.060*** (0.016)	0.177*** (0.025)	0.156*** (0.059)
Rank2015		0.148*** (0.002)		0.122*** (0.003)
控制变量	不控制	控制	不控制	控制
观测值	23616	11808	9075	2802
伪R^2	0.044	0.148	0.015	0.077

注：同表5-21。

第（3）、第（4）列为农村地区样本估计，第（3）列中只考察了单一金融教育项目培训这一解释变量对低收入农村地区家庭收入流动性的影

响,从中可以发现,金融教育项目显著正向影响了农村地区低收入家庭收入流动性。在第(4)列回归中加入了所有控制变量及金融教育,从中可以发现,模型的拟合度较第(3)列的拟合度得到显著提高,金融教育的边际效应系数在1%水平上显著,这证实了金融教育项目培训能够显著促进农村地区低收入家庭跃至高收入层级。

(二)稳健性检验

1. 金融教育对居民家庭收入当期和长期影响的稳健性检验

表5-34报告了金融教育对全样本和农村地区居民家庭收入当期影响的ATT值。全样本估计采用最近邻匹配法、半径匹配法和核匹配法进行估计的ATT值均在1%水平上正向显著;PSM估计结果与基准估计结果相一致,说明金融教育培训对当期居民家庭收入具有显著正向影响。农村地区样本估计结果也稳健成立,说明金融教育有助于提高当期全样本及农村地区家庭收入水平。

表5-34 金融教育对居民家庭收入当期影响的ATT估计结果

匹配方法	处理组	控制组	ATT	标准误	T值
全样本					
半径匹配	2260	30651	1.228	0.045	27.478***
核匹配	2293	30872	0.604	0.043	14.049***
最近邻匹配	2293	1941	0.334	0.087	3.844***
农村地区样本					
半径匹配	186	10022	1.046	0.162	6.445***
核匹配	190	10133	0.976	0.158	6.117***
最近邻匹配	190	182	0.604	0.303	1.993**

注:同表5-21。

表5-35报告了金融教育对全样本和农村地区居民家庭收入长期影响的ATT值。全样本估计采用最近邻匹配法、半径匹配法和核匹配法进行估

计的 ATT 值均在 1% 水平上正向显著；PSM 估计结果与基准估计结果相一致，说明金融教育对长期居民家庭收入具有显著正向影响。农村地区样本估计结果也稳健成立，说明金融教育有助于提高长期全样本及农村地区家庭收入水平。

表5-35 金融教育对居民家庭收入长期影响的 ATT 估计结果

匹配方法	处理组	控制组	ATT	标准误	T值
全样本					
半径匹配	1351	21738	1.039	0.038	27.003***
核匹配	1374	22188	0.505	0.036	14.055***
最近邻匹配	1374	1189	0.183	0.058	3.136***
农村地区样本					
半径匹配	156	8073	0.566	0.136	4.157***
核匹配	163	8244	0.533	0.128	4.168***
最近邻匹配	163	159	0.113	0.184	0.615

注：同表5-21。

2. 金融教育对居民家庭收入流动性影响的稳健性检验

采用最近邻匹配法、半径匹配法和核匹配法估计金融教育对居民家庭收入增长率的影响，表5-36结果显示，金融教育对显著提高居民收入增长率的影响是稳健的。金融教育对农村地区居民家庭收入增长率的显著影响也是稳健成立的，均在10%水平上显著。

表5-36 金融教育对居民家庭收入增长率影响的 ATT 估计结果

匹配方法	处理组	控制组	ATT	标准误	T值
全样本					
半径匹配	1351	21738	424.494	226.559	1.874*
核匹配	1374	22188	177.283	75.476	0.229**
最近邻匹配	1374	1189	602.864	275.985	2.184**

续表

匹配方法	处理组	控制组	ATT	标准误	T值
农村地区样本					
半径匹配	156	8073	1023.644	444.405	2.303**
核匹配	163	8244	1061.524	409.737	2.591**
最近邻匹配	163	159	1536.657	964.826	1.593*

注：同表5-21。

表5-37报告了金融教育对低收入家庭收入层级向高收入层级移动的ATT估计结果。全样本和农村地区样本估计结果显示，金融教育依然能够显著推动普通家庭和低收入家庭跃迁至高收入阶层，基准估计结果是稳健的。

表5-37 金融教育对居民低收入家庭收入流动性影响的ATT估计结果

匹配方法	处理组	控制组	ATT	标准误	T值
全样本					
半径匹配	1351	21738	0.373	0.013	29.110***
核匹配	1374	22188	0.181	0.028	6.464***
最近邻匹配	1374	1189	0.076	0.020	3.742***
农村地区样本					
半径匹配	156	8073	0.238	0.039	6.041***
核匹配	163	8244	0.212	0.037	5.686***
最近邻匹配	163	159	0.117	0.062	1.875*

注：同表5-21。

为更准确地评估金融教育对低收入家庭收入层级跃迁至高收入层级的影响，进一步选择期初收入水平在后20%的样本，考察其期末收入水平跃迁至前20%的情况，这一做法有助于增强结论的稳健性。回归结果如表5-38所示，从中可以发现，当只考虑金融教育这一变量时，金融教育依然对全样本和农村地区低收入家庭收入向上移动具有显著正向影响，从经济意义上看，参与金融教育项目培训能够使全样本家庭和农村地区家庭逆袭的概率分别提升 0.200% 和 0.144%；将控制变量加入后，模型拟合度得到显著提升，金融教育对全样本和农村地区样本低收入家庭收入向上移动具有显著正向影响，这进一步验证结论是稳健的。

表 5-38 金融教育与低收入家庭"逆袭"（收入排序后 20%）

	(1)	(2)	(3)	(4)
	全样本		农村地区样本	
金融教育	0.224*** (0.009)	0.053*** (0.010)	0.085*** (0.017)	0.050** (0.022)
控制变量	不控制	控制	不控制	控制
观测值	23616	18879	9075	6126
伪 R^2	0.049	0.204	0.014	0.119

注：同表 5-21。

与此同时，将使用倾向得分匹配法检验金融教育对低收入家庭"逆袭"的显著影响是否稳健。估计结果如表 5-39 所示，从中可以发现，无论是全样本还是农村地区分样本，采用最近邻匹配法、半径匹配法以及核匹配法估计的 ATT 值均正向显著，表明金融教育项目培训对全样本和农村地区样本低收入层家庭收入向高收入层级移动的显著正向影响是稳健的。

表 5-39 金融教育与低收入家庭"逆袭"（收入排序后 20%）ATT 估计结果

匹配方法	处理组	控制组	ATT	标准误	T 值
全样本					
半径匹配	1351	21738	0.322	0.014	23.212***
核匹配	1374	22188	0.136	0.22	6.182***
最近邻匹配	1374	1189	0.054	0.022	2.400**
农村地区样本					
半径匹配	156	8073	0.118	0.031	3.753***
核匹配	163	8244	0.117	0.031	3.769***
最近邻匹配	163	159	0.067	0.042	1.618*

注：同表 5-21。

(三) 结论与政策建议

通过2015年和2017年CHFS数据评估了金融教育对当期和长期家庭收入的影响以及对居民家庭收入流动性的影响。整体来看，我国居民金融教育培训参与积极性较低，居民收入水平较低且存在较大差距。实证研究发现，参与金融教育培训能够显著促进当期和长期家庭收入增长；金融教育能够显著正向促进家庭收入层级向更高层级跃迁，特别是对于低收入家庭的收入移动更为显著。分样本分析发现，金融教育对农村地区家庭收入增长、收入流动性以及低收入层级向高收入层级跃迁也为正向显著。此外，稳健性检验采用PSM估计金融教育对当期和长期家庭收入的影响以及对家庭收入流动性的影响，进一步检验期初收入水平处于后20%的家庭在期末"逆袭"至前20%收入水平的极端情况，发现金融教育边际影响显著为正，展现出较强的解释力，基准估计结果稳健。为此，应在世界各国大力普及金融知识教育趋势下，充分认识到金融教育培训的重要性，并大力开展送知识、送服务下乡等金融教育项目，着实提高整体国民金融素养。

四、本章小结

金融教育作为提升金融知识的重要方式，但现有研究较少评估金融教育项目有效性。本章重点探讨了金融教育、金融行为与居民收入之间的关系。

首先，探讨了金融教育对养老计划、家庭资产选择、投资组合多样性、信贷行为、新农保参与行为等金融行为的影响。发现：①金融教育能够显著促进家庭制订养老计划的可能性，对不同社会保障水平家庭制订养老计划存在异质性。同时，金融教育还有助于家庭养老方式的多样化，这一结论在农村地区样本中也成立。②金融教育能显著增加家庭参与金融市场的概率，增加风险金融资产尤其是股票资产上的配置比重。③金融教育对家庭投资组合多样性有显著正向影响，参与金融教育项目培训使家庭更倾向于持有更多只股票和持有更多种类的风险金融资产，同时会注重优化各类风险金融资产的配置比例。异质性分析发现，金融教育对农村地区家庭投资组合多样性的促进作用更大。④金融教育有助于提高家庭正规信贷可得性，降低非正规信贷可得性，还有助于家庭从正规金融机构获得更多正规信贷资金，降低家庭非正规信贷的可得性及抑制家庭获得非信贷资金。⑤金融教育能显著推动居民家庭当期家庭创业选择，促进家庭主动创业动机，对家庭创业决策和主动创业动机产生不具有长期和显著的改善效果。分样本分析表明，金融教育能够促进农村地区居民家庭当期创业决策和当期主动创业动机。⑥金融教育对当期和长期农村居民新农保参与及新农保参与状况的改善无显著影响，但对长期新农保缴纳金额和新农保缴纳金额变化具有积极的促进作用。这表明金融教育对新农保参与行为的作用效果还有待提高。

其次，评估了金融教育对居民家庭收入及流动性的影响。发现金融教育能够显著促进当期和长期家庭收入增长，能够显著正向促进家庭收入层级向更高层级跃迁，特别是对低收入家庭的收入移动更显著。分样本分析发现，金融教育对农村地区家庭收入增长，收入流动性以及低收入层级向高收入层级跃迁也是正向显著。

第六章
金融知识、金融行为促进收入增长的途径

一、引言

本书检验了金融知识对全样本居民金融行为的当期、长期和动态影响;实证分析了金融知识在提升居民家庭收入水平、促进居民家庭收入层级移动中的作用;评估了金融教育项目对改变居民金融行为、提升家庭收入水平的有效性。通过以上研究基本证实了金融知识、金融教育有助于改善居民金融行为、提升家庭收入水平和帮助居民实现增收。既然如此,我们应该采取何种措施发挥金融知识在居民增收中的效果呢?怎样的金融教育方式才能够帮助居民有效实现收入增长呢?

为了解决该问题,本章将从金融教育项目、金融咨询和金融建议、金融支持三个层面对我国在金融知识、金融行为促进收入增长的途径选择上提出一些相关建议。

二、金融教育项目

(一) 加强金融教育项目宣传力度，拓宽信息获取途径

近年来，无论是城市居民还是农村居民接受或参与金融教育项目培训的占比均在不断提高，但其提升效果还不显著，主要在于信息堵塞，目前金融教育项目的获取途径比较单一，以自主搜寻为主，特别是对于农村地区居民更是，交通、通信、经济发展、基础设施相对落后，他们更是无法准确有效获取到金融教育项目培训的相关信息。有调查显示，居民获取金融知识主要为互联网，其次是报纸、电视等传统公共媒体，而来自金融机构的金融知识教育培训及讲座宣传相对较少，这充分表明我国目前在金融教育供给的公共渠道上还有待加强。尽管，近年来以中国人民银行为主的金融机构在农村地区大力开展普惠金融活动，农村居民也倍加珍惜这些机会，然而金融机构在农村地区的金融教育项目更多还只是流于形式，同时农户也处于被动接受金融教育项目培训中，其主要原因在于政府、金融机构对金融教育的宣传力气不足，同时他们对信息获取的途径有限，导致农户参与金融教育积极性不高及金融教育项目的效果不佳。因此，政府及金融机构应加强金融教育项目宣传力度，拓宽农户信息获取途径。

首先，政府、金融机构及居民个人应充分认识金融教育项目培训的价值及重要性，特别是在农村地区，金融教育作为金融支持的重要手段的作用不言而喻。政府及金融机构应继续坚持并贯彻落实普惠金融、数字金融等战略，坚持开展金融教育项目培训，特别是要更加关注农村地区居民的金融素养水平。通过新闻媒体、报纸杂志、短信、传单、电视及新媒体形式宣传金融教育项目的重要性、具体的活动安排等相关事宜。建立微信公

众号，定期推送金融教育项目培训有奖参与活动，调动人们的积极性。

其次，为了让农村地区居民能够有更多机会参与和接受金融教育项目培训，必须拓宽信息搜寻途径。一方面，政府及金融机构应及时通过新闻媒体、报纸杂志、短信、传单、电视及新媒体形式发布相关信息，同时也可以招募志愿者或由村委会上门告知，在人口集中地粘贴、派发宣传单，播放金融教育培训活动视频，在金融机构显眼处放置宣传小册、粘贴海报，以此来提高农村地区居民对金融教育项目的关注。另一方面，居民个人也应积极关注金融教育项目，关注新闻媒体、报纸杂志、短信、传单、电视及新媒体等官方机构或官方媒体发布的重要信息，通过正规渠道主动获取金融教育项目培训信息。

（二）多方协作提高政府官网和官媒的金融教育效果

政府官网和官媒是人们最信赖的平台，也是人们获取信息的重要窗口，如何利用官网和官媒这一平台向公众提供信赖的金融信息以增强金融教育效果呢？首先，可以针对不同群体，如年轻人、老年人，研究人员、农民、教师、医生等不同职业，分类收集不同群体的信息，因人而异制定符合不同群体的金融服务和金融产品。同时也可以在网站上传各类金融产品、金融服务的视频，相关金融政策文件原件，与金融有关的原始票据、工具等增进人们对金融机构的认识和了解，并提升居民金融知识水平。另外，为了增强人们对金融产品风险识别的能力，应不断提高信息的时效性和实用性，及时清理一些过时的和不实用的信息，实时提醒和指导消费者甄别金融产品的风险，主动采取措施保护自身利益不被各种信息、金融诈骗所侵害。构建信息咨询专栏，对于人们在生活中出现或遇到的问题及时从专业性角度给予详尽解答。

其次，多方协调构建官网和官媒的功能。具体可以从以下几个方面着手：第一，重视移动互联网支付、信用卡支付及网络借贷等相关知识的教育。移动互联网支付是当前人们消费支付重要方式，花呗和信用卡透支也成为大多数人的消费形式，而网络借贷正不断侵蚀着青年群体。为此，网站可在移动支付、信用卡消费和网络借贷的个人信息安全、权益保护和风险防范等方面提供及时的信息服务，让消费者能够充分了解移动支付的优点及可能存在的安全问题，让人们对信用卡消费及还款详细知晓，让持卡人知道在信用卡透支之后，何时还款，如何计算利息，以更好地保护消费者利益。第二，宣传正确消费观，网站可提供能够帮助人们记录每天消费情况的小程序，该小程序可以报告每天的收入与支出情况，当收支差距过大的时候发出预警提示。该小程序可提供定期存款类理财产品给用户，引导人们重视储蓄，实现家庭资产保值增值。该网站建立金融政策解读咨询24小时服务咨询热线或线上咨询服务，以便及时帮助人们能够准确解读相关金融政策。第三，提供金融教育线上课程，定期开展金融教育线上直播课程，上传金融教育培训视频、音频、图片、教材等各类资料，让人们在空余之际也能够利用官网和官媒进行学习，接受金融教育。

（三）提高金融教育项目培训频度，加深金融知识教育深度

金融教育项目培训是提高居民金融知识的重要途径。怎样的金融教育才是有效的呢？我国现阶段的金融教育项目培训效果还不理想的原因之一可能是金融教育项目还只是流于形式，没有真正落到实处发挥金融教育的价值。第六章评估了金融教育项目的有效性，金融教育短期或临时的金融教育项目往往无法取得较好的效果，这就说明金融教育项目培训的效果不是一次就可以实现的，金融教育项目培训应该是一个长期的、系统性的、动态调整的过程。因此，一方面要提高金融教育项目培训的频度。制定合理的金融教育培训规划，在现有基础上提高金融教育培训频度，可以一个月开展一次现场金融教育项目培训活动，每两个星期开展一次线上直播课程并长期进行，对出勤率高、学习积极性强的学员给予奖励，以提高居民参与金融教育项目培训的频度。与此同时，可开展"金融扫盲月"活动，在该活动中金融机构与学校联合举办金融知识宣传普及工作，可针对不同职业类型、不同群体进行专题性金融教育和提供专门性金融咨询服务。特别是对于低收入群体，农村地区贫困群体，应更加注重提高他们的金融知

识水平,增强金融风险识别和处理能力,以有效缓解家庭贫困,最终实现增收。另一方面,金融教育项目是一个系统性和动态调整的过程,金融机构应制定完备的金融教育项目培训体系,明确培训内容、培训形式和评估方式,强调和注重教育内容的针对性、层次性和多样化。金融知识教育应该是循序渐进的过程,知识的讲解应该是由浅入深,不断提高金融知识教育的深度,以便人们掌握更多金融知识。金融知识教育可以先从相关概念的理解,如通货膨胀、风险投资、金融机构、金融产品、金融服务等开始,逐渐向利率计算、政策解读、风险规避等更高级的知识体系迈进,逐渐加深知识点。当然,还是要将基础知识放在重要位置,只有基础金融知识熟练掌握后,才能更好地学习高级金融知识。

(四)深化改革,制定金融教育项目国家战略

深化金融监管体系改革,提高金融产品和金融服务质量。第一,扩宽对金融产品和金融服务的监管面积。金融产品和金融服务是金融机构在金融市场中的核心内容,若不能得到有效监管将会侵害消费者的合法权益。因此,可以成立消费者金融保护局,该部门负责收集、整理客户意见,并能够将意见及时反馈于上级部门。同时,金融监管不应局限于某一方面,应该覆盖至网络借贷、学生借贷、汽车贷款、信用卡、移动支付等各领域和各产品上。金融保护局的监管不应受到多头管理或其他机构的越权干预,以保证该机构行政执法上的自主权。第二,制约金融机构行为,维护消费者权益。对新金融产品应进行严格审查,对产品的相关信息进行公开透明,降低信息不对称性。严格规范金融合同,确保合同文字通俗易懂,不使用暗示性、隐晦性、深奥性、误导性条款或语言,严厉打击诱导性的金融行为。多层次、多角度帮助消费者能够充分认识到金融产品的相关信息,提高消费者金融风险识别和处理能力,在合适的时机提出预警,并协助消费者做出正确的金融决策。例如,在网络借贷过程中及时提醒消费者关注网络借贷陷阱和风险;在信用卡消费过程中,提醒消费者逾期归还的风险,以帮助消费者的自身权益不被侵害。

第六章 金融知识、金融行为促进收入增长的途径

制定金融教育国家宏观战略，将金融教育纳入国民义务教育体系中，由学校进行系统性的金融知识教育和传输。第一，开展全国范围内的金融素养调查，根据调查结果制订具体可行性解决方案。特别是对于低收入群体和农村地区贫困居民金融知识水平。同时，不断总结和反思在普惠金融实践中存在的问题，政府、金融机构、科研院所和专家学者相互合作，制定金融教育国家宏观战略，以增强金融教育项目效果。第二，在全国范围内兴起金融教育活动。发挥学校的作用，在充分认识金融知识缺乏的基础上尽早参加金融教育项目。为此应在全国范围内开展金融教育活动，以学校为主战场，针对教师、家长、幼儿园孩子、小学生、初中生、高中生和大学生进行有针对性的金融教育，全方位、多层次开展金融教育。根据不同年龄段孩子的特点开展金融教育项目，如中小学生好奇心较强，记忆力好，这个时候的金融教育可以以影像制品为主并配合相应的课程进行金融教育，通过制作形象生动的幻灯片、专题知识短片、专题演讲等方式，传递一些日常生活中的经济常识，储蓄、财务、股票、证券等金融知识，潜移默化地灌输正确的理财观念和塑造良好的金融行为。利用现有教学资源增加学生实践动手能力，让他们在学校就有机会系统性地接受基础金融知识教育，为其树立理性的金融行为和正确的理财观念。对于教师，可以鼓励其积极参与高级金融知识进修班，走出课堂、走出学校、走向社会，去增强自身金融素养，去实践模拟一些金融行为，并将自身所学教授给学生。鼓励和督促金融机构对高校在校大学生，城乡高、中、低收入群体进行金融教育，在一定程度上可以纠正他们的理财观念和提高投资储蓄意识。同时，鼓励和支持高校与一些非营利性机构进行长期合作，构建非政府组织与营利性机构良好的合作关系，共同致力于国民金融教育。第三，发挥好党员模范带头作用和重视社会作用。可经常在社会内开展金融知识教育，多方联手共同提高社区内居民金融知识水平，开展金融风险专题讲座，传授居民识别风险、防范欺诈、处理风险的知识和技巧，鼓励居民制订安全的家庭财务计划。在农村地区更应如此，充分发挥村民委员会的作用，正确引导村民参与金融教育，提高金融素养。发挥党员模范或特定群

体带头作用,党员同志和一些已熟练掌握金融知识的人应积极参与金融教育,并将知识转化为生产力,服务于人民;发扬不怕苦、不惧困难、自强不息的精神,共同营造一个热爱学习的文化氛围,从而进一步扩大服务群体。通过这些先行者将金融产品和金融服务扩展到金融机构员工难以触及的空白地带,以此提高金融教育项目的有效性。

(五)完善金融教育项目评估框架,健全相关保障机制

金融教育项目是否有效需要评估,而评估结果对于未来金融教育项目工作具有重要作用,不仅能够提高组织者士气,还有助于增强居民金融教育意识。为此,这就需要构架完善的金融教育项目评估框架。第一,确保数据的完整性和可比性,数据的获取可以通过问卷、面对面的访谈或者电话访谈的形式,获取受访者真实有效的数据,尽量避免一些主观性判断失误对数据造成的误差,还应注意保护受访者的个人隐私。第二,构建理论指导框架。衡量一个项目的效果,不能单单从受访者的行为方面的变化进行考量,而应该从设计多样化的指标,遵循项目的效果与参与者的最大收益相联系。同时,对于不同类型的金融教育项目,还应设置多样化的评估指标体系,如采取视频教育或演讲教育,需要针对这两类教育形式开展不同的评估方式。如果一个教育项目结合了多种形式,就需要构建完善的金融教育项目评估框架。

金融教育项目的开展也离不开多层面的保障工作。首先,在项目启动前的准备时期需要各部门制订完备的计划安排,分工明确,各部门共同协作配合,才能保证项目的顺利开展。其次,在项目实施初期,单位负责领导应该直接参与,并由相关专家、领导组成指导小组,亲临现场指导项目的开展,同时,组建新闻报道组对项目实施过程进行跟踪报道,既可以提高活动的知名度,又可调动参与者的积极性。最后,在项目结束后各单位各部门进行经验总结和效果评估。因此,这就需要完善相关保障机制,以保障金融教育项目的顺利进行。第一,保障金融教育经费的投入,资金作为金融教育项目开展的重要财力,只有充裕的资金支持,金融教育项目才

能有效开展。第二，建设高素质金融教育人才队伍。不仅需要专家参与，还需要组建一支能够提供高质量服务的志愿队。专家队伍可以为项目提供理论和技术支持，论证项目的可行性和评估项目的有效性。而志愿者服务队可以充分发挥自身优势或专长，深入基层，贴近群众，进行金融知识现场宣讲和普及，为咨询者提供咨询服务。第三，建立健全相关体制机制，促进金融教育项目有条不紊开展。

三、金融咨询与金融建议

如何为农村居民提供有效的金融咨询服务，是目前摆在所有金融机构面前的重要课题。所有金融机构特别是银行业和保险业亟须改变经营理念，重视低金融知识居民特别是农村地区居民这一大群体的金融服务需求，从而能够更好地为农村居民提供专业化、特色化的金融咨询服务。

农村普及金融知识是一项复杂的系统工程，在短时间内很难对农村居民普及金融知识。一方面，由于农村居民受文化水平的限制，特别是一些留守老人、家庭妇女，在短时间很难理解和掌握基础金融知识的有关内容，这需要通过长期的引导和学习培训，因此这是一个循序渐进的过程。另一方面，虽然金融知识的宣传已经过了很多年，而且也取得一定效果，但是还仍有农村居民遭受电信诈骗、网络诈骗、非法集资的事件频频发生。事实证明，定期地普及金融知识宣传以及提供咨询，也只能取得短暂的效果，并不能满足群众对金融知识长期的需要。因此，真正让普惠金融深入群众，应建立普及金融知识和长期提供金融咨询的长效机制，进行实时动态反馈。因此，可以从以下几个方面出发为农村居民提供金融咨询服务。

（一）提高认识，提供金融咨询服务

一是为农村居民提供信贷咨询服务。近年来，随着农村产业结构调整步伐的加快，在农业发展方面需要投入大量的人力、物力和财力。由于大部分农村居民对农产品的知识匮乏，对农产品信贷知识的缺乏，为此农村居民希望农村金融机构特别是村镇银行和政策性银行能及时地提供必要的信贷咨询服务，对农业贷款利率能给予适当优惠，由于农村居民对贷款手续不了解，希望尽量简化贷款手续，方便农户可以顺利拿到贷款，从而更好地服务于农户。二是为农村居民提供政策咨询服务。由于受到社会环境和文化水平等因素的制约，大部分农户都缺乏应有的金融知识，因此十分需要农村金融机构能够为农民提供金融、结算、信贷、利率等方面的政策和法规的咨询业务，从而有利于农民更好地了解金融方面的知识。三是信息咨询服务。农民希望农村金融机构能够充分利用自身的优势，除为农户提供资金方面的咨询服务外，还需提供农产品方面的生产、加工、经营、销售、市场和科技方面的信息咨询业务，为农户的增产增收提供全方位的金融咨询服务。四是理财咨询服务。目前，受到自身知识水平和地理位置的限制，农村的投资渠道较为狭窄，最多的投资渠道就是把钱存在当地的银行，因此他们盼望农村金融机构能采用多样化的方式，为农民提供理财咨询服务。大部分的农村居民还是以前的思想，把钱存在了银行，但在这个互联网时代这种方式已经过于传统，因此，在金融知识下乡宣传过程中要教会农民了解金融知识，能够正确运用储蓄、国债、保险等投资工具，提升自己的理财知识，合理地进行消费，以获得最佳的投资理财收益。五是为农村居民提供管理咨询服务。农户在生产经营过程中，大部分农户普遍缺乏财会知识，因此他们希望农村金融机构的信贷人员能帮助他们树立正确的经营观念，搞好经济核算，加强经营管理，解决当下遇到的实际困难。

（二）加强沟通，发挥金融咨询的职能

一是金融机构需要改进之前的工作作风，克服和纠正"恐贷、惜贷"

心理，不要怕麻烦、图省事以及单纯追求自身利益最大化的行为。要继续发扬"背包银行"的精神，深入到基层去了解和掌握农户对生产生活资金的实际需求，从而更好地帮助农户解决实际困难，为农户提供金融咨询。二是金融机构要进一步转变观念，充分认识到支农服务的重要性，围绕"农"字做文章，应该坚定不移地贯彻"以农为本，为农服务"的宗旨，不断在支农投放的力度方面进行加大，坚定不移地探索支农服务的新途径和新方法，以此来保证促进农业增产、农户增收和农村经济的健康良好的可持续发展。三是发挥好"经济、金融政策窗口"的传导作用，定期开展送"金融知识下乡"活动，及时向农户、农村各类经济组织传导国家的经济、金融政策及法律知识，让农户及时了解目前的市场情况，从而有利于提高农户的信用意识，培育良好和健康的农村信用体系。四是要发挥好"信息窗口"作用，利用其自身的优势，及时为农户和农村经济组织提供相关的市场信息，以便做出更好的决策。五是发挥好"咨询窗口"作用，尽力为农户和农村经济组织提供经济、金融等方面的知识，特别是农村经济、农村金融等方面的内容，增强双方的理解和沟通。六是要定期建立大额、优良客户信息系统，随时掌握大额存款客户基本情况以及他们的流动状况，对前30%的客户要定期走访和提供进入方面的咨询服务，以免造成客户流失。

（三）加大宣传，渗透金融咨询服务

一是金融机构要依赖政府的行政力量，加大对金融知识的普及力度。金融机构面对广大的农村居民群体，仅凭一个人的力量是很难将金融知识全面覆盖到广大农村居民的，必须借助政府的力量。对于政府官员来说，他们对金融知识是全面的而且也非常熟悉金融产品的使用功能，让政府官员主动利用会议、座谈和下乡等方式，多形式加强对金融知识和产品的介绍，为农村居民提供金融方面的咨询服务，这样在政府行政权力的作用下，会取得事半功倍的宣传效果。二是金融机构要有针对性地解决农村居民对金融知识缺乏和金融意识落后等方面的问题，切实开展舆论引导，即

通过电视、报刊、板报、传单、微信、微博等形式普及金融知识，提升金融理财能力，特别是在重大节日或者是在农忙时节，金融部门应该组织员工对重点区域"串乡进村到户"，或者是在车站码头进行农村金融产品的服务宣传，扩大"触角"，为农村居民量身打造金融服务产品，真心实意将金融服务的温暖送到农村居民的心坎上，从而构建良好的金融产品生长环境。三是金融机构应培育一批普及金融知识的"土专家"。金融机构通过对农村普惠金融知识宣传员的全方面培训，把金融知识内容里的一些比较难理解的专业术语，通过"土专家"的转化变成接地气的农村居民能懂的"方言"，让群众一次就明白其中的道理，而不是以前很抽象的金融知识。这样有利于让农村居民更好地接触和了解现代化的金融知识和业务，掌握现代金融的操作技能，让农村居民在当今的社会能够跟得上、不掉队，用实际行动把普惠金融政策落到实处，从而利于民。

（四）整合功能，破化坚冰

一是各金融机构对农户提供金融服务的同时，要整合功能，灵活运用现有的各种金融工具为农村居民提供多方面的金融服务，以此来享受金融服务所带来的便捷性和高效性。二是各金融机构要利用机构覆盖面广的优势，积极与保险部门进行合作，有针对性地构建农村居民社会保险体系，做好农村居民人身、财产、工伤、医疗、生育、失业、养老等方面的保险产品代理服务，以此来解除农村居民的后顾之忧。三是各类金融机构要根据当地的区域经济发展状况，适时调整信贷政策，放宽对农村居民的信贷准入条件，同时也要采取灵活有效的抵押担保方式，做好农村居民生产经营贷款、个人创业贷款、"三农"龙头牵引贷款等业务。同时建议农村金融机构可以适度推出小额贷款，以用来解决农村居民燃眉之急。为了防范信贷风险，农村居民小额贷款可以由农村居民用工单位或者有能力偿还债务的亲朋好友作担保，或是由政府财政出资建立农村居民贷款风险担保基金，或由担保公司提供专项担保，向金融机构提供一年内的短期小额贷款。对于返乡农村居民经商办企业和"龙头"带动作用的能人，要纳入支持"三农"的储备库,重点进行信贷支持。事实证明,支持"三农"不能对农村居民搞"天女散花"式的贷款支持,尤其是在缺乏科技支撑或者没有优势产业项目的推动下,是很难实现农村居民致富的,那么发放贷款无疑在贫困的基础上无济于事甚至雪上加霜,于是金融支持应转变服务"三农"理念,抓住重点,瞄准农村居民做大"龙头"型、效益型、牵引型的企业和项目。在贷款担保的问题上,担保公司可降低担保费或实行担保费政府补贴办法,在贷款利率上可实行创业专项利率,金融部门只求保本微利,这样就能着力一点,联动致富一片。

(五)增设网点,延伸咨询服务

近年来,农村金融机构大量的撤销并收缩,给农村资金的融通带来了极大的障碍,在党中央和国务院提出服务"三农"的政策指引下,农村金融部门应考虑在县域经济的重点区域或重点经济带规划增设网点,以此来更好地服务"三农"。一是在经济发展较快的重点区域或乡镇应合理布局自助银行,提供多方面的金融咨询业务,将高科技的电子银行的"一机一卡一网"的服务功能超前扩展到基层经济中心,这不仅是经济发展的需要,也是未来银行发展的必然。二是要科学合理地进行决策取舍,对于因政治经济中心转移或合并的可谨慎撤并其机构,但对于一个新的发展地区和兴旺的政治经济带或中心,要及时论证增设机构,不要盲目不顾经济规律去撤并,要用长远的可持续发展的眼光、诚心诚意为"三农"服务。科学合理地布局网点和配置资源。三是要利用外勤人员包村的资源优势,定期地组织和普及金融知识宣传活动,常态化对村内普及金融知识宣传员进行金融知识宣传和指导,发挥农村金融宣传员全天候的金融知识宣传作用,收集和整理农村居民在金融产品、金融知识等方面的需求、对金融服务的期盼,真正做到零距离为农村居民提供金融咨询服务。

(六)以卡搭桥,承载金融咨询与金融建议服务

一是金融机构需要发挥金融产品的功能优势,尤其是要发挥银行卡产

品的多样化功能，以卡搭桥，积极推动广大农村居民银行卡承载保险、代收代付、投资理财、信息咨询等一卡通的特色服务，以此满足农村居民多元化和多样化的需求。二是要充分运用人民银行已上线运行的大额、小额支付系统，将农户的务工卡纳入人民银行这样的支付系统的大平台中，整合各类金融机构的网络接口，确保提供更广泛的金融支持。三是要充分利用电子银行服务功能，结合服务"三农"的目标，加大对金融电子产品普及力度，从而更好地服务于"三农"。四是在一定时期内对农村居民发行和使用的银行卡采取适当的优惠措施，以激活农村居民使用银行卡的兴趣，充分调动农户对学习金融知识的兴趣。五是充分利用现在所处的大数据时代，农户能够通过互联网了解更多的金融知识，如可以通过微信、支付宝等 APP 金融咨询，更好地跟上时代的步伐。

四、金融支持

不断创新和改进金融扶贫工作服务模式和服务方式对于大部分贫困地区经济发展和农户增收起到了积极的推动作用。但总体来看，在政策执行中仍然存在一些"瓶颈"制约，影响了金融扶贫政策效能的发挥。特别是在农户增收上，金融支持作用仍有进一步发挥的空间。精准扶贫是一项关系社会稳定、全民发展的长期工程，是促进农户增收、农业增效和城乡经济协调的重要举措。金融支持如何平衡盈利、责任与风险，既做到精准施策、全面覆盖，又确保风险可控、兼顾效益，是贯穿金融扶贫始终需要面对的，为此特提出以下几点建议：

（一）加强政府政策引导，充分发挥金融扶贫主体合力

加强政府政策的导向作用，充分发挥金融支持主体的合力，不但可以

推进而且可以消除金融扶贫主体合力不足。一方面,各级政府部门要在国家政策的指导下,积极制定和实施符合当地实际需要的金融扶贫政策,为当地的农村扶贫提供金融支持,促进双方互惠互利的局面。另一方面,要充分发挥股份制银行、村镇银行、政策性银行等金融机构以及保险公司等组织的作用,共同推进农村地方的金融扶贫工作。在政府政策的指导下,金融组织和机构应该建立一个相互协调和合作的扶贫平台,帮助农村地区实现增收,改善农村地区农户的生活水平。推进整个社会和经济的繁荣昌盛。

(二) 加强农村基础设施建设的金融扶持

加强农村基础设施建设的金融扶持,不但有利于提升农村金融服务水平,而且还有利于优化农村金融环境,同时也有利于加快和实现农村地区收入增长。一方面,要深化各个银行金融机构和组织对农村地区基础设施的建设、农村地区农户生产材料的购买、农村"三网"基础设施的铺设等方面的融资,全面提升农村基础设施建设的质量,助力"三农"在生产生活方面实现跨越式提升。另一方面,要加强农村地区农村金融基础服务站的建设,如各种金融机构和组织的营业网点的建设,解决低收入地区农村居民贷款难题,加大推进金融扶贫支农。因此,不仅要加大金融机构和组织对农村基础设施的金融方面投资和融资方面的力度,而且还要强化农村基础设施的建设,包括硬件、软件基础设施的建设,为实现农村致富提供强有力的保障。

(三) 完善金融产品和服务,满足多元化和多样化的金融需求

完善农村金融产品与服务,满足居民多元化和多样化的金融需求,既是金融助推农户增收的有效措施,同时也是帮助农村居民早日实现收入增长的有效对策。低收入居民的金融需求在很大程度上制约着其收入增长步伐,因而在其推进金融助推农村收入增长过程中,需要不断完善与创新和"三农"相关的金融产品和服务,满足贫苦地区居民的多元化和多样化的

金融需求，推动其尽快实现自我发展，进而不断推进金融助推农村收入增长的效果。一方面，农村地区的银行金融机构和组织，特别是村镇银行应该积极建立当地农村居民的金融档案信息，定期走访，与居民进行交流和访谈，针对居民的需求来量身定制和开发适合农户自己的农村金融产品，不断提高对农户的金融服务质量。另一方面，要不断创新农村金融扶贫模式，提供新的金融产品和服务以满足多元化和多样化的金融需求，继续以"金融+"的扶贫模式提供更加多元的金融产品与金融服务，来满足农村地区居民在各方面的有效需求，不断丰富和完善农村金融产品和服务。

（四）完善农村金融扶贫风险分担与补偿机制

已有的农村金融风险分担与补偿机制仍不完善，因此不利于金融助推农村居民收入增长，这就需要不断完善农村金融扶贫风险分担与补偿机制，来应对其可能存在的风险，不断提高金融支持的可持续性。首先，要积极发展农业保险，不断推进农业保险在助推农村增收过程中起到的积极作用，分担农业生产风险，不断构建和完善农村地区的农业保险体系，保护农户的切身利益。其次，需要不断健全和完善农村金融支持的信用担保机制，来应对金融机构扶贫资金贷款的风险和压力，而且还可以通过信用担保机制来明确债务人和担保机构的责权关系，以应对和防范金融扶贫风险。最后，加强金融机构特别是政策性银行的外部资金支持，通过贷款贴息的方式，以此来降低农村金融机构贷款利率，因此，需要不断完善农村金融扶贫风险分担与补偿机制，以此来提高金融支持的效率，实现金融助推农村增收的效果。

（五）提高财政对金融扶贫的可持续性投入

通过提高财政对金融扶贫的可持续性投入可以加快农村居民实现农村居民增收，因此就需要在财政方面加大投入。首先，加快农村信用体系优化和升级。建立符合当地实际需要的信用信息指标体系，提高农户信用指标数据采集频度，做好农村地区农户信用信息的更新和维护，同时也要扩大农村信用信息体系的共享范围以此来克服地区的局限性。省级、市级财政和县级财政应按照一定的比例进行分配，各自拿出部分资金来构建和完善农村信用体系，帮助农村地区尽早建立农村信用体系。其次，需进一步完善农村地区金融支付体系。通过财政补贴、税收减免等方式来有效引导金融机构增加农村金融机构网点和支付机构的布局。最后，按照"地方政府主导、金融机构参与、市场化运作"原则，不断发挥村委会、村干部、大学生村干部、第一书记的作用，根据各地区实际情况尽快实现所有村庄都有类似"金融服务室"这样的部门，为当地居民提供多元化和多样化的咨询服务。

（六）增强金融支持财政激励机制

增强和完善金融扶贫财政激励机制，发挥财政金融合力，做好农村地区居民增收。一方面要不断完善扶贫小额贷款风险补偿机制，同时也要加快制定和完善扶贫信贷风险补偿制度及其管理办法，在省级政府开始确定财政与金融机构根据一定比例分担扶贫贷款损失的原则，以及根据各县财政金融的承受力和贡献度，灵活确定扶贫信贷风险补偿分担比例。另一方面通过给予参与扶贫的龙头企业更多财政优惠政策，如可以通过减免地方财税费用征缴、财政补贴等，进而促进产业扶贫。最后，通过增强金融机构和组织参与扶贫的财税激励力度。如通过扩大财政性存款开户范围至村镇银行，调动村镇银行参与扶贫的积极性。

（七）创新财政资金运用方式

通过创新财政资金的运用，实现资金的使用效率，更好地服务于"三农"。一方面是在政府投资引导下，设立扶贫产业基金，以此来吸引金融机构资金和其他社会资本投入，通过股权投资的方式重点支持在低收入地区的扶贫龙头企业和农村基础设施项目的资金投入。一些具备条件的市县可根据自身的财力与相关金融机构或企业合作设立扶贫产业发展基金，专门用于本地各项扶贫事业的发展。另一方面引导金融机构增加对扶贫项目的信贷投入。对于那些有能力承担扶贫项目的社会组织，可以通过公开、规范的程序进行扶贫项目的规划、实施和验收。以此来创新财政资金的运用，实现资金使用的高效率。

（八）建立健全惠农担保体系

通过建立健全惠农担保体系，可以确保农业担保贴农、为农、惠农、不脱农，有利于农村地区农户实现增收。一方面是加大对偏远地区农业信贷担保机构的财政支持力度。运用各种优惠政策放大担保倍数，如代偿补偿、税收减免、准备金税前扣除等。完善农业担保公司资本金持续补充办法和绩效考核等制度，推进惠农担保体系的完善和建立。另一方面是积极推动地方政策性助农担保公司的建立。尤其是对于那些有能力的县市财政部门，更应该积极整合各项财政资金，出资成立地方政策性助农担保公司，或者也可以通过参股的形式给予本地区扶贫信贷担保支持。

（九）加大农业保险财政补贴力度

通过加大农业保险财政补贴力度可以更好地服务于农，鼓励农村地区的居民努力发家致富，摆脱长久以来的低收入状态。首先是扩大补贴范围。鼓励各地开展具有当地特色的农业经济活动，将地方特色农业经济作物纳入政策性农业保险保费补贴范围之内，从而有利于加大政策性农业保险保费补贴力度，促进当地特色农业更好的发展。其次是拓宽补贴形式。通过建立多样性的补贴方式，包括保费补贴、经营管理费用补贴等，以此来引导保险公司加大对农业方面的保险力度，从而有利于提高商业性保险公司参与农业保险的积极性。最后是尽可能建立农业保险巨灾风险分散机制，这样做的目的是在自然灾害来临时可以防止农村、农户因灾返贫致贫。通过建立巨灾分散机制可以按照政府扶持、市场运作的原则，依靠市场化运行的机制将部分巨灾风险进行分散，从而更有效地防患于未然。

（十）加大金融扶贫政策宣传力度

通过加大金融扶贫政策的宣传力度，提高农村居民对金融产品的认知度，以此来更好地服务于"三农"，尽快帮助农村地区实现增收。一方面是加强关于农村地区的基层干部的培训，如关于扶贫贷款资金的性质、农村金融改革、农业保险、扶贫金融产品等方面的宣传培训，尽量可以做到"点对点、一对一"的宣传，提高农村地区居民对扶贫金融产品的认知。另外，基层干部还要特别注意处理好低收入与高收入群体在政策待遇方面的差异，从而帮助群众树立大局意识。另一方面是在宣传方式方法上，通过当下比较流行的网络、主流媒体、扶贫金融下乡、开家庭会议等多元化的方式，加大对基层村干部和农村地区的关于财政和金融政策的宣传力度，其目的在于能够让农户听得懂、听得进，以此来解决"我要增收，如何增收"的根本问题。

五、本章小结

为了提升金融知识、金融行为在收入增长中的作用，本章认为可以从以下几方面着手：第一，在金融知识教育项目层面，加强金融教育项目宣传力度，拓宽信息获取途径；多方协作提高政府官网和官媒的金融教育效果；提高金融教育项目培训频度，加深金融知识教育深度；深化改革，制定金融教育项目国家战略；完善金融教育项目评估框架，健全相关保障机制。第二，在金融咨询与金融建议层面，提高认识，提供金融咨询服务；加强沟通，发挥金融咨询的职能；加大宣传，渗透金融咨询服务；整合功能，破化坚冰；增设网点，延伸咨询服务；以卡搭桥，承载金融咨询与金融建议服务。第三，在金融支持层面，加强政府政策引导，充分发挥金融支持主体合力；完善金融产品和服务，满足多元化和多样化的金融需求；完善农村金融扶贫风险分担与补偿机制；增强金融扶贫财政激励机制；创新财政资金运用方式；建立健全惠农担保体系；加大农业保险财政补贴力度；加大金融扶贫政策宣传力度。金融教育项目的目的在于提升整体居民，特别是农村地区低收入居民的金融知识水平，进而提高居民家庭收入水平，家庭资本保值增值；金融咨询和金融建议的目标在于纠正错误的理财观念和引导树立良好的金融行为，进而有效提高金融福利水平；金融支持的重点在于提升金融支持力度，为实现全面建成小康社会注入强劲动力。

附录
农村家庭金融知识问卷调查

调查时间：_____年___月___日

调查地点：_____省_____县_____乡（镇）_____村

受访人信息：姓名_____　　出生日期_____年_____月_____日

　　　　　　受教育程度_____　性别：（男、女）

与户主关系：_____　　　　调查人：_____

一、户主基本情况

1. 性别_____年龄_____受教育程度_____政治面貌_____身体状况_____

2. 婚姻状态（□已婚、□未婚、□离婚、□丧偶）如果已婚，已_____年

3. 是否担任村干部一职（□是、□否），如果是，已任职_____年

4. 户主目前的工作性质（　　）

A. 受雇于私营企业　B. 政府机关企事业单位（有编制）　C. 临时工

D. 个体经营（开小卖铺、网店等）　E. 自主创业　F. 务农

G. 其他_____

5. 户主个人月收入大概是多少（　　）

A. 2000 元以下　　　B. 2000~3000 元　　　C. 3001~4000 元

D. 4001~6000 元　　　E. 6000 元以上

二、家庭基本情况

1. 家庭人口总数_____劳动力人数_____老年人数_____成年人数_____小孩人数（年龄＜15 岁）_____党员人数_____身体状况不佳人数_____户主及配偶的兄弟姐妹总数_____

2. 贫困户（□是、□否），购置车辆（□是、□否），安装宽带（□是、□否）

3. 户主的父母中（□有、□无）党员，（□有、□无）担任过村干部，最高受教育程度_____

4. 户主的父母曾经的工作性质（　　）

A. 受雇于私营企业　　B. 政府机关企事业单位（有编制）　　C. 临时工

D. 个体经营（开小卖铺、网店等）　　E. 自主创业　　F. 务农

G. 其他_____

5. 目前您家庭所居住房子的类型（　　），房屋面积大概_____m^2

A. 土坯房　　　B. 水泥房（自己建的）　　　C. 商品房

D. 廉租房　　　E. 公租房

6. 您家目前土地面积大概有_____亩

7. 您家拥有哪些农用土地（　　）【可多选】

A. 耕地　B. 林地　C. 草地　D. 园地　E. 其他_____

8. 家庭人均年收入（　　）

A. 1000 元以下　　　B. 1000~3000 元　　　C. 3001~5000 元

D. 5001~7000 元　　　E. 7001~10000 元　　　F. 10000 元以上

9. 家庭收入的主要来源（　　）

A. 务农　B. 务工　C. 个体经营　D. 工资收入　E. 其他_____

10. 家庭收入主要用于哪里（　　）

A. 创业投资　　　　　B. 子女教育　　　　　C. 医疗支付

D. 购房或者建房　　　E. 子女婚嫁　　　　　F. 其他_____

11. 家庭负债情况（　　）

A. 无　　　　　　　　B. 1~4999 元　　　　 C. 5000~20000 元

D. 20001~5 万元　　　E. 50001~10 万元　　　F. 10 万元以上

12. 主要因为什么原因负债（　　）

A. 子女教育　　　　　B. 医疗费用　　　　　C. 创业投资

D. 购房或者建房　　　E. 子女婚嫁　　　　　F. 其他_____

13. 您家目前的农业生产经营有哪些（　　）

A. 种植粮食作物　　　B. 种植经济作物　　　C. 林木种植和采运

D. 畜禽饲养　　　　　E. 水产养殖　　　　　F. 其他_____

14. 家庭资产总值大概是多少（　　）

A. 3 万元以下　　　　B. 3 万~8 万元　　　　C. 8 万~13 万元

D. 13 万~18 万元　　　E. 18 万~23 万元　　　F. 其他_____

三、金融知识问答

1. 您认为您的金融知识如何（　　）

A. 非常好　B. 很好　C. 一般　D. 较少　E. 非常少　F. 完全没有

2. 【利率计算问题】假设您现在有 100 元钱，银行的年利率是 4%，如果您把这 100 元钱存 5 年定期，5 年后您获得的本金和利息为（　　）

A. 小于 120 元　B. 等于 120 元　C. 大于 120 元　D. 算不出来

3. 【通货膨胀问题】假设您有 100 元钱，现在的银行利率是 5%，通货膨胀率每年为 3%，您的这 100 元钱存银行一年之后能够买到的东西将（　　）

A. 比一年前多　B. 跟一年前一样多　C. 比一年前少　D. 算不出来

4. 【投资风险问题】您认为一般而言，单独买一只公司的股票是否比买一只股票基金风险更大（　　）

A. 是　　　　　　　　B. 否　　　　　　　　C. 没有听过股票

D. 没有听说过股票基金　　　　　　E. 两者都没有听说过

5. 如果您的资产增加 5000 元，负债减少 3000 元，您的净资产将（　　）

　　A. 增加 2000 元　B. 增加 8000 元　C. 减少 3000 元　D. 不知道

6. 下面哪类银行账户可以支付现金存款最高利息（　　）

　　A. 储蓄账户　B. 6 个月定期　C. 三年定期　D. 不知道

7. 为了减少汽车贷款的总付款金额，你应该选择什么类型的贷款（　　）

　　A. 最低的月供　　　B. 最长的支付周期　　C. 最短的支付周期

8. 下面哪一项贷款利息是不可抵扣的（　　）

　　A. 房屋净值贷款　　B. 利率可调整的贷款　　C. 个人汽车贷款

9. 组合投资的优点是哪个（　　）

　　A. 降低风险　　　　B. 增加回报　　　　　　C. 减少税务负担

10. 一个为了得到高于平均增长率而甘愿承担中等风险的年轻投资者，可能对下面哪一项感兴趣（　　）

　　A. 国债　　　　　　B. 货币市场基金　　　　C. 股票

11. 您认为购买养老金的优点是什么（　　）

　　A. 低风险，高回报

　　B. 退休金不需要纳税

　　C. 提供一个比较好的分散投资

12. 对于没有子女的单身工人来说，以下哪一种保险更好（　　）

　　A. 人寿保险　B. 失业保险　C. 医疗保险　D. 养老保险

13. 下列哪一个政策对低消费的年轻家庭覆盖最广（　　）

　　A. 可再生人寿保险　　B. 终身人寿保险　　　C. 大学生医疗保险

14. 哪种家庭最需要人寿保险（　　）

　　A. 中产已退休家庭

　　B. 孩子在上大学的中产家庭

　　C. 单收入双幼儿家庭

15. 下列哪个资产在 20 年以上的周期里，总收益最大（　　）

A. 银行存款　　　　B. 债券　　　　　　C. 股票

四、家庭金融行为

1. 您家庭目前是否有购买养老保险（　　）

A. 是【回答 2 – 4】

B. 否【回答 5】

2. 您家庭目前参与下列哪一种社会养老保险（　　）

A. 政府、事业单位退休金

B. 城镇职工基本养老保险金（城职保）

C. 新型农村社会养老保险金（新农保）

D. 城镇居民社会养老保险金（城居保）

E. 其他_____

3. 您平均每人每年缴纳多少养老金费用：_____元

4. 目前您是否开始领取养老金（　　）

A. 是【回答 4.1】

B. 否【回答 5 – 6】

4.1　您每月领取的养老金在哪个范围（　　）

A. 500 元以下　　　　B. 500 ~ 999 元　　　　C. 1000 ~ 1499 元

D. 1500 ~ 1999 元　　E. 2000 ~ 2500 元　　　F. 2500 元以上

5. 您家庭没有购买养老保险的原因（　　）

A. 没有资金条件购买

B. 对养老保险项目不了解

C. 存在风险

D. 其他原因

6. 您是否打算购买养老保险（　　）

A. 是　　　　　　　B. 否

7. 您家庭是否购买医疗保险（　　）

A. 是【回答 8 - 12】

B. 否【回答 13 - 14】

8. 您家庭目前参与下列哪一种医疗保险（　　　）

A. 新型农村合作医疗保险

B. 商业医疗保险

C. 大病医疗统筹

D. 其他_____

9. 您平均每人每年缴纳多少医疗保险费用：_____元

10. 您目前医疗保险报销比例是多少（　　　）

A. 30%以下　　　　B. 30%~59%　　　　C. 60%~79%

D. 80%~90%　　　　E. 90%以上

11. 你认为目前的医疗保险报销比例如何（　　　）

A. 较高　　B. 一般　　C. 较低　　D. 太低

12. 您的医疗账户金额一般主要用于（　　　）

A. 大病治疗

B. 普通小病治疗

C. 购买医药品

D. 无特殊情况闲置不用

13. 您不购买医疗保险的原因（　　　）

A. 经济条件不允许

B. 家庭成员身体好不需要

C. 报销比例低收不回成本

D. 其他_____

14. 您是否打算购买医疗保险（　　　）

A. 是　　　　　　　　B. 否

15. 您还购买了下面哪些社会保险（　　　）

A. 工伤保险

B. 失业保险

C. 生育保险

D. 住房公积金

E. 其他_____

16. 您是否参加农业保险（　　）

A. 是【回答 17－18】

B. 否【从 19 题开始回答】

17. 您家庭每年缴纳多少农业保险费用：_____元

18. 您家庭每年获得农业保险补贴费用（或比例）：_____元（％）

19. 您对农业惠农政策了解多少（　　）

A. 完全不了解　　B. 了解一点点　　C. 一般　　D. 比较了解

20. 您会利用惠农政策增加自己的收益吗（　　）

A. 会　　　　　　B. 不会

21. 您家从政府那里获得过哪些补贴/补助（　　）

A. 没有获得　　　B. 特困户补助金　　C. 独生子女奖励金

D. 五保户补助金　E. 抚恤金　　　　　F. 救济金

G. 低保补助　　　H. 粮食直补　　　　I. 教育补贴

J. 其他_____

22. 您如何使用自己的土地（　　）

A. 农产品种植　　B. 房屋建设　　　　C. 土地无偿出租

D. 土地流转　　　E. 土地闲置

23. 您会使用像淘宝、天猫、京东等网上商城购买东西吗（　　）

A. 会　　　　　　B. 不会

24. 您在购买东西是一般使用什么付款方式（　　）

A. 现金　　B. 支付宝　　C. 银行卡　　D. 其他_____

25. 您是否有借钱给别人（　　）

A. 有【回答 26－30】

B. 否【回答 31】

26. 您借给别人大概有多少钱（　　）

A. 5000 元以下　　　　B. 5000~9999 元　　　　C. 10000~20000 元

D. 20000 元以上

27. 这笔借出款主要是借给谁（　　）

A. 父母/公婆/岳父母　　B. 兄弟姐妹　　　　C. 其他亲属

D. 朋友/同事（邻里）　E. 其他_____

28. 这笔借款的约定方式（　　）

A. 口头约定　　B. 普通借条　　C. 正式的借贷协议　　D. 其他_____

29. 这笔借款是否计算利息（　　）

A. 是　　　　　　B. 否

30. 您借出这笔借款的原因是什么（　　）

A. 亲友关系好

B. 亲友之间相互帮助

C. 对方借过钱给自己

D. 其他_____

31. 您是否有过借款行为（　　）

A. 是【回答 32-34】

B. 否【回答 35】

32. 您的借款金额大概是多少（　　）

A. 5000 元以下　　　　B. 5000~1 万元　　　　C. 1 万~2 万元

D. 2 万~5 万元　　　　E. 5 万~8 万元　　　　F. 8 万元以上

33. 您的这笔借款主要是从哪里借来的（　　）

A. 父母/公婆/岳父母

B. 兄弟姐妹

C. 其他亲属

D. 朋友/同事（邻里）

E. 民间金融组织或职业借贷人

F. 贷款公司

G. 银行

H. 其他_____

34. 这笔借款主要用于哪里（ ）

A. 农业生产　　　　B. 子女教育　　　　C. 创业投资

D. 婚丧嫁娶　　　　E. 医疗费用　　　　F. 住房

G. 其他_____

35. 您遇到过下列哪些诈骗（ ）

A. 电话诈骗

B. 短信诈骗

C. 熟人/当面诈骗（传销、不正当商品交易）

D. 其他_____

36. 当您知道被诈骗，你会采取下面哪些措施（ ）

A. 通知银行等金融机构

B. 通知公安机关

C. 向他人揭露这种诈骗行为

D. 自认倒霉未告知他人

E. 其他_____

37. 您认为自己容易被诈骗的原因是什么（ ）

A. 利益诱惑，自身行为不理智

B. 轻信他人，防范意识不足

C. 相关金融知识缺乏

D. 其他_____

38. 您有自己的养老计划吗（ ）

A. 有　　　　B. 无

39. 您计划最主要的养老方式是什么（ ）

A. 自己储蓄、投资　B. 子女赡养　　　　C. 社会养老保险

D. 离退休工资　　　E. 养老院养老　　　F. 其他_____

40. 如果您有余钱您将会怎么处置（ ）

A. 存银行　　　　　B. 创业　　　　　　C. 投资股票

D. 购买债券　　　　E. 其他_____

五、金融教育

1. 您平时对经济、金融方面的信息关注程度如何（　　）

A. 非常关注　　　　B. 很关注　　　　　C. 一般

D. 很少关注　　　　E. 从不关注

2. 您家这边有过经济、金融教育类宣传普及活动吗（　　）

A. 有【回答3】

B. 无【回答5】

3. 您参加过经济、金融教育类宣传普及活动吗（　　）

A. 有【回答4】

B. 无【回答5】

4. 您对经济、金融教育类宣传普及感觉如何（　　）

A. 没意思，听不懂

B. 增进了金融知识

C. 改变了自己的金融行为

D. 其他_____

5. 你认为有必要进行经济、金融教育类宣传普及活动吗（　　）

A. 有　　　　　　　B. 没有

参考文献

[1] Abreu M, Mendes V. Financial literacy and portfolio diversification [J]. Quantitative Finance, 2010, 10 (5): 515-528.

[2] Agarwal S, Driscoll J C, Gabaix X, et al. Learning in the credit card market [R]. National Bureau of Economic Research, 2008.

[3] Agarwal S, Driscoll J C, Gabaix X, et al. The age of reason: Financial decisions over the life cycle and implications for regulation [J]. Brookings Papers on Economic Activity, 2009 (2): 51-117.

[4] Agarwal S, Evanoff D, Amromin G, et al. Financial counseling, financial literacy, and household decision making [J]. Social Science Electronic Publishing, 2010.

[5] Agnew J R, Szykman L R. Asset allocation and information overload: The influence of information display, asset choice, and investor experience [J]. The Journal of Behavioral Finance, 2005, 6 (2): 57-70.

[6] Alessie R, Hochguertel S, Soest A. Ownership of stocks and mutual funds: A panel data analysis [J]. Review of Economics & Statistics, 2004, 86 (3): 783-796.

[7] Alessie R, Van Rooij M, Lusardi A. Financial literacy and retirement preparation in the Netherlands [J]. Journal of Pension Economics & Finance, 2011, 10 (4): 527-545.

[8] Allgood S, Walstad W B. The effects of perceived and actual financial

literacy on financial behaviors [J]. Economic Inquiry, 2016, 54 (1): 675 – 697.

[9] Amemiya T. The estimation of a simultaneous equation generalized probit model [J]. Econometrica, 1978, 46 (5): 1193 – 1205.

[10] Ameriks J, Caplin A, Leahy J. Wealth accumulation and the propensity to plan [J]. The Quarterly Journal of Economics, 2003, 118 (3): 1007 – 1047.

[11] Barberis N, Huang M. Stocks as lotteries: The implications of probability weighting for security prices [J]. American Economic Review, 2008, 98 (5): 2066 – 2100.

[12] Barro, Robert J. Government spending in a simple model of endogeneous growth [J]. Journal of Political Economy, 1990, 98 (5, Part 2): S103 – S125.

[13] Bay C, Catasús B, Johed G. Situating financial literacy [J]. Critical Perspectives on Accounting, 2014, 25 (1): 36 – 45.

[14] Becker S O, Ichino A. Estimation of average treatment effects based on propensity scores [J]. The Stata Journal, 2002, 2 (4): 358 – 377.

[15] Behrman J R, Mitchell O S, Soo C K, et al. How financial literacy affects household wealth accumulation [J]. American Economic Review, 2012, 102 (3): 300 – 304.

[16] Berg G, Zia B. Harnessing emotional connections to improve financial decisions: Evaluating the impact of financial education in mainstream media [J]. Journal of the European Economic Association, 2017, 15 (5): 1025 – 1055.

[17] Bernheim B D, Garrett D M, Maki D M. Education and saving: The long – term effects of high school financial curriculum mandates [J]. Journal of Public Economics, 1997, 80 (3): 435 – 465.

[18] Bianchi M. Financial literacy and portfolio dynamics [J]. The Journal of Finance, 2018, 73 (2): 831 – 859.

[19] Bilias Y, Georgarakos D, Haliassos M. Portfolio inertia and stock market fluctuations [J]. Journal of Money, Credit and Banking, 2010, 42 (4): 715-742.

[20] Brown M, Graf R. Financial literacy and retirement planning in Switzerland [J]. Numeracy, 2013, 6 (2): 6.

[21] Bruhn M, Luciana D S L, Legovini A, et al. The impact of high school financial education: Experimental evidence from Brazil [M]. Social Science Electronic Publishing, 2013.

[22] Bucher-Koenen T, Lusardi A, Alessie R, et al. How financially literate are women? An overview and new insights [J]. Journal of Consumer Affairs, 2017, 51 (2): 255-283.

[23] Bucher-Koenen T, Lusardi A. Financial literacy and retirement planning in Germany [J]. Journal of Pension Economics & Finance, 2011, 10 (4): 565-584.

[24] Calcagno R, Monticone C. Financial literacy and the demand for financial advice [J]. Journal of Banking & Finance, 2015 (50): 363-380.

[25] Calvet L E, Campbell J Y, Sodini P. Measuring the financial sophistication of households [J]. American Economic Review, 2009, 99 (2): 393-398.

[26] Campbell J Y. Household finance [J]. The Journal of Finance, 2006, 61 (4): 1553-1604.

[27] Campbell J Y. Restoring rational choice: The challenge of consumer financial regulation [J]. American Economic Review, 2016, 106 (5): 1-30.

[28] Choi J J, Laibson D, Madrian B C, et al. Reinforcement learning and savings behavior [J]. The Journal of Finance, 2009, 64 (6): 2515-2534.

[29] Clark R L, Morrill M S, Allen S G. Effectiveness of employer-pro-

vided financial information: Hiring to retiring [J]. American Economic Review, 2012a, 102 (3): 314 – 318.

[30] Clark R L, Morrill M S, Allen S G. The role of financial literacy in determining retirement plans [J]. Economic Inquiry, 2012b, 50 (4): 851 – 866.

[31] Clark R, D'Ambrosio M. Adjusting retirement goals and saving behavior: The role of financial education [J]. Overcoming the Saving Slump: How to Increase the Effectiveness of Financial Education and Saving Programs, 2008 (6): 237 – 256.

[32] Clark R, Lusardi A, Mitchell O S. Employee financial literacy and retirement plan behavior: A case study [J]. Economic Inquiry, 2017a, 55 (1): 248 – 259.

[33] Clark R, Lusardi A, Mitchell O S. Financial knowledge and 401 (k) investment performance: A case study [J]. Journal of Pension Economics & Finance, 2017b, 16 (3): 324 – 347.

[34] Clark R, Lusardi A, Mitchell O S. Participant financial knowledge and pension investment performance [J]. NBER Working Paper, 2014, 20 – 37.

[35] Clark R, Matsukura R, Ogawa N. Low fertility, human capital, and economic growth: The importance of financial education and job retraining [J]. Demographic Research, 2013 (29): 865 – 884.

[36] Cocco J F, Gomes F J, Maenhout P J. Consumption and portfolio choice over the life cycle [J]. The Review of Financial Studies, 2005, 18 (2): 491 – 533.

[37] Collins J M. The impacts of mandatory financial education: Evidence from a randomized field study [J]. Journal of Economic Behavior & Organization, 2013 (95): 146 – 158.

[38] Danes S, Haberman H. Teen financial knowledge, self – efficacy,

and behavior: A gendered view [J]. Journal of Financial Counseling & Planning, 2007, 18 (2): 48-60.

[39] Deininger K, Jin S. Securing property rights in transition [J]. Journal of Economic Behavior & Organization, 2009, 70 (1-2): 22-38.

[40] Deininger K, Jin S. The potential of land rental markets in the process of economic development: Evidence from China [J]. Journal of Development Economics, 2005, 78 (1): 241-270.

[41] Delavande A, Rohwedder S, Willis R J. Preparation for retirement, financial literacy and cognitive resources [J]. Social Science Electronic Publishing, 2008.

[42] Fan S, Chankang C, Qian K, et al. National and international agricultural research and rural poverty: The case of rice research in India and China [J]. Agricultural Economics, 2005, 33 (3): 369-379.

[43] Fernandes D, Lynch J G, Netemeyer R G. Financial literacy, financial education, and downstream financial behaviors [J]. Management Science, 2014, 60 (8): 1861-1883.

[44] Finke M S, Howe J S, Huston S J. Old age and the decline in financial literacy [J]. Management Science, 2016, 63 (1): 213-230.

[45] Finke M. Financial advice: Does it make a difference? [J]. The Market for Retirement Financial Advice, 2013 (2): 229-248.

[46] Fonseca R, Mullen K J, Zamarro G, et al. What explains the gender gap in financial literacy? The role of household decision making [J]. Journal of Consumer Affairs, 2012, 46 (1): 90-106.

[47] Gale W G, Ruth L. Financial literacy: What works? How could it be more effective? [J]. SSRN Electronic Journal, 2010 (1): 1-31.

[48] Gamble K J, Boyle P A, Yu L, et al. Aging and financial decision making [J]. Management Science, 2014, 61 (11): 2603-2610.

[49] Gaudecker H M V. How does household portfolio diversification vary

with financial literacy and financial advice? [J]. The Journal of Finance, 2015, 70 (2): 489 – 507.

[50] Gerrans P, Hershey D A. Financial adviser anxiety, financial literacy, and financial advice seeking [J]. Journal of Consumer Affairs, 2017, 51 (1): 54 – 90.

[51] Giofré M. Financial education, investor protection and international portfolio diversification [J]. Journal of International Money & Finance, 2017 (71): 111 – 139.

[52] Goetzmann W N, Kumar A. Equity portfolio diversification [J]. Review of Finance, 2008, 12 (3): 433 – 463.

[53] Golec J, Tamarkin M. Bettors love skewness, not risk, at the horse track [J]. Journal of Political Economy, 1998, 106 (1): 205 – 225.

[54] Grohmann A, Kouwenberg R, Menkhoff L. Childhood roots of financial literacy [J]. Journal of Economic Psychology, 2015 (51): 114 – 133.

[55] Gudmunson C G, Danes S M. Family financial socialization: Theory and critical review [J]. Journal of Family & Economic Issues, 2011, 32 (4): 644 – 667.

[56] Guiso L, Jappelli T. Financial literacy and portfolio diversification [J]. European University Institute Working Paper, 2008, No. ECO2008/31.

[57] Hackethal A, Haliassos M, Jappelli T. Financial advisors: A case of babysitters? [J]. Journal of Banking & Finance, 2012, 36 (2): 509 – 524.

[58] Haliassos M, Bertaut C C. Why do so few hold stocks? [J]. The Economic Journal, 1995: 1110 – 1129.

[59] Hamilton B H. Does entrepreneurship pay? An empirical analysis of the he returns to self – employment [J]. Johnal of Polytical Economy, 2000, 108 (3): 604 – 631.

[60] Hathaway I, Khatiwada S. Do financial education programs work? [J]. Social Science Electronic Publishing, 2013 (803).

[61] Heckman J J. Dummy endogenous variables in a simultaneous equation system [J]. Econometrica, 1978, 46 (4): 931 – 959.

[62] Herd P, Holden K, Su Y T. The links between early – life cognition and schooling and late – life financial knowledge [J]. Journal of Consumer Affairs, 2012, 46 (3): 411 – 435.

[63] Herd P, Holden K. Early – life schooling and cognition and late – life financial literacy in the wisconsin longitudinal study [J]. Center for Financial Security WP, 2010 (10): 1.

[64] Hewitt J A. All – risk Crop Insurance: Lessons from theory and experience, economics of agricultural crop insurance: Theory and evidence [J]. Natural Resource Management & Policy, 1994, 4 (4): 73 – 112.

[65] Hirad A, Zorn P M. A little knowledge is a good thing: Empirical evidence of the effectiveness of pre – purchase homeownership counseling [M]. Cambridge, MA: Joint Center for Housing Studies of Harvard University, 2001.

[66] Huberman G. Familiarity breeds investment [J]. The Review of Financial Studies, 2001, 14 (3): 659 – 680.

[67] Hung A, Meijer E, Mihaly K, et al. Building up, spending down: Financial literacy, retirement savings management, and decumulation [J]. RAND Working Paper, 2009b, No. WR – 712.

[68] Hung A, Parker A M, Yoong J. Defining and measuring financial literacy[J]. Social Science Electronic Publishing, 2009a, 708(708): 213 – 236.

[69] Huston S J. Measuring financial literacy [J]. Journal of Consumer Affairs, 2010, 44 (2): 296 – 316.

[70] Jappelli T, Padula M. Investment in financial literacy and saving decisions [J]. Journal of Banking & Finance, 2013, 37 (8): 2779 – 2792.

[71] Jappelli T, Padula M. Investment in financial literacy, social security, and portfolio choice [J]. Journal of Pension Economics & Finance, 2014: 1 – 43.

［72］ Jing J X, Porto N. Financial education and financial satisfaction: Financial literacy, behavior, and capability as mediators [J]. Social Science Electronic Publishing, 2017, 35 (5).

［73］ Karaa I E, Kugu T D. Determining advanced and basic financial literacy relations and overconfidence, and informative social media association of university students in Turkey [J]. Educational Sciences: Theory and Practice, 2016, 16 (6): 1865 – 1891.

［74］ Kidwell B, Turrisi R. An examination of college student money management tendencies [J]. Journal of Economic Psychology, 2004, 25 (5): 601 – 616.

［75］ Kirchner U, Zunckel C. Measuring portfolio diversification [M]. Cornell University Library, 2011, Available at: http://arxiv.org/abs/1102.4722v1.

［76］ Klapper L, Lusardi A, Panos G A. Financial literacy and its consequences: Evidence from Russia during the financial crisis [J]. Journal of Banking & Finance, 2013, 37 (10): 3904 – 3923.

［77］ Klapper L, Lusardi A, Van Oudheusden P. Financial literacy around the word: Insights from the standard and poor's rating services global financial literacy survey [J]. Financial Literacy around the World, 2015.

［78］ Lin C, Hsiao Y J, Yeh C Y. Financial literacy, financial advisors, and information sources on demand for life insurance [J]. Pacific – Basin Finance Journal, 2017 (43): 218 – 237.

［79］ Lusardi A, Michaud P C, Mitchell O S. Optimal financial knowledge and wealth inequality [J]. Journal of Political Economy, 2017, 125 (2): 431 – 477.

［80］ Lusardi A, Mitchell O S, Curto V. Financial literacy among the young [J]. Journal of Consumer Affairs, 2010, 44 (2): 358 – 380.

［81］ Lusardi A, Mitchell O S, Curto V. Financial literacy and financial sophistication in the older population [J]. Journal of Pension Economics & Finance, 2014, 13 (4): 347-366.

[82] Lusardi A, Mitchell O S, Curto V. Financial sophistication in the older population [R]. National Bureau of Economic Research, 2012.

[83] Lusardi A, Mitchell O S. Baby boomer retirement security: The roles of planning, financial literacy, and housing wealth [J]. Journal of Monetary Economics, 2007a, 54 (1): 205-224.

[84] Lusardi A, Mitchell O S. Financial literacy and planning: Implications for retirement wellbeing [J]. University Of Michigan Retirement Research Center Research Working Paper, 2005, No. WP 2005-108.

[85] Lusardi A, Mitchell O S. Financial literacy and planning: Implications for retirement wellbeing [R]. National Bureau of Economic Research, 2011a.

[86] Lusardi A, Mitchell O S. Financial literacy and retirement planning in the United States [J]. Journal of Pension Economics & Finance, 2011b, 10 (4): 509-525.

[87] Lusardi A, Mitchell O S. Financial literacy around the world: An overview [J]. Journal of Pension Economics & Finance, 2011c, 10 (4): 497-508.

[88] Lusardi A, Mitchell O S. How ordinary consumers make complex economic decisions: Financial literacy and retirement readiness [R]. National Bureau of Economic Research, 2009.

[89] Lusardi A, Mitchell O S. Planning and financial literacy: How do women fare? [J]. American Economic Review, 2008, 98 (2): 413-417.

[90] Lusardi A, Mitchell O S. The Economic Importance of Financial Literacy: Theory and Evidence [J]. Journal of Economic Literature, 2014, 52 (1): 5-44.

[91] Lusardi A, Mitchelli O S. Financial literacy and retirement preparedness: Evidence and implications for financial education [J]. Business Econom-

ics, 2007b, 42(1): 35-44.

[92] Lusardi A, Samek A, Kapteyn A, et al. Visual tools and narratives: New ways to improve financial literacy [J]. Journal of Pension Economics & Finance, 2017, 16(3): 297-323.

[93] Lusardi A, Tufano P. Debt literacy, financial experiences, and overindebtedness [J]. Journal of Pension Economics & Finance, 2015, 14(4): 332-368.

[94] Lusardi A, Tufano P. Teach workers about the perils of debt [J]. Harvard Business Review, 2009, 87(11): 22-24.

[95] Lusardi A. Financial literacy skills for the 21st century: Evidence from PISA [J]. Journal of Consumer Affairs, 2015, 49(3): 639-659.

[96] Lührmann M, Serra-Garcia M, Winter J. Teaching teenagers in finance: Does it work? [J]. Journal of Banking and Finance, 2015(54): 160-174.

[97] Mandell L. Financial education in high school [R] //Overcoming the Saving Slump: How to Increase the Effectiveness of Financial Education & Saving Programs, 2008: 257-279.

[98] Meijer E, Kapteyn A, Andreyeva T. Health indexes and retirement modeling in international comparisons [J]. The RAND Labor & Population Working Paper, 2008, No. WR-614.

[99] Meng X, Zhang J. The two-tied labor market in China: Ocupatinal segregation and wage differentials between urban residents and rural migrants in Shangohal [J]. Jordan Economics, 2001(29): 485-504.

[100] Mitchell O S, Kent S, et al. The market for retirement financial advice [J]. Oxford: Oxford University Press, Forthcoming, 2013.

[101] Monticone C. How much does wealth matter in the acquisition of financial literacy? [J]. Journal of Consumer Affairs, 2010, 44(2): 403-422.

［102］Moore D L. Survey of financial literacy in Washington State: Knowledge, behavior, attitudes, and experiences［M］. Washington State Department of Financial Institutions, 2003.

［103］Mottola G R. In our best interest: Women, financial literacy, and credit card behavior［J］. Numeracy, 2013, 6（2）: 4－20.

［104］Organisation for Economic Co－operation and Development. PISA 2012 assessment and analytical framework: Mathematics, reading, science, problem solving and financial literacy［M］. OECD Publishing, 2013.

［105］Organisation for Economic Co－operation and Development. PISA 2015 assessment and analytical framework: Science, reading, mathematic and financial literacy［M］. OECD Publishing, 2016.

［106］Parker S C. The distribut of self－employment income in UK 1976－1991［J］. TheEconomic Journal, 1997, 107（2）: 455－466.

［107］Petrick M. A micro econometric analysis of credit rationing in the polish farm sector［J］. European Review of Agricultural Economics, 2004, 31（1）: 77－101.

［108］Ramos X, Roca－Sagales O. Long－term effects of fiscal policy on the size and distribution of the pie in the UK［J］. Fiscal Studies, 2008, 29（3）: 387－411.

［109］Restuccia D, Urrutia C. Intergenerational persistence of earnings: The role of early and college education［J］. American Economic Review, 2004, 94（5）: 1354－1378.

［110］Robb C A, Sharpe D L. Effect of personal financial knowledge on college students' credit card behavior［J］. Social Science Electronic Publishing, 2013, 20（1）: 25－43.

［111］Robb C A, Woodyard A S. Financial knowledge and best practice behavior［J］. Journal of Financial Counseling & Planning, 2011, 22（1）: 60－70.

[112] Rosenbaum P R, Rubin D B. Constructing a control group using multivariate matched sampling methods that incorporate the propensity score [J]. The American Statistician, 1985, 39 (1): 33 – 38.

[113] Sayinzoga A, Bulte E H, Lensink R. Financial literacy and financial behavior: Experimental evidence from rural rwanda [J]. The Economic Journal, 2016, 126 (8): 1571 – 1599.

[114] Scholz J K, Seshadri A, Khitatrakun S. Are Americans saving "Optimally" for retirement? [J]. Journal of Political Economy, 2006, 114 (4): 607 – 643.

[115] Shim S, Barber B L, Card N A, et al. Financial socialization of first – year college students: The roles of parents, work, and education [J]. Journal of Youth & Adolescence, 2010, 39 (12): 1457 – 1470.

[116] Song C. Financial illiteracy and pension contributions: A field experiment on compound interest in China [J]. Ssrn Electronic Journal, 2015.

[117] Stock J H, Yogo M. Testing for weak instruments in linear IV regression [J]. Nber Technical Working Papers, 2005, 14 (1): 80 – 108.

[118] Street B. The implications of the "New Literacy Studies" for literacy education [J]. English in Education, 1997, 31 (3): 45 – 59.

[119] Taft M K, Hosein Z Z, Mehrizi S M T. The Relation between financial literacy, financial wellbeing and financial concerns [J]. International Journal of Business & Management, 2013, 8 (11): 63 – 75.

[120] Tang N, Baker A, Peter P C. Investigating the disconnect between financial knowledge and behavior: The role of parental influence and psychological characteristics in responsible financial behaviors among young adults [J]. Journal of Consumer Affairs, 2015, 49 (2): 376 – 406.

[121] Thurstone L L. Multiple Factor Analysis [J]. Psychological Review, 1931, 38 (5): 406 – 427.

[122] Tom Hertz. Understanding mobility in America [R]. Center for

American Progress Discussion Paper,2006.

[123] Van Campenhout G. Revaluing the role of parents as financial socialization agents in youth financial literacy programs [J]. Journal of Consumer Affairs, 2015, 49 (1): 186 – 222.

[124] Van Nieuwerburgh S, Veldkamp L. Information immobility and the home bias puzzle [J]. The Journal of Finance, 2009, 64 (3): 1187 – 1215.

[125] Van Rooij M C J, Lusardi A, Alessie R J M. Financial literacy and Retirement Planning in The Netherlands [J]. Journal of Economic Psychology, 2011b, 32 (4): 593 – 608.

[126] Van Rooij M C J, Lusardi A, Alessie R J M. Financial literacy and stock market participation [J]. Journal of Financial Economics, 2011a, 101 (2): 449 – 472.

[127] Van Rooij M C J, Lusardi A, Alessie R J M. Financial literacy, retirement planning and household wealth [J]. The Economic Journal, 2012, 122 (560): 449 – 478.

[128] Von Gaudecker H M. How does Household Portfolio Diversification Vary with Financial Literacy and Financial Advice? [J]. The Journal of Finance, 2015, 70 (2): 489 – 507.

[129] Walstad W B, Rebeck K, MacDonald R A. The effects of financial education on the financial knowledge of high school students [J]. Journal of Consumer Affairs, 2010, 44 (2): 336 – 357.

[130] Willis L E. The financial education fallacy [J]. American Economic Review, 2011, 101 (3): 429 – 434.

[131] Wolff E N. Zacharias A. The distributional consequences of government spending and taxation in the U. S. 1989 and 2000 [J]. Review of Income & Wealth, 2010, 53 (2): 123 – 145.

[132] 常芳、杨矗、王爱琴、王欢、罗仁福、史耀疆：《新农保实施

现状及参保行为影响因素——基于5省101村调查数据的分析》,《管理世界》2016年第3期。

[133] 陈华帅、曾毅:《"新农保"使谁受益:老人还是子女?》,《经济研究》2013年第8期。

[134] 程名望、Jin Yanhong、盖庆恩、史清华:《农村减贫:应该更关注教育还是健康?——基于收入增长和差距缩小双重视角的实证》,《经济研究》2014年第11期。

[135] 杜征征、李云峰、闫彬:《金融教育有助于投资者权益保护吗?》,《证券市场导报》2017年第6期。

[136] 范子英、刘甲炎:《为买房而储蓄——兼论房产税改革的收入分配效应》,《管理世界》2015年第5期。

[137] 甘犁、尹志超、贾男、徐舒、马双:《中国家庭资产状况及住房需求分析》,《金融研究》2013年第4期。

[138] 高虹:《城市人口规模与劳动力收入》,《世界经济》2014年第10期。

[139] 郭继强、费舒澜、林平:《越漂亮,收入越高吗?——兼论相貌与收入的"高跟鞋曲线"》,《经济学(季刊)》2017年第1期。

[140] 何石军、黄桂田:《代际网络、父辈权力与子女收入——基于中国家庭动态跟踪调查数据的分析》,《经济科学》2013年第4期。

[141] 胡振、臧日宏:《金融素养对家庭理财规划影响研究——中国城镇家庭的微观证据》,《中央财经大学学报》2017年第2期。

[142] 胡振、臧日宏:《收入风险、金融教育与家庭金融市场参与》,《统计研究》2016年第12期。

[143] 黄宏伟、展进涛、陈超:《"新农保"养老金收入对农村老年人劳动供给的影响》,《中国人口科学》2014年第2期。

[144] 李江一、李涵:《新型农村社会养老保险对老年人劳动参与的影响——来自断点回归的经验证据》,《经济学动态》2017年第6期。

[145] 李云峰、徐书林、白丽华:《金融知识、过度自信与金融行

为》,《宏观经济研究》2018年第3期。

[146] 李中:《农村土地流转与农民收入——基于湖南邵阳市跟踪调研数据的研究》,《经济地理》2013年第5期。

[147] 林伯强:《中国的政府公共支出与减贫政策》,《经济研究》2005年第1期。

[148] 刘贯春:《金融结构影响城乡收入差距的传导机制——基于经济增长和城市化双重视角的研究》,《财贸经济》2017年第6期。

[149] 刘国强:《我国消费者金融素养现状研究——基于2017年消费者金融素养问卷调查》,《金融研究》2018年第3期。

[150] 刘建民、王蓓、吴金光:《财政政策影响收入分配的区域差异效应研究——基于中国29个省级面板数据的SVAR模型检验》,《中国软科学》2015年第2期。

[151] 刘晓光、张勋、方文全:《基础设施的城乡收入分配效应:基于劳动力转移的视角》,《世界经济》2015年第3期。

[152] 陆铭、陈钊:《城市化、城市倾向的经济政策与城乡收入差距》,《经济研究》2004年第6期。

[153] 马光荣、周广肃:《新型农村养老保险对家庭储蓄的影响:基于CFPS数据的研究》,《经济研究》2014年第11期。

[154] 冒佩华、徐骥:《农地制度、土地经营权流转与农民收入增长》,《管理世界》2015年第5期。

[155] 宁光杰、段乐乐:《流动人口的创业选择与收入——户籍的作用及改革启示》,《经济学(季刊)》2017年第2期。

[156] 秦芳、王文春、何金财:《金融知识对商业保险参与的影响——来自中国家庭金融调查(CHFS)数据的实证分析》,《金融研究》2016年第10期。

[157] 沈冰清、郭忠兴:《新农保改善了农村低收入家庭的脆弱性吗?——基于分阶段的分析》,《中国农村经济》2018年第1期。

[158] 单德朋:《金融素养与城市贫困》,《中国工业经济》2019年第

1期。

［159］施喜容、孟德锋：《金融知识、风险承受能力与退休养老规划选择》，《金融教育研究》2018年第2期。

［160］宋全云、吴雨、尹志超：《金融知识视角下的家庭信贷行为研究》，《金融研究》2017年第6期。

［161］宋晓玲：《数字普惠金融缩小城乡收入差距的实证检验》，《财经科学》2017年第6期。

［162］孙玉奎、周诺亚、李丕东：《农村金融发展对农村居民收入的影响研究》，《统计研究》2014年第11期。

［163］万海远、李实：《户籍歧视对城乡收入差距的影响》，《经济研究》2013年第9期。

［164］王冀宁、赵顺龙：《外部性约束、认知偏差、行为偏差与农户贷款困境——来自716户农户贷款调查问卷数据的实证检验》，《管理世界》2007年第9期。

［165］王正位、邓颖惠、廖理：《知识改变命运：金融知识与微观收入流动性》，《金融研究》2016年第12期。

［166］吴卫星、齐天翔：《流动性、生命周期与投资组合相异性——中国投资者行为调查实证分析》，《经济研究》2007年第2期。

［167］吴卫星、吴锟、王琎：《金融素养与家庭负债——基于中国居民家庭微观调查数据的分析》，《经济研究》2018年（a）第1期。

［168］吴卫星、吴锟、张旭阳：《金融素养与家庭资产组合有效性》，《国际金融研究》2018年（b）第5期。

［169］吴雨、彭嫦燕、尹志超：《金融知识、财富积累和家庭资产结构》，《当代经济科学》2016年（a）第4期。

［170］吴雨、宋全云、尹志超：《农户正规信贷获得和信贷渠道偏好分析——基于金融知识水平和受教育水平视角的解释》，《中国农村经济》2016年（b）第5期。

［171］吴雨、杨超、尹志超：《金融知识、养老计划与家庭保险决

策》,《经济学动态》2017年第12期。

[172] 徐建炜、马光荣、李实:《个人所得税改善中国收入分配了吗——基于对1997~2011年微观数据的动态评估》,《中国社会科学》2013年第6期。

[173] 薛风蕊、乔光华、苏日娜:《土地流转对农民收益的效果评价——基于DID模型分析》,《中国农村观察》2011年第2期。

[174] 杨娟、赖德胜、邱牧远:《如何通过教育缓解收入不平等?》,《经济研究》2015年第9期。

[175] 杨瑞龙、王宇锋、刘和旺:《父亲政治身份、政治关系和子女收入》,《经济学(季刊)》2010年第3期。

[176] 尹志超、宋全云、吴雨:《金融知识、投资经验与家庭资产选择》,《经济研究》2014年第4期。

[177] 尹志超、宋全云、吴雨、彭嫦燕:《金融知识、创业决策和创业动机》,《管理世界》2015年第1期。

[178] 尹志超、张号栋:《金融知识和中国家庭财富差距——来自CHFS数据的证据》,《国际金融研究》2017年第10期。

[179] 余新平、熊皛白、熊德平:《中国农村金融发展与农民收入增长》,《中国农村经济》2010年第6期。

[180] 岳爱、杨矗、常芳、田新、史耀疆、罗仁福、易红梅:《新型农村社会养老保险对家庭日常费用支出的影响》,《管理世界》2013年第8期。

[181] 曾志耕、何青、吴雨、尹志超:《金融知识与家庭投资组合多样性》,《经济学家》2015年第6期。

[182] 张川川、John Giles、赵耀辉:《新型农村社会养老保险政策效果评估——收入、贫困、消费、主观福利和劳动供给》,《经济学(季刊)》2015年第1期。

[183] 张川川、陈斌开:《"社会养老"能否替代"家庭养老"?——来自中国新型农村社会养老保险的证据》,《经济研究》2014年第11期。

[184] 张腾文、鲁万波、张涵宇：《金融知识、投资经验与权利能力》，《当代经济科学》2017年第6期。

[185] 张腾文、王威、于翠婷：《金融知识、风险认知与投资收益——基于中小投资者权益保护调查问卷》，《会计研究》2016年第7期。

[186] 张晔、程令国、刘志彪：《"新农保"对农村居民养老质量的影响研究》，《经济学（季刊）》2016年第2期。

[187] 周兴、张鹏：《代际间的职业流动与收入流动——来自中国城乡家庭的经验研究》，《经济学（季刊）》2015年第1期。

[188] 朱德莉：《我国农村金融发展对农民收入增长的影响研究——基于协整检验和VEC模型的实证分析》，《农村经济》2014年第11期。